算数教育の基礎がわかる本

土屋 修・佐々木 隆宏 編著

学術図書出版社

「算数教育の基礎がわかる本」推薦文

　数学は人類が発見した驚異の世界であり，現実を把握する強力な道具でもあります。その世界を探究し現実を明確にする数学的道具の意味を幼児・小学生・中学生という発達の中で学び，子どもがワクワクする授業を創り出しましょう。

　この本は，基本的な数学的概念と，それがどのように幼児期，小学校，中学校の実践の中で展開していくのかが丁寧に書かれていて，多くの人に読んで欲しいと本当に強く思いました。

無藤 隆

はじめに

　今，この本を手に取ってくださったあなたは，大学生でしょうか。それとも，保育園や幼稚園，小学校にお勤めでしょうか。学生であっても社会人であっても，園や学校にお勤めであってもそうでなくても，あなたは子供の数量や図形などの捉え方に関心を持たれ，そのことを追究しようとされている研究熱心な人でしょう。

　数量や図形については，小学校で算数，中学校になれば数学と名が付き，難しくて楽しくない勉強だとお感じになられている人が少なくありません。私たち執筆者一同は，そのような人たちに対して，算数・数学の面白さを伝えたいという志のもと，ここに集結しました。

　私たちの心意気を信じてください。そして，中身をご覧になってください。

　本のタイトルは「算数教育の基礎がわかる本」です。小学校の先生向けに，子供たちに算数を教える際に，指導者自身が身に付けておいて欲しい基礎となる内容（基礎となる数学）を，平成 29 年告示の新学習指導要領の領域・内容に準拠させて，わかりやすく解説しました。あわせて，その解説を踏まえた指導の要点（指導の方法）を記述しました。さらに，それらの内容や方法が，どのように発展していくのかという小学校と中学校の関連（小中の連携）についても記述しました。ですから，中学校の先生がお読みになっても，とても意義があります。

　また，幼児の活動の数学的な意味や価値についても，新学習指導要領の領域・内容ごとに記述しました。幼児の活動をトピック的に抜き出し，そこに数学的な意味や価値づけをしている本はありましたが，小学校の学習領域や内容と関連させている本は類を見ません。幼児期の保育や教育に携わる先生向けに，保育園や幼稚園における活動の中に表れる幼児の姿が，どのような数学的な意味や価値をもっているのかについて，わかりやすく記述しました。

iv

　少し堅い話になりますが，新しい幼稚園教育要領や保育所保育指針，小学校
学習指導要領等には，幼保小との関連の重要性が明記され，同様に，小学校・
中学校双方の学習指導要領には，小中の連携の重要性が明記されました。これ
らのことからも，この本は時代の要請にも応えています。

　現状の算数・数学に関する本や，その指導法に関する本は難解なものが多
く，大学生であれば，算数・数学の面白さを感じることなく，単位だけとり卒
業して免許状をとる，このようなことの繰り返しです。指導者自身が算数・数
学の面白さや楽しさを感じることなくして，子供たちに面白さや楽しさを教え
ることができないのは，火を見るよりも明らかです。算数・数学好きの子供を
育てるには，指導者自身が算数・数学好きになることが，はじめの一歩であ
り，もっとも重要なことです。

　そのために，私たち執筆者一同は，できる限りわかりやすく読みやすい本と
なるように心がけました。お読みくださっているみなさんの顔を，常に思い浮
かべながら執筆しました。この本は必ずやみなさんのご期待に沿えるはずで
す。

　最後までお読みいただきありがとうございました。

　2019 年 8 月

土屋　修　佐々木隆宏

も く じ

第 1 部　算数科の概括

第 1 章　算数科の目的・目標の変遷　　3
　　第 1 節　算数科における目的論　　3
　　第 2 節　明治・大正・昭和初期における算数教育史　　5
　　第 3 節　戦後の学習指導要領からみた目標の変遷　　6

第 2 章　数学的な見方・考え方と数学的活動　　12
　　第 1 節　数学を学ぶときに使う考え方　　12
　　第 2 節　数学的な見方・考え方と数学的活動　　13
　　第 3 節　数学的な見方・考え方や数学的活動の例　　17

第 3 章　学力調査，PISA・TIMSS などの話題　　19
　　第 1 節　全国学力・学習状況調査　　19
　　第 2 節　PISA（ピザ）・TIMSS（ティムズ）など　　21
　　　　　　国際的な学力調査
　　第 3 節　小学校算数科におけるプログラミング的　　25
　　　　　　思考力の育成
　　第 4 節　ゆとり教育と学力との関係　　32

第 2 部　算数科の内容と指導方法

第 4 章　A 数と計算　　41
　　「数と計算」領域の概要　　41
　　第 1 節　数とその表し方　　44
　　第 2 節　加法と減法　　54
　　第 3 節　乗法と除法　　64
　　第 4 節　小数の意味と表し方　　73
　　第 5 節　小数の計算　　79

第6節	分数の意味と表し方	84
第7節	分数の計算	92
第8節	式による表現	98

第5章　B 図形　　106

「図形」領域の概要		106
第1節	図形を説明することば	114
第2節	かたち（平面図形）	120
第3節	かたち（立体図形）	127
第4節	量（面積，体積）	134

第6章　C 測定　　144

「測定」領域の概要		144
第1節	量と測定の基礎	146
第2節	長さ，広さ，かさ，重さの測定と単位	154
第3節	時刻と時間	164

第7章　C 変化と関係　　173

「変化と関係」領域の概要		173
第1節	関数の考え方	175
第2節	割合・百分率・単位量あたりの大きさ	184
第3節	比・比例・反比例	193

第8章　D データの活用　　203

「データの活用」領域の概要		203
第1節	代表値 ～ 統計データの傾向や特徴を数値で読み取る ～	205
第2節	統計的な表やグラフ ～ 統計データの傾向や特徴を表やグラフで読み取る ～	213
第3節	起こり得る場合，統計的な問題解決	221

第3部　算数科の授業づくり

第9章　安心して学べる学級づくり　　233

第1節	学級づくりを行う際の教師の姿勢	233

	第2節	学級担任制と教科担任制	235
	第3節	ユニバーサルデザインと合理的配慮	238
第10章	授業づくりの考え方		243
	第1節	今日，求められている学力	243
	第2節	算数科における主体的・対話的で深い学び	245
	第3節	校種内及び校種間の学びのつながり	252
第11章	授業づくりの進め方		257
	第1節	目標設定	257
	第2節	教材研究	258
	第3節	児童の実態把握	260
	第4節	指導計画の立案	261
	第5節	展開の構想	263
	第6節	評価	264
第12章	学習指導案の書き方		266
	第1節	学習指導案の様式と種類	266
	第2節	学習指導案の役割	267
	第3節	学習指導案の実際	272
第13章	学習指導の技術		284
	第1節	板書	284
	第2節	ノート指導	288
	第3節	発問	291
	第4節	教育の情報化	296
第14章	授業の見方		310
	第1節	授業の視点	310
	第2節	子供を観る	312
	第3節	教師を観る	316
【付録】ピアジェの発達理論			321
引用文献・参考文献			324

第1部
算数科の概括

第1章　算数科の目的・目標の変遷

第1節　算数科における目的論

【1】　内容の概観

　算数に限らずに勉強をしていると「何故勉強するのか」という疑問が出てくることがあります。次の会話は勉強する目的に疑問を持つ子供と先生の会話です。

> 子供：どうして算数を勉強しなければならないの？
> 先生：買い物に役立つよ。
> 子供：それなら平行四辺形は買い物に役立たないから勉強やめようかな。
> 先生：受験に役立つよ。
> 子供：それなら受験が終わったら算数を勉強しなくていいのね。

　このような場面では子供の発言を字面通りに受け取るだけではなく、子供の発言の背景にも目を向ける必要がありますが、算数を学ぶ目的について話をする場合、どの立場（観点）から話をするか考えると、いろいろな意見が出てきやすくなります。算数教育では、算数を学ぶことの目的を考える場合の観点として**実用的目的**、**陶冶的目的（人間形成的目的）**、**文化的目的**の3つが代表的です（表1）。

表1．算数教育における代表的な目的論

1	実用的目的	実用性	算数の実用的価値を重視する目的論です。 買い物をするときに役立つ、受験に役立つ、など
2	陶冶的目的 （人間形成 的目的）	陶冶性	算数の学習の陶冶的価値を重視する目的論です。 **形式陶冶**：広く使える能力の育成 **実質陶冶**：現実の世界で役立つ知識・技能の育成
3	文化的目的	文化性	算数の文化的価値を重視する目的論です。 算数は小説や音楽、絵のような文学や芸術と同じ

【2】 基礎となる知識

① 実用的目的

算数を学ぶことによって買い物や地図を読むなど，日常生活において溢れている数量や図形を利用することができます。また，算数や数学を学ぶことが進学や進級で必要だからというのも実用的な目的といえます。算数を学ぶことは現実の世界との結びつきが強いことから実用的目的も説得力を持ちますが，数学の場合はどうでしょうか。

② 陶冶的目的（人間形成的目的）

人間形成的目的は人間の陶冶性（陶冶≒教育）に対応し，大きく「形式陶冶」と「実質陶冶」にわかれます。「形式陶冶」は算数の内容よりも算数を学ぶことを通して心的能力（思考力，問題解決能力，記憶力，推理力など）の育成を重視することをいいます（イギリス経験論で有名なジョン・ロックの考え方）。「実質陶冶」は算数の内容の実際的な価値を重視し，現実の世界で役立つ知識・技能の育成を重視することをいいます（著書『大教授学』で有名なコメニウスの考え方）。

アメリカの心理学者であるソーンダイク（E.L.Thorndike）や哲学者・教育学者であるデューイ（J.Dewey）は形式陶冶について，算数を学習すれば自動的に心的能力が向上されて無条件に他の場面でも使える（転移する）ことを否定しました。ただし，ソーンダイクは，英語の学習方法を学んだら，その方法がフランス語の学習において使うなど，似たような場合（同じ要素がある場合）には転移するといっています。

③ 文化的目的

文学や芸術は先人の創造による優れた文化です。これらは私たちの感性を豊かにして，知的好奇心を刺激してくれます。算数もこれまでに長い時間をかけて創造されてきた文化です。教師は子供達に文化としての算数の楽しさを体験させることにより，子供達を文化的創造の担い手として成長させることが求められているといえます。

④ 批判的数学教育による目的

知識基盤社会とよばれる急激に変化する社会では，高度に技術化されてしまうことで個人の知らないうちに社会が動いてしまうことになり，民主主義社会を揺るがしかねないことになってしまいます。そこで，デンマークの数学教育

学者スコフスモース（O.Skovsmose）を中心とする批判的数学教育では情報を批判的に分析して判断する力（**批判的思考力**）をつけることを算数教育の目標とするべきであると考えています。

第2節　明治・大正・昭和初期における算数教育史

　算数教育の歴史を学ぶ場合，戦後については学習指導要領を軸に，それ以前については教科書を軸に学ぶとわかりやすいです。この節では明治・大正・昭和初期における算数教育史を，教科書を軸として学び，次の節で戦後の算数教育史を，学習指導要領を軸にして学びます。

【1】　内容の概観

　明治以前では日本の数学は鶴亀算や旅人算などで知られる「和算」でした。日本の近代的な学校制度は明治5年（1872年）の学制頒布に始まりました。この頃は明治維新であり西洋文化を輸入するという時代的な背景もあって，日本でも西洋の数学が採用されました。その後，日本は近代国家として教育制度が整えられていきました。明治33年（1900年）の小学校令改正によって日本の教育制度の基盤が確立されました。

　明治38年には，数学者である藤沢利喜太郎の考え方に基づいた日本で最初の国定算術教科書『尋常小学算術書』（通称：**黒表紙教科書**）がつくられ，30年以上もの長い間使われるようになりました。その後，欧米で展開された教育に関する運動や児童中心主義の教育思想などの影響から黒表紙教科書に対する批判が高まりました。そこで塩野直道が中心となって，黒表紙とは異なる国定教科書『尋常小学算術』（通称：**緑表紙教科書**）が昭和10年に出現しました。その後，緑表紙教科書と本質的な違いはないながら，戦時的色彩が強くなった『初等科算数』（通称：青表紙教科書）へ引き継がれていきます。なお，戦前の教科書は国定制でしたが，戦後は学習指導要領に基づいた教科書検定制へと移行します。

6　第 1 章　算数科の目的・目標の変遷

【2】　教科書

戦前に使われていた 3 種類の国定教科書の特徴を表 2 にまとめます。

表 2．教科書の色別の特徴

1	黒表紙教科書	①　「算術に理論なし」という藤沢利喜太郎の思想に基づいている。 ②　計算技能と数量の知識を授けることが狙いである。 ③　形式陶冶を重視している。 ④　注入主義的な方法を暗示している。
2	緑表紙教科書	①　黒表紙と対照的に「算術にも数理がある」という立前をとっている。 ②　数理的な思想（今日でいう数学的な考え方）を養い，日常生活において数理的な活動をすることが狙い。 ③　実質陶冶を重視している。 ④　児童中心主義の教育思想を中心としている。
3	青表紙教科書	①　戦時的色彩が強く，例えば教科書には敵味方の戦闘機の台数を数えさせる問題などがあった。

第 3 節　戦後の学習指導要領からみた目標の変遷

【1】　内容の概観

　戦後は昭和 22 年（1947 年）に「学習指導要領」の試案が示されました。戦後は生活を重視して算数教育が行われましたが学力低下を招いてしまいました。そこで学力を上げるために系統立てて学べるように工夫したり，またある時は世界情勢を受けて高度な内容を低学年から学ばせました。しかし，それでは難しくてついていけません。そこで，基礎・基本を大切しようとしたのです。その頃からコンピューターが発達し，新しい知識が次々と生まれ，そうかと思うとすぐに陳腐化してしまうようになったのです。したがって，学校で学んだことだけではなく，自分で学び続けることのできる人が必要です。さらに，それだけではなく，学んだことを活用していくことのできる人が必要です。平成 29 年告示の学習指導要領では知識・技能，思考力・判断力・表現力

第3節　戦後の学習指導要領からみた目標の変遷　　7

だけではなく，学びに向かう力や人間性などの育成が目指されています。

【2】　基礎となる知識

　日本では戦後以後の算数教育の目標は学習指導要領の中で示されてきました。その内容は時代背景を背負いながら設定されてきたといえます。平成 20 年改訂までの内容を表 3 にまとめます。

表 3．学習指導要領からみた算数教育の目標の変遷

1	昭和 22 年 （1947 年）	学制改革と 学習指導要領	①　指導内容は戦前と大きな違いはないが，指導内容や指導方法についての詳細な説明がなされている。
			時代背景：日本は敗戦によって連合国軍総司令部（GHQ）の管理下におかれ教育も含めあらゆる面で改革を迫られた。
2	昭和 26 年 （1951 年）	生活単元学習	①　学習は日常生活における問題の解決にあるとされて，そこで必要な知識・技能が指導された。 ②　算数科は国語科とともに基礎的用具的教科として位置づけられていた。
			時代背景：戦後の復興へ向けて日常を復活させようとした。
			問題点：経験を極めて低い次元で捉えたことが問題。生活場面の優位性が算数の知識・技能の系統立った習得を困難にした。
3	昭和 33 年 （1958 年）	系統学習	①　生活単元学習による学力低下の批判と科学技術教育の振興と基礎学力の充実への社会的要求が高まったことにより発展的・系統的な指導が強調された。 ②　指導内容が「数と計算」，「量と測定」，「図形」，「数量関係」の 4 領域に整理・統合された。
			時代背景：生活単元学習から脱皮し系統性が求められた。

4	昭和43年 （1968年）	数学教育の現代化	① 「数学的な考え方」が一層重視されるようになった。 ② 指導内容に集合や確率の概念が導入され，関数的な見方・考え方が取り入れられた。
			時代背景：1957年のソビエトのスプートニク打ち上げを契機に世界的規模で数学教育の現代化運動へ発展した。日本では遅れて昭和43年改訂時に反映された。
			問題点：指導内容の程度が高く，また指導内容が追加され過密になり「落ちこぼれ」が続出したことが問題となった。
5	昭和52年 （1977年）	内容の精選 基礎・基本の重視	① 指導内容の過密化が「落ちこぼれ」の原因とされ，指導内容の精選，基礎・基本の充実を基本方針として学習指導要領が改訂された。
			時代背景：数学教育の現代化で生じた諸問題に対する軌道修正を急いだ時期である。
6	平成元年 （1989年）	新しい学力観	① 社会の変化に主体的に対応できる資質・能力の育成を図ることを基本的な狙いとして改訂された。 ② 算数のよさの感得と活用する態度の育成が強調された。
			時代背景：コンピューターが発達したことにより情報化社会になり，社会の変化に対応できる人材育成が求められた。 問題点：算数に関する国際調査の結果，日本の子供は計算力などの学力は高いが，算数が好き，楽しいと答える割合は低いという結果が得られた。

7	平成10年 (1998年)	生きる力	① 算数が好き，楽しいと感じる授業になるように，従前の説明中心の授業から児童の主体的な活動中心の授業への転換を目指して算数的活動が取り入れられた。 ② 指導内容が（難しい内容中心に）概ね3割削減された。
			時代背景：21世紀を主体的に生きることができる国民の育成が要請された。
8	平成20年 (2008年)	生きる力	① 算数的活動が一層強調されるようになった。 ② 難しい内容は削減するのではなく，反復発展させるようなスパイラルによる教育課程が示された。
			時代背景：21世紀は，新しい知識・情報・技術が政治・経済・文化をはじめ社会のあらゆる領域での活動の基盤として飛躍的に重要性を増す「知識基盤社会」である。

【3】 平成29年告示の学習指導要領について

　平成29年告示の学習指導要領で目指すものを理解するための例として，サッカーが上達する方法について考えてみましょう。サッカーが上達するためには，はじめにサッカーのルール（**知識**）やドリブルなどの技術（**技能**）が必要です。さらに，どのようにすれば勝てるかといった戦略（**思考力**）も必要です。しかし，それだけではサッカーは強くなりません。実際に試合する（**実践力**）など，具体的に行動することも必要です。

　算数・数学教育でも同じことがいえます。昔は算数・数学教育では「**知識及び技能**」の育成に力を入れました。平成20年改訂の学習指導要領では，算数の学習を通して考える力（**思考力・判断力・表現力**）の育成も目指されるようになりました。しかし，それだけではなく，算数・数学で学習したことを現実の世界でも使えるようにするためには実践力も必要です。平成29年告示の学習指導要領では，知識及び技能や思考力・判断力・表現力だけではなく，実践力を担う「**学びへ向かう力・人間性等**」を涵養することも目指すことになりま

10　第 1 章　算数科の目的・目標の変遷

した。これらの視点をもって，平成 29 年告示の学習指導要領で示された算数科の目標をみてみましょう。

表 4. 小学校学習指導要領（平成 29 年告示）算数科の目標と資質・能力（佐々木）

算数科の目標	資質・能力
数学的な見方・考え方を働かせ，数学的活動を通して，数学的に考える資質・能力を次のとおり育成することを目指す。	
（1）　数量や図形などについての基礎的・基本的な**概念や性質などを理解する**とともに，日常の事象を**数理的に処理する技能**を身に付けるようにする。	知識及び技能
（2）　日常の事象を**数理的に捉え見通しをもち筋道を立てて考察する**力，基礎的・基本的な数量や図形の性質などを見いだし統合的・発展的に**考察する**力，数学的な表現を用いて事象を簡潔・明瞭・的確に**表したり**目的に応じて柔軟に**表したりする**力を養う。	思考力・判断力・表現力
（3）　数学的活動の楽しさや数学のよさに**気付き**，学習を振り返ってよりよく**問題解決しようとする態度**，算数で学んだことを生活や学習に**活用しようとする態度**を養う。	学びへ向かう力・人間性等

　学習指導要領（平成 29 年告示）の第 1 章 1（1）には「今の子供たちやこれから誕生する子供たちが，成人して社会で活躍する頃には，我が国は厳しい挑戦の時代を迎えていると予想される。」と記述されています。その原因として生産年齢人口の減少，グローバル化の進展や絶え間ない技術革新により，社会構造や雇用環境が急速に変化していることがあげられています。さらに第 2 章（2）には「そのような予測困難な社会の変化に主体的に関わり，感性を豊かに働かせながら，どのような未来を創っていくのか，どのように社会や人生をよりよいものにしていくのかという目的を自ら考え，自らの可能性を発揮し，よりよい社会と幸福な人生の創り手となる力を身に付けられるようにすることが重要である」とし，平成 20 年改訂の学習指導要領では，それを「生き

る力」として捉えていました。
　平成29年の学習指導要領の告示にあたり，中央教育審議会は「生きる力」をより具現化して，算数科だけではなく教育課程全体を通して育成を目指す資質・能力を次の3本柱で提言しました。
　ア「何を理解しているか，何ができるか（生きて働く「知識・技能」の習得）」
　イ「理解していること・できることをどう使うか（未知の状況にも対応できる「思考力・判断力・表現力等」の育成）」
　ウ「どのように社会・世界と関わり，よりよい人生を送るか（学びを人生や社会に生かそうとする「学びに向かう力・人間性等」の涵養）」
　これらを受けて平成29年告示の学習指導要領の算数科の目標が示されたのです（表4）。

第 2 章　数学的な見方・考え方と数学的活動

第 1 節　数学を学ぶときに使う考え方

　算数を教えるためには，子供たちがどのように頭を使って算数を学ぶかを知っておく必要があります。そこで，はじめに算数の学習で使われる推論についてまとめます。

【1】　演繹的推論

　いくつかの前提から新しい結論を導くことを「**演繹的推論**」といいます。

　［例］四角形の内角の和が 360 度であることを示す場合：

　　　前提：　　　　三角形の内角の和は 180 度である

　　　　　　　　　　四角形は 2 つの三角形に分割できる

　　　演繹的推論：四角形の内角の和は 360 度である

【2】　帰納的推論

　実験や観察などで得られたいくつかの事柄から一般的な法則を導くことを「**帰納的推論**」といいます。

　［例］事柄 1　　：三角形の内角の和は $180° \times 1 = 180°$ である

　　　事柄 2　　：四角形の内角の和は $180° \times 2 = 360°$ である

　　　事柄 3　　：五角形の内角の和は $180° \times 3 = 540°$ である

　　　帰納的推論：n 角形の内角の和は $180° \times (n - 2)$ である

【3】　類推（類比・アナロジー）

　2 つの似ている事柄に着目して，一方の事柄で成り立っていることは，もう一方でも成り立っているであろうという考え方を「**類推**」（あるいは**類比**，**アナロジー**）といいます。

　　　［例］「四角形の内角の和」の学習後に「五角形の内角の和」を求める場合

　　　　　類推　　　：五角形の内角の和を求める場合も，四角形の内角の和を求める場合と類似した状況なので，いくつかの三角形に分割しよう

【4】 アブダクション（仮説形成）

ある事象を説明しうる仮説を導出する論理的な推論を「**アブダクション**」といいます。

［例］結論 ：ある中学生が「三角形 ABC は∠C が直角の三角形です」と言った。

アブダクション：三角形 ABC において $AB^2=AC^2+BC^2$ が成り立つなら，∠C が直角の三角形だ。よって，その中学生は $AB^2=AC^2+BC^2$ を確かめたのだろう。

第2節　数学的な見方・考え方と数学的活動

［1］　数学的な見方・考え方

小学校学習指導要領（平成 29 年告示）における算数科の目標には，資質・能力を「数学的な見方・考え方を働かせ，数学的活動を通して」育成すると述べられています。つまり，子供たちは数学的な見方・考え方を働かせながら算数を学ぶことになります。したがって当然のことながら「数学的な見方・考え方」とは何かを理解しておく必要があります。

小学校学習指導要領（平成 29 年告示）解説算数編には，数学的な見方と数学的な考え方について，それぞれ次のように述べられています。

【数学的な見方・考え方】

1.　**数学的な見方**	：「事象を数量や図形及びそれらの関係についての概念等に着目してその特徴や本質を捉えること」であると考えられる。
2.　**数学的な考え方**	：「目的に応じて数，式，図，表，グラフ等を活用しつつ，根拠を基に筋道を立てて考え，問題解決の過程を振り返などして既習の知識及び技能を関連付けながら，統合的・発展的に考えること」であると考えられる。 （学習指導要領（平成 29 年告示）解説 算数編）

14　第 2 章　数学的な見方・考え方と数学的活動

　今までは「数学的な見方・考え方」は算数科の目標や，評価する際の観点として用いられることがありましたが，子供たちが算数を学ぶ際にどのような見方をするのか（視点），どのように考えていくのか（方向性）を意味しています。第 3 節に具体的な例をあげますが，こういった数学的な見方・考え方は，学校教育期に算数・数学を学んでいるときだけではなく，学校教育後，大人になって生活していくときにも必要となるものです。

[2]　数学的活動

　平成 20 年の学習指導要領で示された算数科の目標には，数学的活動と同じような言葉が使われており，「算数的活動を通して」知識及び技能や思考力，表現力などを育成しようとしておりました。「**算数的活動**」というのは「児童が目的意識を持って主体的に取り組む算数に関わりのある様々な活動」のことです。確かに子供たちがこのように学ぶことができたら素晴らしいことですが，それだけではなく，現実の世界を数学的に捉え（問題発見），数学を用いて問題解決ができるようにすることを強調したものが「**数学的活動**」です。算数をもっと現実の世界でも使えるようなオーセンティックな学び（真性の学び）が求められているのです。そのような意味を込めて，小学校学習指導要領（平成 29 年告示）解説算数編には，数学的活動について，次のように述べられています。

【数学的活動】

> 数学的活動とは，事象を数理的に捉えて，算数の問題を見出し，問題を自立的，協働的に解決する過程を遂行することである。
> 　　　　　　　　　　　　　　　（学習指導要領（平成 29 年告示）解説 算数編）

　この記述を見ると「事象を数理的に捉えて」ということが現実の世界や数学の世界を数学的に捉えることを意味しています。「問題を自立的，協働的に解決する」ことは主体的・対話的に問題を解決することを指しています（第 10 章及び第 14 章）。このように，問題発見と問題解決を通して算数・数学の学習を行うことが大切です。中央教育審議会（中教審，2016）は「算数・数学の学習過程のイメージ」を示しました（図 1）。

　これをみると，日常生活や社会の事象を数理的に捉え，数学的に処理し，問

題を解決するサイクル（左側の循環）と，数学の事象について統合的・発展的に考え，問題を解決するサイクル（右側の循環）の２つから構成されています。これらの各段階で育成を目指す力を表１に示しています。また，これらのサイクルによる問題解決において数学的な表現を用いて人々と交流し合うことによって，数学的な表現を用いた説明を理解したり評価したりする力や，目的に応じて自分の考えなどを数学的な表現を用いて説明する力といったような表現力の育成も目指すことになります。さらに，問題解決の過程や結果を吟味し，評価・改善する態度や，多面的に考え，粘り強く問題の発見や解決に取り組む態度といったような人間性に関わる資質・能力の育成も目指します。

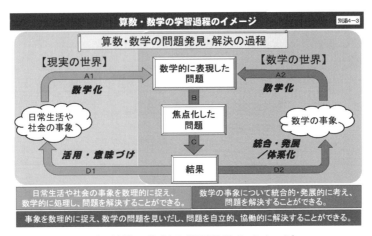

図1. 算数・数学の学習過程のイメージ
（中央教育審議会，2016）

16   第2章　数学的な見方・考え方と数学的活動

表1．算数・数学の学習過程のイメージ
（中央教育審議会（2016）を基に作成）

算数・数学の学習過程のイメージ		
	日常生活や社会の事象	数学の事象
A	A1：数学化 日常生活や社会の問題を数理的に捉えることについて ○事象の数量等に着目して数学的な問題を見いだす力 ○事象の特徴を捉えて数学的な表現を用いて表現する力（事象を数学化する力）	A2：数学化 数学の事象における問題を数学的に捉えることについて ○数学の事象から問題を見いだす力 ○事象の特徴を捉え，数学化する力 ○得られた結果を基に拡張・一般化する力
	数学的に表現した問題	
B	数学を活用した問題解決に向けて，構想・見通しを立てることについて ○数学的な問題の本質を見いだす力（洞察力） ○数学的な問題を解決するための見通しを立てる力（構想力）	
	焦点化した問題	
C	焦点化した問題を解決することについて ○目的に応じて数・式，図，表，グラフなどを活用し，一定の手順にしたがって数学的に処理する力 ○数学的な見方・考え方を基に，的確かつ能率的に処理する力 ○論理的に推論する力（帰納，類推，演繹）	
	結果	
D	D1：活用・意味付け 解決過程を振り返り，得られた結果を意味づけたり，活用したりすることについて ○得られた結果を元の事象に戻してその意味を考える力 ○様々な事象に活用する力	D2：統合・発展／体系化 解決過程を振り返るなどして概念を形成したり，体系化したりすることについて ○数学的な見方・考え方のよさを見いだす力 ○得られた結果を基に批判的に検討し，体系的に組み立てていく力 ○見いだした事柄を既習の知識と結びつけ，概念を広げたり深めたりする力 ○統合的・発展的に考える力
	日常生活や社会の事象	数学の事象

第3節　数学的な見方・考え方や数学的活動の例

　学習指導要領では，「数学的な見方・考え方」は「数学的活動」とともに手段ないし方法ということになり，その先に「数学的に考える資質・能力の育成」が目標として存在しているということになります。「数学的な見方」は，数学の視点で物事を見るということですから，広場の人を見て単純に「いっぱいいるな」ではなく，「何人くらいいるのだろう」とか，行列に並んでいる人を見て「何分くらい待てば自分の番になるのだろうか」のように，進み方を時間で捉えているときにも現れます。1つの現象は多様な視点から見ることが可能ですから，そこで数学の目を開いてみれば，「数学的に考える資質・能力の育成」への場面が広がってくるのではないでしょうか。本書の各章において，数学的な見方・考え方や数学的活動の例が示されますが，日常生活の至るところで数学的な見方・考え方を活用することもあります。例として，次の問題を考えてみてください。

　テレビの番組で
「来年年度から消費税が8％から10％に上がると，税収は，2％増える」というニュースが報道されました。さて，報道された内容は正しいでしょうか。簡単のために課税対象となるものの売上総額は，今年度と来年度は変わらないものとして，消費税だけを対象にします。

　ニュースで報道された「2％ふえる」の数学的な根拠は「10 − 8 = 2」という式でしょう。この内容を吟味するために，具体的な数値で考えてみます。例えば，今年の税収が100億円だとします。

　　　100億円のうちの8％は8億円です。

　　　100億円のうちの10％は10億円です。

　　　したがって，税収は2億円上がります。

　しかし，ここで問題なのは，もとの税収は8億円です。増える分は2億円です。割合で考えるのならば，全体（8億円）に対して増える分（2億円）の比なので

　　　$2 \div 8 = 0.25$

したがって，増える分は25%です。このように，割合や百分率は「何に対して」どの程度であるか考える必要があります。生活者を越えて教師ならば，なおさら数学的な見方・考え方を自覚的に勉強することが必要です。

第3章　学力調査，PISA・TIMSSなどの話題

第1節　全国学力・学習状況調査

【1】　背景と目的

　平成19年度から小学校6年生と中学校3年生に「全国学力・学習状況調査」が実施されてきました。全国的な義務教育の機会均等と水準の維持向上などを目的とし，教育施策の成果と課題の検証を行い，その改善を図るためです。そのきっかけは，国際的な学力調査（詳しくは第2節で説明します）です。日本の子供の学力があまり高くなかったことから（2003年），国内においても一人ひとりの学力をきちんと把握することが重要となったからです。

> 子供に必要な算数・数学の力はついているか，子供の学習意欲はどうか

　これまでも県や自治体で調査が行われているところもありましたが「全国」規模で行うことが特徴です。（平成31年度の実施率は，国公立で100％です。）そして「学習状況」も質問紙調査によって調べることから，「学力調査」ではなく「全国学力・学習状況調査」とよぶことになりました。教科は算数・数学，国語が毎年，理科（数年に一度），平成31年度からは中学校英語が追加されています。

　算数・数学，国語の問題の特徴は，主として「知識」に関する問題（A問題）だけでなく，主として「活用」に関する問題（B問題）を設けたことです。日本は国際調査から「応用力がない」ことが指摘され，そのため「活用」を重視することになりました。平成31年度からは「知識と活用を一体的に問う」こととし，A問題，B問題の区別はなくなりましたが，「知識とは何か，活用とは何か」のアイデアは子供に必要な学力としてとても大切ですので，説明していきます。

【2】 知識を問う問題とは

　知識とは，単に計算ができることや覚えた内容のことではありません。「身に付けておかなければ後の学年等の学習内容に影響を及ぼす問題，実生活に不可欠であり常に活用できるようになっていることが望ましい知識・技能」なのです。

表1　150 cm² のものを選ぶ

(2) 約150 cm² の面積のものを，下の1から4までの中から1つ選んで，その番号を書きましょう。	
	反応率（％）
1　切手1枚の面積	1.3
2　年賀はがき1枚の面積	17.8
3　算数の教科書1冊の表紙の面積	49.2
4　教室1部屋のゆかの面積	30.6
無解答他	1.0

　問題例や反応率をみてみましょう。表1は全国学力・学習状況調査算数Aの問題（平成20年度⑥）の（2）の問題とその反応率をまとめたものです。正答は選択肢2「年賀はがき1枚の面積」ですが，正しく選べた子供は，なんとわずか17.8％でした。算数の教科書を誤って選んだ子供は半数近くもいました。150 cm² は縦15 cm，横10 cmと考えることができ，定規で「10 cmの長さはこれくらい」ということを実感していれば，算数の教科書ではないことがわかるはずです。長さの計算ができるだけではなく，子供が身の回りのおよその大きさを知っていること（たとえば，千円札の横は15 cm，1円玉の直径は2 cmなど）も大切です。

【3】 活用を問う問題とは

　活用とは「実生活の様々な場面に活用する力，様々な課題解決のための構想を立て実践し評価・改善する力」です。報告書には，活用の場面が記入されています（図1）。算数は，玉入れゲーム，アンケートの結果調べなど様々な場面と結びついていることがわかります。

図1．平成30年度 全国学力・学習状況調査 解説資料 目次より一部抜粋

図2．平成26年度 全国学力・学習状況調査 算数B 大問⑤（3）より一部抜粋

第 2 節　PISA（ピザ）・TIMSS（ティムズ）など国際的な学力調査　*21*

　問題例をみてみましょう。図 2 は算数 B の「問題事象の観察と論理的な考察」（日本の伝統文化）の問題（平成 26 年度⑤（3））です。「使いやすいはしの長さのめやす」が身長と関係しているとは驚きです。さらに，日本で使われてきた単位を用いて考察するところに，問題の特徴があります。算数ではcm，m，kg など国際的な基準である「メートル法」にもとづいた単位を学びますが，日本は伝統的にそれとは別の単位を用いてきました。それらの単位には人間の知恵がつまっています。

第 2 節　PISA（ピザ）・TIMSS（ティムズ）など国際的な学力調査

【1】　PISA 調査とは

　第 1 節で「全国学力・学習状況調査」実施のきっかけは国際的な学力調査だと説明しました。PISA2003 年調査，TIMSS2003 年調査の結果が，2004年の 12 月に 1 週間違いで相次いで公表され，TV や新聞等で「読解力の低下」「学力低下」などと大々的に報じられました。例えば，ある新聞ではPISA2003 年調査の結果について「数学・論述弱い日本」を非常に大きく太い文字でアピールし，「6 位転落，興味も薄れ　数学的応用力」「できない子増え 14 位　読解力」などの小見出しのもと，調査で出題された問題例をあげながら，前回よりも順位が下がったことを強調していました。ただし細かい文字で書かれた文章をよく読むと，日本は数学的リテラシーで上位層の生徒の割合が香港，ベルギーに次いで 3 番目に多かったことがわかります。

　PISA 調査は OECD（経済協力開発機構）が 2000 年から実施している調査です。なぜ「経済」に学力調査かというと，経済を支えるのは「人」であり，そのためには教育が重要だと考えたからです。ただし調べたいのは，学校で学んだことそのものではありません。社会に出たとき（義務教育卒業時を考えました。そこで 15 歳に調査することになりました。）に役立つ応用力「学校で学んだことが，学校を卒業した後にどのように生きて働く知識や技能になっているか」を調べるため「リテラシー」という新しい用語を用いることになりました。国語，数学，理科ではなく，読解力，数学的リテラシー，科学的リテラシーです。なお読解力にリテラシーが使われていないように一見思われます

が，リテラシーとはもともと「読み書き能力」のことです。PISA 調査は 3 年ごとに実施されています。2015 年までの結果が，文部科学省のサイトに公表されています（表 2）。

表 2．PISA 調査における数学的リテラシーの平均得点の国際比較（経年変化）

	2003 年	平均得点	2006 年	平均得点	2009 年	平均得点	2012 年	平均得点	2015 年	平均得点
1	香港	550	台湾	549	上海	600	上海	613	シンガポール	564
2	フィンランド	544	フィンランド	548	シンガポール	562	シンガポール	573	香港	548
3	韓国	542	香港	547	香港	555	香港	561	マカオ	544
4	オランダ	538	韓国	547	韓国	546	台湾	560	台湾	542
5	リヒテンシュタイン	536	オランダ	531	台湾	543	韓国	554	日本	532
6	日本	534	スイス	530	フィンランド	541	マカオ	538	北京・上海・江蘇・広東	531
7	カナダ	532	カナダ	527	リヒテンシュタイン	536	日本	536	韓国	524
8	ベルギー	529	マカオ	525	スイス	534	リヒテンシュタイン	535	スイス	521
9	マカオ	527	リヒテンシュタイン	525	日本	529	スイス	531	エストニア	520
10	スイス	527	日本	523	カナダ	527	オランダ	523	カナダ	516

2015 年の日本の数学的リテラシー得点は 532 点であり，全参加国／地域 72 か国中 5 位，OECD 加盟国 35 か国中 1 位となっています。OECD 加盟国の調査だったのに，実際には年々非加盟国の参加が多くなっています。シンガポール，香港，マカオ，台湾などが OECD 非加盟国です。

数学的リテラシーの問題例をみてみましょう。PISA2003 年調査でとても話題になった「盗難事件」という問題です。理由をきちんと書くことができた生徒は OECD の平均では 15％，日本では 11％と大変少なかった問題です。どんな問題かというと，1998 年と 1999 年の盗難件数が棒グラフで示されており，「1999 年は 1998 年に比べて盗難事件が激増している」という TV レポーターの発言が適切かどうかとその判断の理由を書く問題です。盗難事件の件数は数値では示されていません。グラフから数値を読み取らなくてはなりません。棒グラフの高さを見ると，1999 年は 1998 年の倍くらいになっています。でもグラフの縦軸をよく見ると，目盛は 505 件，510 件，515 件，520 件の 4 つしかありません。508 件と 515 件をあたかも激増に見せるためということがわかります。

TV や新聞広告など，この「盗難事件」のような表現が多くみられます。「激増した」と言えばニュースになりやすいし，盗難に備えた保険会社の商品も売れ行きが伸びるかもしれません。

算数では統計グラフをいろいろ学びます。それに加えて大切なのは，社会を生き抜くために，グラフの数値をしっかりと見て，情報の送り手の意図を見抜く力なのです。

【2】 TIMSS 調査とは

　PISA は 2000 年に始まった調査ですが，TIMSS 調査は IEA（アイイーエー：国際教育到達度評価学会）が 1964 年（昭和 39 年）実施している学力調査です。その最初に選ばれたのが数学です。各国の教育課程（カリキュラム）を比較したときに，国際的に一番共通しているのが数学だからです。

　そこで，①「各国のカリキュラムがどうなっているか」（「意図したカリキュラム」とよびます），②「教科書はどうなっていて先生はどう教えているのか」（「実施したカリキュラム」とよびます），③「その結果，子供に何が身についたか」（「達成したカリキュラム」とよびます）の「3 層のカリキュラム」を調べることとしました。例えば，分数を教える学年は国によって違います。教科書によって分数の教材が違います。教科書が同じでも 1 組の先生と 2 組の先生は指導法が異なるかもしれません。そして分数を学べば学ぶほど算数が好きになればよいのですが，残念なことに逆に嫌いになることもあります。こうして子供に身に付いたことが「達成したカリキュラム」なのです。学力を「カリキュラムの成果」ととらえているところに特徴があります。教師の指導力が問われるところです。

　『小学校学習指導要領解説　算数編』（文部科学省，2018）の「第 2 章　算数科の目標　⑥　数学的活動の楽しさや数理的な処理のよさに気付くこと」（p.23）には「この部分は，主として算数科における情意面にかかわる目標を述べている。例えば，IEA の国際数学・理科教育動向調査（TIMSS）では，これまで我が国では算数が楽しいという児童の割合は増加しているとはいうものの・・・。」と説明されています。「算数が楽しい」と思う児童は日本で増えてはいるものの，世界にはもっともっと「算数が楽しい」と思っている国もあるので，増えたことで安心せずに，引き続き指導法の工夫が大切です。TIMSS 調査は，4 年ごとに小学校 4 年生，中学校 2 年生で実施されています。2015 年までの結果が，文部科学省のサイトに公表されています（表 3）。2015 年の日本の算数得点は 593 点であり，全参加国／地域 50 か国中 5 位となっています。

表3．国際数学・理科教育動向調査（TIMSS）における算数の成績（小学校）

第1回 1995年（平成7年）		第3回 2003年（平成15年）		第4回 2007年（平成19年）		第5回 2011年（平成23年）		第6回 2015年（平成27年）	
国/地域（26）	平均得点	国/地域（25）	平均得点	国/地域（36）	平均得点	国/地域（50）	平均得点	国/地域（49）	平均得点
シンガポール	625	シンガポール	594	香港	607	シンガポール	606	シンガポール	618
韓国	611	香港	575	シンガポール	599	韓国	605	香港	615
日本	597	日本	565	台湾	576	香港	602	韓国	608
香港	587	台湾	564	日本	568	台湾	591	台湾	597
オランダ	577	ベルギー フラマン語圏	551	カザフスタン	549	日本	585	日本	593
チェコ	567	オランダ	540	ロシア	544	北アイルランド	562	北アイルランド	570
オーストリア	559	ラトビア	536	イングランド	541	ベルギー	549	ロシア	564

　算数の問題例をみてみましょう。TIMSS2007年調査の問題です。長方形の図が示され，たてが3cm，横が7cmと情報が与えられています。このとき，長方形のまわりの長さを選択肢から選ぶ問題です。選択肢は①7cm，②10cm，③20cm，④21cmです。この問題の正答は③の20cmです。正しく③を選んだ小学校4年生は，シンガポールは91.7％でしたが，日本はわずか33.7％でした。まわりの長さを面積と勘違いしたのか，④を選んだ子どもが半数近くいました。小学校4年でちょうど面積を学んだことが影響しているのかもしれません。きちんと問題文を読む習慣をつけることが大切です。

　なお，TIMSS1995年調査のときにも，長方形のまわりの長さを小学校3年，小学校4年，中学校1年，中学校2年の4つの学年で調べました。その結果，特に小学校4年生が面積と勘違いする誤答が多く，そのような誤答は中学生では少なくなり，改善されていくことがわかりました。

　なお，PISAとTIMSSのいずれの場合も，問題例として，日本があまりできなかった問題を取り上げましたが，大部分の問題は，日本は大変よくできていました。

第３節　小学校算数科におけるプログラミング的思考力の育成

【1】　今なぜプログラミング的思考力の育成が求められているか

　コンピュータプログラミングというと，キーボードからアルファベットで書かれた命令をカタカタと入力して入力して実行させ，結果を画面に表示させるというイメージがあることでしょう。

　しかし，一口に「コンピュータ」と言っても，パソコンのように見てすぐに分かる機器だけでなく，スマホもれっきとしたコンピュータ，エアコン，お掃除ロボット，ヒューマノイドロボット（人型ロボット），はたまた自動車などはコンピュータにハンドルとタイヤが付いたものと考えても良いくらいです。そして，これらの「コンピュータ」はすべてプログラムによって動いています。このことで，「コンピュータはプログラムによって処理をしています」と言われてるのです。コンピュータが処理をするためにはプログラムを書く必要がありますが，これは「仕事を依頼する手順を細かく書いたコンピュータへのお手紙です」。何語で書くかはそのコンピュータにわかることばで書きます。私たちが書くお手紙も，日本語だったり，英語だったり，フランス語，ドイツ語など様々な言語で通じるように書きますね。そのように，コンピュータ言語にも，JAVA（ジャバ），C言語，Scratch（スクラッチ），Python（パイソン）等々あるので，そのコンピュータが理解できる言語を利用して書きます。

　プログラミングをするためには，処理の手順（アルゴリズム）をきちんと考えることが大事です。算数・数学を学校教育で学習する意義の１つが論理的思考力の育成であり，そのことから算数・数学でプログラミング教育を行うことには大きな意味があると考えられています。また，はじめに述べたように私たちは，周り中コンピュータに囲まれて生活しています。IoT（Internet of Things）ということが言われていますが，コンピュータを内蔵するあらゆるものがインターネットにつながり機能する社会「超スマート社会」をこれからの子供たちは生きていることを自覚する必要があると同時に，コンピュータを利用するだけではなくさらに発展的に利用出来る様に，情報科学やコンピュータサイエンスとよばれる分野に触れ，将来世界で活躍できる人材の育成も求め

られています。

　本章では触れませんが，コンピュータの内部での処理は数学そのもので行われています。ですから，コンピュータを使っているときには，数学にお世話になっていることも忘れてはいけません。

【2】　プログラミング教育で求められること

　算数の学習の中で行われるプログラミング教育で求められることは，論理的思考力の育成であり，初等中等教育段階で行う意義は，情報科学やコンピュータといった分野の子供たちへの紹介にもなると考えます。そのために「**プログラミング的思考力**」を育成し，それを足がかりに実際に問題解決のためにコンピュータに様々な処理をさせるアルゴリズムを考え，プログラミングを学ぶことでさらに進んだ論理的思考力を身につける事にもなります。

　ここでは，特に小学校算数科では，あるコンピュータ言語を用いてプログラムをかけることを目的としてプログラミング教育に取り組むのではなく，まずプログラミングとは何かを体験し，算数の学習を通してプログラミングを体験することで，プログラミング的思考力の育成をすることにあります。学習指導要領では小学校においては「児童がプログラミングを体験しながら，コンピュータに意図した処理を行わせるために必要な論理的思考力を身につけるための学習活動」として，主体的・対話的で深い学びの実現に向けた授業改善の配慮事項にあげられています。

【3】　プログラミング教育の実際

　ここで言葉を整理します。これまで見てきたように，手紙に例えてみると，プログラミングとは「コンピュータにお手紙を書くこと・書き方」であり，プログラムとは「できあがったお手紙のこと」です。そして「書く言語」が「**プログラミング言語**」です。すなわち，プログラミングとは「ことば」を決めてプログラムを作ることです。

　上述しましたが，プログラムとは人間からコンピュータへのお手紙です。コンピュータはそのお手紙に書かれている通りに動いてくれます。これは丁度，音楽の楽譜を読みながら歌を歌ったり，ピアノを弾いたり，リコーダーを演奏したりする時に，「基本は左から順に演奏します」，「この部分を 2 回繰り返します」，「最後に D.C. とあったら，曲のはじめに戻ります」等を譜面に書かれ

ているとおりに進めるのと全く同じことです。

　極端な例えをしますと，カップ麺を自分で説明を読んで食べることができれば，プログラムはかけるようになると言われています。すなわち誰でもプログラミングはできるということです。コンピュータ言語でプログラミングする場合には，使う言語にかかわらず，コンピュータに作業手順を書きます。この作業手順のことを「**アルゴリズム**」といいます。

　「小学校段階におけるプログラミング教育の在り方」（文部科学省）では，「コンピュータの働きを理解しながら，それが自らの問題解決にどのように活用できるかをイメージし，意図する処理がどのようにすればコンピュータに伝えられるか，さらに，コンピュータを介してどのように現実世界に働きかけることができるのかを考えることが重要になる。そのためには，自分が意図する一連の活動を実現するために，どのような動きの組合せが必要であり，一つひとつの動きに対応した記号を，どのように組み合わせたらいいのか，記号の組合せをどのように改善していけば，より意図した活動に近づくのか，といったことを論理的に考えていく力が必要になる。」，「こうした『プログラミン的思考』は，（後略）」（有識者会議，2016）としています。すなわち，問題解決のためにコンピュータの働きを理解しながらコンピュータを活用し，その結果を現実世界で活用する力を身につける必要があるのです。

小学校算数科におけるプログラム作成の実際例　5年生B領域

　第5学年では，B図形領域の平面図形において「正多角形の性質」を学びますが，「どの辺の長さも等しく，どの角の大きさも等しい多角形」を正多角形としています。このような性質を持った多角形を，コンピュータを使ってかくことを考えます。

　正多角形は定規，分度器やコンパスを使えば描くことが出来ます。たとえば正五角形は辺の長さを1つ決めて，辺の端で角度が108度になるように同じ長さの辺を描き加えることを全部で5回繰り返せばかけます。小学生ならば，この程度の説明ですぐに描くことが出来ます。

　この課題を「コンピュータで正五角形をかいてみよう」と設定して，解決する方法を考えようとします。このとき，プログラムを書いてコンピュータに処

28 第 3 章　学力調査，PISA・TIMSS などの話題

理させるためには，動作を細かく書く必要があります。このような学習を通して，正多角形の性質をより深く学ぶことが出来ます。「辺の長さが 10 センチの正五角形をコンピュータに描かせる」という課題でみてみましょう。

（1）アルゴリズム 1：すべての動作を書いたプログラム

①	まっすぐ 10 センチ進む
②	時計回りと反対に 72 度回転する
③	まっすぐ 10 センチ進む
④	時計回りと反対に 72 度回転する
⑤	まっすぐ 10 センチ進む
⑥	時計回りと反対に 72 度回転する
⑦	まっすぐ 10 センチ進む
⑧	時計回りと反対に 72 度回転する
⑨	まっすぐ 10 センチ進む
⑩	時計回りと反対に 72 度回転する

　アルゴリズムはわかりやすいですが，① と ② を 5 回繰り返しています。この考え方を使うことにより，次のアルゴリズム 2 が書けます。

（2）アルゴリズム 2：「繰り返す」考えを使ったプログラム

＊から＊＊までに書かれている動作を 5 回繰り返す。
　　＊
　　　　① 　まっすぐ 10 センチ進む
　　　　② 　時計回りと反対に 72 度回転する
　　＊＊

（3）アルゴリズム 3：Scratch で書いたプログラム

　次に，スクラッチ（Scratch）と言う言語で書いたプログラムと，レゴ マインドストームで書いたプログラムをそれぞれ見てみましょう。スクラッチもマインドストームも「**ブロックプログラミング言語**」とよばれるものです。これらはアルファベットで命令を入力するものではありません。例えば，スクラッチの場合，図 3 のブロックで真っ直ぐ動く長さを指定して，図 4 のブロックで回転の角度を指定します。

第3節　小学校算数科におけるプログラミング的思考力の育成　29

図3．長さを指定するブロック　　図4．回転の角度を指定するブロック

　この2つのブロックを，図5のように縦に5つ並べることにより，画面上の動物が図6のように正五角形を描きます。しかし，図5は少し長いです。そこで，繰り返しの命令をするブロックを用います（図7：逆コの字の形をしています）。逆コの字形の間に図3と図4の2つのブロックを入れて，繰り返しの回数を指定すると，同じように正五角形が描けます。図8がそのプログラムで，実行すると図6と同じ結果になります。図5のプログラムよりも図8の方が簡潔になっています。また，図5と図8には図3と図4以外のブロックも使っていますが，これは図を描くための準備と，そのままではあっという間に終わってしまうので，タイマーを入れてあります。Scratchと言う言語は無料で入手できます。実際に試してみると良いでしょう。

図5．正五角形を描く
　　　プログラム例

図6．動物が図形を描く

図8．繰り返しのブロック
　　　を使ったプログラム　図7．繰り返しのブロック

（4）アルゴリズム 4：LEGO Mindstorms EV3 で書いたプログラム

レゴ マインドストーム EV3（LEGO Mindstorms EV3）は EV3 というコンピュータにモーターやレゴ ブロックを接続して，図 9 のようなロボットを作って動かす事ができるセットとコンピュータ言語です。ここでは図 9 のようなロボットが実際に動いて正五角形を描くようなプログラムをみます。マインドストームでもプログラムは動作のブロックを並べて書きます。

図 9．レゴ マインドストーム

図 10．正五角形を描くプログラム例

図 10 は，まっすぐ描く，回転する，という動作をそれぞれ 5 回ずつ書いたプログラムです。図 11 は，「繰り返す」命令を使ってさらに簡潔に書いたプログラムです。長さや角度は数値を入れて指定することができます。

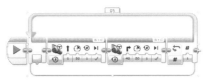

図 11．繰り返しの命令を使ったプログラム

このスクラッチもマインドストームもプログラムは同じようにかけます。しかし，実際にプログラムを実行して正五角形を描いてみると，スクラッチは画面上にきれいに正五角形が描かれますが，マインドストームのロボットでは，実はプログラムの通りに動かないことがあります。この違いはなぜ起こるのかを考えてみることはとても大事なことです。コンピュータの表示画面はもともと座標の考え方で様々なものを表示します。ロボットは動作する環境，動きま

わる床の状態や回転の速度などにより誤差が生じます。これらの修正は試行錯誤で解決するしかありません。また，このような経験はプログラミングにとってはとても大事です。原因を考えて，解決に到る過程を経験することは，論理的思考力をつける良い学習になります。（Scratch は，マサチューセッツ工科大学（MIT）のメディアラボが開発したプログラミング言語です。また，LEGO Mindstorms は LEGO 社の登録商標です）

【4】 プログラムを書いてコンピュータに処理させるよさを体験するにはアルゴリズムをしっかり

これまで具体的なプログラムの例をみてきましたが，一度このようなプログラムを作成すると，辺の長さを変えた正五角形，すなわち大きさが違う正五角形をいろいろ書くことが出来ます。また，はじめに書いたプログラムの回転の角度の数値を変えて，繰り返しの回数を指定することで正六角形，正十角形，等々，様々な多角形や模様のような図形を描くことが出来ます。このように学習を発展させることで，図形の性質そのものについて深く学ぶことも出来ます。

プログラミング的思考を育成する過程では，プログラムを記述するプログラミング言語が必要ですが，プログラミングの段階すなわちプログラムを書くための作法を学ぶ段階では，個々のコンピュータ言語は必要としません。【3】で多角形を描くプログラムを考えましたが，このときは「真っ直ぐ進む距離」「回転する角度」「何回その動作をすればよいか」を考え，それぞれのプログラミング言語で記述しました。これははじめに述べたように，外国語でそれぞれの意思疎通を行う場合と全く同じです。「やりたいこと（目的）」を考え，「実現するための具体的な（有限回でできる）手順」を示すことが出来れば，何語で行っても同じですね。繰り返しになりますが，この「実現するための具体的な手順」すなわちアルゴリズムをしっかり考えられればよいのです。これが「論理的思考力の育成」をする際に求められるものです。「アルゴリズム体操」というパフォーマンスも存在します。これは参加者全員が約束を守って決められた動作をきちん同じテンポで行うことで，ぶつかったり止まったりすることなく進行してきます。実は，算数の指導ではこれまでも，数と計算領域の多数桁の加減乗除の筆算ではアルゴリズムの学習を行ってきています。筆算の

32 第3章 学力調査，PISA・TIMSS などの話題

手順はアルゴリズムそのものです。すなわち筆算はアルゴリズムを身につける最初の段階と言っても良いでしょう。ここで一言「これをアルゴリズムと言いますよ」と付け加えるだけで，算数の学習が社会生活とつながることになります。他にどのような場面でアルゴリズムとしてまとめられるかも考えて見ましょう。

　小学校段階のプログラミング教育は，子供たち全員に特定のコンピュータ言語・プログラミング言語を学習し習得させてプログラムを記述できるようなことを求めてはいけません。物事を分析してそのためにはどのような手順をとれば問題解決に導くことができるかをどれだけ体験することができたかが，コンピュータの活用へつながると考えられます。

　これからの「超スマート社会」を生きる子供たちが，新しい力を発揮できるためにも小学校の算数科でプログラミングの学習を通して論理的思考力を育成することは，意義があると考えられます。

　参考資料

　アルゴリズムにまつわる話：アルゴリズムという名称は十進法の四則算法を実行する規則を与えた中世のアル＝フワーリズミの名前に由来する。（数学入門辞典 2005，岩波書店）

第4節　ゆとり教育と学力との関係

【1】　ゆとり教育とは

　「ゆとり教育」というと，平成 10 年告示の学習指導要領（実施は平成 14 年度）における教育，そして，その教育を受けた人たちを「ゆとり世代」と考える人が多いと思いますが，「ゆとり教育」はそれよりも以前からありました。戦後の学習指導要領の中の「ゆとり教育」を振り返ってみます。

　「ゆとり教育」が始まったのは昭和 52 年告示の小学校学習指導要領（実施は昭和 55 年度，中学校は昭和 56 年度）です。それまでの現代化と称した教育内容の高度化による児童生徒への負担軽減を図るために，各教科等の目標・内容を中核的事項にしぼり，子供たちのゆとりある充実した学校生活の実現を

目指しました。

その考え方は平成元年告示の小学校学習指導要領（実施は平成 4 年度，中学校は平成 5 年度）にも受け継がれ，社会の変化に自ら対応できる心豊かな人間の育成を目指しました。

このように，平成 10 年の「ゆとり教育」は突如現れたものではなく，これまでの流れを受けたものです。昭和 52 年告示の学習指導要領が実施された昭和 55 年のころに小中学生だった子供はもう 50 歳くらいでしょうから，現在 50 歳くらいの人たちから日本の「ゆとり教育」が始まりました。

第 1 章及び第 10 章に関連した内容があります。

【2】 平成 10 年告示の学習指導要領のゆとり教育

以前から存在していた「ゆとり教育」が平成 10 年告示の学習指導要領で，特段に騒がれるようになったのには，4 つほどの理由が考えられます。

理由（1）一見，学習とは無関係と思われる活動に時間を割いている

平成 10 年，1990 年代半ば，日本の社会が極めて不透明な時代に入りました。それまでは，戦後の復興を目指し脇目も振らず働け働けの時代で，働いた分（日本の場合はそれは年齢を意味しています）の賃金と立場が保証されていましたが，それが 1990 年代半ばころから崩れ始めました。

このような不透明な社会を見据え，単に与えられた課題をこなすだけの能力だけではなく，自ら課題を見付けて，それをよりよく解決する資質や能力（生きる力の知の側面）を育てることが重要視されるようになりました。

その資質や能力を身に付けさせることを目的として「総合的な学習の時間」が新設されることとなりました。「総合的な学習の時間」は，ねらい（生きる力の知の側面にあたる部分）はあるものの，内容は各学校に任せられました。例えば稲作が盛んな地域では，地域の方々の協力を得ながら稲作づくりを通して，課題を見付け，学び，考え，判断し，その課題を解決していく資質や能力を育成しました。しかし，これらのことはドリル学習などに比べて「学習」している姿には見えづらいものでした。

34　第3章　学力調査，PISA・TIMSS などの話題

理由（2）教科を指導する時数が減った

　「総合的な学習の時間」の新設によって，教科を指導する時数が減りました。さらに，1980年代ころより日本でも多くの企業が週休2日制を導入し始めました。学校での導入は，それよりも10年ほど遅く，1992年（平成4年）より月に1回の週休2日，1995年（平成7年）より月に2回の週休2日，そしてようやく2002年（平成14年）より完全週休2日制となりました。授業を行う日が減ったわけですから，教科を指導する時数が削られました。

理由（3）世の中の大きな誤解を招いた

　「ゆとり教育（あるいはゆとり世代）は，円周率は3でよい」ということを聞いたことがある人も多いと思いますが，これは誤りです。正しくは，平成10年告示の学習指導要領解説に，次のように記されています。

> 円周率としては3.14を用いるが，目的に応じて3を用いて処理できるように配慮するものとする。

　つまり，おおよその長さや広さを求める際には，臨機応変にそのようなことができるようにするということであって，むしろそれは現実の世界では必要な判断力です。
　例えば，直径が1.2mの樹木を縛るために必要なロープを準備する場合に，暗算で $1.2 \times 3 = 3.6$ と出して，4mほどのロープが必要だと判断するでしょう。それをわざわざ紙と鉛筆を用意して，$1.2 \times 3.14 = 3.768$ と正確な値を出すことに，どれほどの価値があるのでしょう。むしろ，紙と鉛筆を取りに行く労力や時間を割愛できることの方が生活に必要な能力でしょう。
　「円周率としては3.14を用いるが，目的に応じて3を用いて処理できるように配慮する」という内容が，いつの間にか「円周率は3でよい」となって，良くも悪くもそのことを話題にして盛り上がってしまったわけです。
　ひと昔前であれば，情報が伝わるスピードは現代ほど速くはないため，自分

第4節　ゆとり教育と学力との関係　　*35*

で考えて判断する時間もあったのでしょうが，現代では正しい情報も正しくない情報も，判断する間もなく一瞬で広がってしまいます。このような例は他にもたくさんあります。

理由（4）学力を低下させた

　このことが，平成 10 年告示の学習指導要領のゆとり教育が最も騒がれる理由で，理由(1)〜(3)を総括したものとして位置づけられています。しかし，これももしかしたら，先ほどと同様に正しくないかも知れません。次の【3】で平成 10 年告示の学習指導要領のゆとり教育を受けた学年を一覧にしてみましたので，しっかり考え判断してみましょう。

【3】　平成 10 年告示の学習指導要領のゆとり教育は，本当に学力を低下させたのか

　表 4 は，生まれた年度と小中学校時代のゆとり教育の関連です。「移」は移行措置，「ゆ」はゆとり教育を表しています。また，高 1 の欄に和暦（西暦）が記されている学年は，PISA 調査の対象となった学年です。

表 4．生まれた年度と小中学校時代のゆとり教育の関連

	小1	小2	小3	小4	小5	小6	中1	中2	中3	高1
昭和 59 年度生まれ，平成　3 年度入学										平成 12 年度（2000）
昭和 60 年度生まれ，平成　4 年度入学										
昭和 61 年度生まれ，平成　5 年度入学										
昭和 62 年度生まれ，平成　6 年度入学							移	移	ゆ	平成 15 年度（2003）
昭和 63 年度生まれ，平成　7 年度入学						移	移	ゆ	ゆ	

平成 元年度生まれ, 平成 8年度入学					移	移	ゆ	ゆ	ゆ	
平成 2年度生まれ, 平成 9年度入学				移	移	ゆ	ゆ	ゆ	ゆ	平成18年度 (2006)
平成 3年度生まれ, 平成10年度入学			移	移	ゆ	ゆ	ゆ	ゆ	ゆ	
平成 4年度生まれ, 平成11年度入学		移	移	ゆ	ゆ	ゆ	ゆ	ゆ	ゆ	
平成 5年度生まれ, 平成12年度入学	移	移	ゆ	ゆ	ゆ	ゆ	ゆ	ゆ	ゆ	平成21年度 (2009)
平成 6年度生まれ, 平成13年度入学	移	ゆ	ゆ	ゆ	ゆ	ゆ	ゆ	ゆ	移	
平成 7年度生まれ, 平成14年度入学	ゆ	ゆ	ゆ	ゆ	ゆ	ゆ	ゆ	移	移	
平成 8年度生まれ, 平成15年度入学	ゆ	ゆ	ゆ	ゆ	ゆ	移	移	移		平成24年度 (2012)
平成 9年度生まれ, 平成16年度入学	ゆ	ゆ	ゆ	ゆ	移	移	移			
平成10年度生まれ, 平成17年度入学	ゆ	ゆ	ゆ	移	移	移				
平成11年度生まれ, 平成18年度入学	ゆ	ゆ	ゆ	移	移					平成27年度 (2015)
平成12年度生まれ, 平成19年度入学	ゆ	ゆ	移	移						
平成13年度生まれ, 平成20年度入学	ゆ	移	移							
平成14年度生まれ, 平成21年度入学	移	移								平成30年度 (2018)
平成15年度生まれ, 平成22年度入学	移									
平成16年度生まれ, 平成23年度入学										

第 4 節　ゆとり教育と学力との関係　*37*

　第 1 節で述べたように，学力低下が問題視され，全国学力・学習状況調査の実施の引き金にもなった平成 15 年度（2003）の PISA 調査の結果は「PISA ショック」と揶揄する声もあったほど大騒ぎされました。しかし，この PISA 調査を受けた子供たちとゆとり教育の関連を表 4 で詳しく見てみると，平成 15 年度（2003）に PISA 調査を受けた高 1 は，昭和 62 年度生まれ平成 6 年度入学の子供たちで，中 1 と中 2 で移行措置，中 3 でゆとり教育を受けていることが分かります。もう気付いたと思いますが，この平成 15 年度（2003）の PISA 調査の結果は「ゆとり教育」が引き起こした結果ではないことは明らかです。むしろその後の PISA 調査の結果の回復にゆとり教育は貢献しているのです。

　このような誤解が生まれた原因は次の 3 つが考えられます。

> ①ゆとり教育，その代表として総合的な学習の時間を考えた場合，それは平成 14 年度からの実施だったが，世の中では告示と同時（平成 10 年）に新しい教育が始まったと思われている。
> ②ゆとり教育が，単なるゆとりであって，子供たちに何を身に付けさせようとしたものであるのか，社会への啓発活動が不十分であった。
> ③学力低下の原因をどこかに求めようという心理が働いた。

　以上のことから，「ゆとり教育は，内容の少ない教育」「ゆとり世代は，熱心に物事に取り組まない世代」などという間違った情報がいつの間にか広がっていき，確立してしまったようです。

　溢れる情報には正しいものも多くありますが，同時に間違った情報も多くあることをしっかり踏まえて真実は自分で確かめることが大切です。

第2部
算数科の内容と指導方法

第4章　Ａ数と計算

「数と計算」領域の概要

　「数と計算」は，算数の中で多くの割合を占める，基本的で重要な内容領域です。

【1】　「数と計算」教育の必要性

　数は，人類の発生とともに生まれ，人類の歴史とともに発展してきました。数と計算が昔も今も，個人の生活や社会に深く関わる重要なものであることは誰もが認めることでしょう。かつては「読み・書き・そろばん」といわれ，計算を実行する力を身に付けることが最重要であると考えられていました。時代は変わり，電卓を誰もが所持できる今日では，複雑な計算を人の手でする必要はなくなりました。一方で，世の中で扱われる数は精緻化，複雑化し，その中で個人の幸せや社会の発展，地球の持続可能性を維持するために，すべての市民が数と計算に関しての理解を確かにもったり，感覚を豊かに鋭くしたりすることの重要性は，一層高まっているといえます（長崎ら，2007）。

　数の世界は，人類の自由な創造によって広げられてきた側面ももちます。例えば，算数の学習の中で，6÷3のわり算はできるが，2÷3のわり算はできないという場面に出くわします。そして，「ならば，それができるように数を創ろう」と，2÷3の答えを表す「2/3」という数を創り出します（第5学年）。そうすることで，わり算がいつでも自由にできる世界に広げていくのです。算数の世界では，3－2の計算はできますが，2－3の計算はできませんでした。中学校では，それができるように「負の数」（中学校第1学年）が創り出されます。それによって，1次方程式が自由に解ける世界に広がります。さらに学習が進み2次方程式を学ぶと，今度は，2乗すると2になる数が表せなくて困ります。そこでは，「無理数（$\sqrt{2}$）」（中学校第3学年）を創造して乗り越えます。しかし，それでもまだ，ある2次方程式については，解の公式を使って解こうとすると解の$\sqrt{}$の中に負の数が出てきて困ってしまいます。そこで創造されるのが「複素数（虚数単位：i）」（高校）です。こうし

て，2次方程式が自由に解ける世界に広げられるのです。

　このように，数と計算の世界は，子供の外に存在して誰かに教えられるのを待つものではなく，算数・数学の学習の中で，子供が自ら創造し広げていくものなのです。「数学の本質は，その自由性にある」（数学者カントール）といわれます。そのような世界でのびのびと活動させることは，子供の人格形成に大いに資することであります。

【2】　「数と計算」教育で求められること

　数と計算の世界を，先生の言う通りに繰り返し意味のわからない作業をやらされるだけの世界だと誤解している子供や保護者もいます。そこで，教育に求められるのは，数学的活動の充実，とりわけ，子供が見いだし説明する過程を大切にした学習指導の展開です。例えば，2/3÷4/5（分数÷分数：第6学年）は「4/5をひっくり返してかける」ことにより答えが求められます。これを，例えば「2/3，4/5と同じ大きさの分数をつくること」（第3学年）と「わり算は，わる数とわられる数に同じ数をかけても答えは変わらないこと」（第4学年）を基にして，

$$\frac{2}{3} \div \frac{4}{5} = \frac{10}{15} \div \frac{12}{15} = \left(\frac{10}{15} \times 15\right) \div \left(\frac{12}{15} \times 15\right)$$

$$= 10 \div 12 = \frac{10}{12} = \frac{2}{3} \times \frac{5}{4}$$

と計算することができるということを，子供が見いだし説明する展開です。このような学びにすることで，計算がよくわかり，様々な算数の力を身に付け，算数の学習が楽しいと思うようになるでしょう。そのため平成29年告示の学習指導要領では，「数と計算」領域のねらいを次のように示しています。

「A 数と計算」の領域のねらい

（1） 知識及び技能
　① 整数，小数及び分数の概念を形成し，その性質について理解すること
　② 数についての感覚を豊かにし，それらの数の意味について理解すること
　③ 計算に習熟すること
（2） 思考力・判断力・表現力
　④ 数の表し方の仕組みや数量の関係に着目し，計算の仕方を既習の内容をもとに考えたり，統合的・発展的に考えること
　⑤ 数量の関係を言葉，数，式，図などを用いて簡潔に，明瞭に，又は，一般的に表したりすること
　⑥ 表現したものを関連付けて意味を捉えたり，式の意味を読み取ったりすること
（3） 学びへ向かう力・人間性等
　⑦ 数や式を用いた数理的なよさに気付くこと
　⑧ 数や計算を生活や学習に活用しようとする態度を身に付けること
　　　　　　　　　　　　　　　　　文部科学省（2017）を基に作成

【3】 指導内容の系統

　各学年の内容から主なもの抜粋した数と計算の指導内容の系統は表1の通りです。

表 1. 数と計算の指導内容の系統

	数	計算
第1学年	・2位数 ・簡単な3位数	・1位数の加法と減法 ・簡単な2位数の加法と減法
第2学年	・4位数（1万まで） ・簡単な分数	・2位数や簡単な3位数の加減 ・乗法九九，簡単な2位数の乗法 ・加法と乗法の交換・結合法則 ・（　）や□を用いた式

第3学年	・万の単位（1億まで） ・小数（1/10の位） ・簡単な分数の大きさ	・3位数や4位数の加減 ・2位数や3位数の乗法 ・1位数などの除法 ・小数（1/10の位）の加減 ・簡単な分数の加減 ・交換法則，結合法則，分配法則 ・そろばん
第4学年	・億，兆の単位 ・概数 ・小数 ・分数（真分数， 　仮分数，帯分数）	・小数（1/100の位など）の加減 ・小数の乗除 　（小数×整数，小数÷整数） ・同分母分数の加減 ・2位数などによる除法 ・除法に関して成り立つ性質 ・四則混合の式や（　）を用いた式 ・□や△などを用いた式 ・そろばん
第5学年	・偶数，奇数 ・約数，倍数 　（最大公約数， 　最小公倍数）	・小数の乗除 　（小数×小数，小数÷小数） ・異分母分数の加減
第6学年	・（逆数）	・分数の乗除 ・文字 a，x などを用いた式

　＊ 2桁の数のことを「**2位数**」，3桁の数のことを「**3位数**」などとよびます。また，「たし算」のことを「**加法**」，「ひき算」のことを「**減法**」，「かけ算」のことを「**乗法**」，「わり算」のことを「**除法**」とよびます。

第1節　数とその表し方

【1】　内容の概観

　「数の概念について理解し，その表し方や数の性質について考察すること」（学習指導要領解説）について，この節では，主に「整数」に焦点を当てて概説します（「小数」は第4節で，「分数」は第6節で扱います）。

[1] 整数の概念

算数で「**整数**」とは，0と自然数（1，2，3，…）のことを指します。

まず，数を学ぶ（第1学年では整数を「かず」とよびます）にあたって，例えば，花壇の絵を見ながら「同じ仲間」を見つけたり，「多い・少ない」を比べたりします。数をとらえるには，まず，その対象を明確にする必要があるからです。

このとき，「たんぽぽ」，「チューリップ」といって仲間をとらえることと，「花」といって仲間をとらえることとでは見方が異なります。仲間に入るか入らないかをはっきりとさせる見方が必要です。これは，数学で「集合」とよばれる見方です。

2つの集合の要素の数の「多い・少ない」を比べるには，それぞれのものを「1対1に対応させる見方」が必要です。（図1では金魚とブロックとを1対1に対応させています）。

図1．1対1に対応させる見方

これらの見方をもとにして，まず，1から10までの数を指導します。その後に「0」という数を指導します。「0」の概念は特に難しいからです（数の歴史の中でも「0」は発明されたのが遅いことが知られています（例えば，吉田，1939））。そして，第3学年で小数や分数と区別するために，「整数」という用語を指導します。

数（**自然数**）は，主に，ものの大きさを表す「**集合数（基数）**」としての役割と，順序を表す「**順序数**」としての役割とをもちます。例えば，1列に並んだ先頭の人から「1」から順に1枚ずつ整理券が配られ，自分が「7」の整理券をもらったならば，自分が列の先頭から「7番目」（順序数）にいること，また同時に，先頭から自分までで「7人」（集合数）の人がいることを表します。この例のように，数を集合数と順序数の両面から，統合的にとらえられるように指導することが大切です。

[2] 整数の表し方

　数は抽象的なものであり，数そのものは目に見えません。そこで，数を書き表す方法（「**記数法**」といいます）と，言い表す方法（「**命数法**」といいます）とを指導します。

　例えば，「3」は，その数を書き表した「数字」であり，「さん」は，その数の読み方を表す**数詞**です（「いち，に，さん，…」と数詞を唱えることを「**数唱**」といいます）。

　私たちは，1から9と0の10種類の数字を使って，あらゆる数を書き表すことができます。私たちが用いている記数法は，「**十進位取り記数法**」とよばれます。「十進」とは，「10のまとまり」で数の大きさをとらえる見方であり，十，百，千のように，まとまりの単位を大きくしていきます。「位取り」とは，「数字をかく位置」によって，数の大きさを区別してとらえる考え方のことです。例えば，0，1，2の同じ数字を使って，「120」，「102」，「210」のように異なる大きさの数を書き表すことができます。このとき「0」は，空位を表す役割を果たしています。

　漢数字を使って数を表すこともあります。例えば，四万八千五十二などです。これは，48052の言い表し方（命数法）であると見ることもできます。漢数字では空位は書かないこと，また，十，百，千の後は，万，億，兆というように「万」ごとに単位を大きくする仕組みになっている（「**万進法**」といいます）などの点に特徴があります。

[3] 整数の性質

　第5学年で，観点を決めて整数を類別する仕方として，「**偶数，奇数**」を学びます。偶数は2で割り切れる数，奇数は2で割って1あまる数です。0は偶数です。「2で割ったあまりが0か1か」の観点から，整数を2つのグループに類別する考え方です。

　カレンダーに並ぶ数を，同じような見方で見てみましょう。すると，カレンダーの縦に並ぶ数のグループは月曜日から日曜日までの7グループあると見ることができます。そしてそれらは，「7で割ったあまりが0か1か2か3か4か5か6か」の観点から類別される整数の集まりであることに気づくでしょう。

第1節 数とその表し方 *47*

倍数，約数の考えも，身の回りでよく用いられます。例えば，3，6，9，…のように，3に整数をかけてできた数を3の倍数といいます。ここで，0は倍数には入れないことにします（中学校になると，－3や0なども，3の倍数として扱うようになります）。6，12，18，…のように，2と3の共通な倍数を2と3の「**公倍数**」といいます。公倍数の中で一番小さい数を「**最小公倍数**」といいます（これが，0を倍数に入れない理由です）。

例えば，1，2，3，4，6，12のように，12を割り切ることのできる整数を12の約数といいます。1，2，4のように，8と12の共通な約数を8と12の「**公約数**」といいます。公約数の中で一番大きい数を「**最大公約数**」といいます。

約数について調べていると，2，3，5，…のように，約数が1とその数自身の2つしかない数があることに気づくでしょう。それらが「**素数**」です（1は素数に入れないことにします）。用語「素数」は中学校で学びます（平成29年告示 中学校学習指導要領）。

2つの数の公倍数や公約数は，それぞれの数の倍数，約数を片っ端に書き並べて見比べていけば見つけることができますが，もっと手間の少ない方法も考えられます。例えば，2つの数の公倍数は，大きい方の数の倍数を先に考え，それらのうちで小さい数の倍数になっているものを見つける方が，見つける手間がより少なくて済みます。

[4] 概数

第4学年で「**概数**」を学びます。概数は，身の回りの生活でも多く用いられています。概数が用いられる場合には次のようなものがあります。

> ① 野球場の入場者数を約何万何千人と概数で表して伝えるように，詳しい数値が分かっていても，目的に応じて数を丸めて表記する場合。
> ② 都市の人口を，棒グラフを用いて比較するように，棒の長さなどで数のおよその大きさを表す場合。
> ③ ある時点での日本の人口のように，真の値を把握することが難しく，概数で代用する場合。
>
> （小学校学習指導要領（平成29年告示）解説 算数編）

また，計算をするときには，詳しく計算する前に，概数を用いて答えを見積

もることによって，大きな計算間違いをすることを防ぐことができます。

概数についての指導では，「**四捨五入**」，「**切り上げ・切り捨て**」の方法や，「どの位までの概数にするのか」（例えば，124325169を「1億2千万」とするか「1億」とするかなど）について扱います。これらを目的に応じて用いることができるように指導することが重要です。例えば，決められた予算内で買い物をする必要があるときは，買い物かごに入れた商品の値段を「切り上げ」の見方で概数にして総額を見積もることで，予算オーバーになることを防ぐことができます。

【2】　基礎となる数学

［1］　数とその表し方

古代エジプト（紀元前3300年頃）では，数を表すのに，図2のような記号が使われていました。また，古代ローマ（紀元前600年頃）では，図3のような記号が使われていました（**ローマ数字**とよばれ，今でも，時計の文字盤などに使われています）。

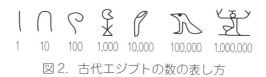

図2.　古代エジプトの数の表し方

Ⅰ	Ⅱ	Ⅲ	Ⅳ	Ⅴ	Ⅵ	Ⅶ	Ⅷ	Ⅸ	X	L	C	D	M
1	2	3	4	5	6	7	8	9	10	50	100	500	1000

図3.　古代ローマの数の表し方

図4に表された数は「128」を表し，図5に表された数は「2453」を表します（“Ⅳ”が4を表すように，“CD”の部分が400を表します）。私たちが普段用いている数字（**アラビア数字**とよばれます）による「十進位取り記数法」の表し方と比べてみましょう。図4，5ともに「位取り」の考えは用いられていません。また，数の単位を大きくするごとに異なる

図4.　古代エジプトの数字

MMCDLⅢ

図5.　古代ローマの数字

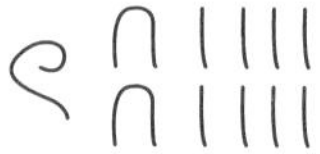

記号を用いています。どちらも，「0」にあたる記号はもちません。

　現在では，数学者は数を厳密に論理的に構成して，数について研究しています。数を論理的に構成する例として有名なのが「**ペアノの公理系**」です。

＜ペアノの公理系＞　自然数を，次の5つの公理を満たすものの集合とする。
公理Ⅰ　：1は自然数である。
公理Ⅱ　：任意の自然数 x に対して，x の後者とよばれる自然数 x' がただ
　　　　　1つ存在する。
公理Ⅲ　：1を後者とする自然数は存在しない。
公理Ⅳ　：x の後者 x' と y の後者 y' が同一ならば，x と y も同一の自然
　　　　　数である。
公理Ⅴ　：数学的帰納法の原理（詳細は省略しますが，自然数が次々と構成
　　　　　できるというような意味の約束です。）

　例えば「自然数って何？」と聞かれたら「1，2，3，…」と答えてしまうでしょう。

　でも，それだと表記を答えたにすぎず，自然数の本質を説明したことにはなりません。そこで，自然数の順序数としての側面から，自然数の構成の仕方を厳密に定めたものがペアノの公理系です。

[2]　整数の性質

　p.46 で見たカレンダーの例と同じように，整数は，例えば5で割ったあまりの数を観点として分類すると，共通部分をもたない5つのグループに分類できます。そのそれぞれを0，1，2，3，4で代表させ，その全体 {0，1，2，3，4} を，「5による**剰余系**」といいます。5による剰余系の計算は，例えば次のようになります。

　　　例1：1＋2＝3　　　　例2：2＋3＝0　　　　例3：3＋4＝2

　例1は，皆さんの知っているたし算と同じでしょう。しかし，例2と例3は違います。剰余系は，「あまり」で見る世界です。例2は，「（5で割ったあまりが2の数）＋（5で割ったあまりが3の数）＝（5で割ったあまりが0の数）」であることを表します。例3も同様です。剰余系の世界でも，皆さんが知っている計算法則（交換法則，結合法則，分配法則）が成り立ちます。

【3】 指導の方法

[1] 具体物・半具体物

　数そのものは目に見えない抽象的なものです。したがって，数の指導は，具体的な物（例えば 3 個のリンゴ）を対象として始められます。そして，その対象を，徐々に抽象的にしていきます。その過程で用いるのが「**半具体物**」（例えば，おはじき，ブロックなど）です。さらに抽象を進めて，紙や黒板にかいた「〇〇〇」などの図を 3 このリンゴとみるようにしていきます（おはじきなどを具体物，紙などにかいた「〇」などの図を半具体物とよぶ場合もあります）。

　心理学者ブルーナーは「**EIS の原理**」を提唱しました。子供の認知発達は

　　　行動的（Enactive）→　映像的（Iconic）→　記号的（Symbolic）

の順に進むという主張です。抽象的な数を一足飛びに扱うのではなく，具体物から半具体物へ，半具体物から抽象へと，なだらかにステップを踏んだ指導を行うことが大切です。

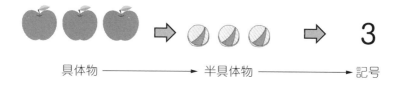

具体物　──────→　半具体物　──────→　記号

[2] 数直線

　直線上に基準の点 0 （原点）を決め，単位とする長さを決めて目盛りをつけて数を対応させたものを「**数直線**」といいます。原点をかかずに部分的に用いたり，2 本の数直線を並列させて用いたりすることもあります。用語「数直線」は第 3 学年で学びますが，「かずの線」とよんで第 1 学年から学習指導に用います。

　数直線は，数の大小や系列，十進法の仕組みや数の相対的な大きさなどを視覚的にとらえるのに有効です。ある数を「四捨五入」して概数にする場面で用いると，より近い数は何かよくわかります。偶数と奇数の場面で用いると，そ

れらの数が交互に並ぶことがはっきりします。図6のように用いると、数の相対的な大きさをとらえるのに役立ちます。

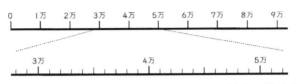

図6. 数の相対的な大きさをとらえるのに役立つ数直線

【4】 幼保との関連

[1] 身の回りの様々なものを数える体験をたくさん積ませること

　おおむね4歳を過ぎた頃から幼児は、平仮名などの文字や数字に興味を持ち、日常生活の中でも、それらを書いたり読んだりする姿が見受けられます。年長児（5－6歳）になると、園によっては、文字や数字、数を練習するところもありますが、就学前には、文字や数字、数の学習を強要したり、強制したりせず、本人が興味を持つ範囲で、それらを楽しく学ぶ環境を作ることが大切でしょう。

　年長児を対象としたある調査では、20までのビー玉やブロックなどの具体的なものを数える質問で、多くの幼児がそれらを数えることができましたが、19個、21個、22個というように、正確さに欠ける幼児も少なくありませんでした。それでも、園においては、素早く正確に数えられるようになることよりも、間違えたとしても、本人のペースで、身の回りの様々なものを数える体験をたくさん積ませることが大切です。

　数唱（口頭で数を順に言う行為）については個人差があり、100以上の数を正確に数唱できる幼児もいれば、そうでない幼児もいます。しかし、数唱ができたからといって、具体的なものを正確に数えることができるわけではありません。

　ある研究者は、幼児に数概念を身につけさせるには、数える行為よりも、具体的なものを並べたり集めたりする活動の方が重要だと述べています（平林, 1978）。

[2] 環境構成の例

保育の場面で数に親しむ工夫として，2つの例を挙げます（参考：藤森，2001）。

1つ目は，幼児が毎日使う階段に，日本語表記，数字，そして丸い点が書いてあります（図7）。日常生活において幼児たちは階段を登る際に「いち，に，さん，し，…」と口ずさみながら階段をのぼります。丸い点は，小学1年生の教科書に出てくる「**数図**」です。数を「5のまとまり」で表し，数字とともに数の量感も養うことをねらいとしています。

図7．園の階段にしめされた数や数字

図8．リレーの順番表

2つ目ですが，幼児が順序数と集合数を完全に区別するのは難しいことがわかりつつあります（中和・松尾・渡邉，2018）。それでも，生活の中で何となくでも構わないので両者の違いを身につけていく，あるいは経験していくことが大切です。図8は運動会で行う年長児の種目「リレー」の走順です。本番では3つのチームに分かれて競うため，普段のリレー遊びの中で，幼児同士で1番目から15番目まで走順を決めて，その順に顔写真を貼っています。このように普段の保育で，様々な数（順序数と集合数）に触れる工夫をすることが大切です。

【5】 小中の連携

[1] 数の世界の広がり

小学校では，0と自然数（正の整数）および小数と分数を学びます。分数で表すことのできる数を「**有理数**」といいます（整数も分数で表せるので有理数

です。有限小数や循環小数も分数で表せます)。中学校で，負の数を学ぶことで有理数の世界が完成することになります。有理数で表せない数を「**無理数**」といいます。無理数にはいろいろな種類があります。2乗して2になる数である$\sqrt{2}$や円周率πなど（循環しない小数）は無理数です。有理数と無理数とを合わせて「実数」といいます。つまり，中学校までの学習で，数の世界が実数の範囲にまで広げられます（図9）。中学校では，aやxなどの「文字」を本格的に扱います。文字はいろいろな種類の数を表すのにも用いられます。

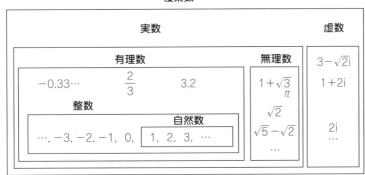

図9　数の拡張

[2] 最大公約数，最小公倍数

中学校で，「**素因数分解**」（自然数を素数の積だけに表すこと）を学びます。例えば，12と30を素因数分解すると，それぞれ，次の①，②のようになります。

$12 = 2 \times 2 \times 3$　　　… ①
$30 = 2 \times 3 \times 5$　　… ②

これを利用して，最大公約数と最小公倍数を求めることができます。

最大公約数は，①と②の共通する部分だけの積を求めます。つまり「$2 \times 3 = 6$」です。

最小公倍数は，①と②の共通する部分と共通しない部分の積を求めます。つまり「$2 \times 2 \times 3 \times 5 = 60$」です。素因数分解を使うと，約数を書き並べなくても，約数の個数を求めることなどができます（例えば，30の約数の個数

54   第 4 章　A 数と計算

は，その素因数の 1 つである「2」を約数の積の計算に含めるか含めないかの 2 通りがあり（含めないときは 1 と考えます），「3」，「5」についても同様に考えると，2×2×2＝8 で 8 通りの組み合わせがあるので，合計で 8 個あるとわかります：1，2，3，5，6，10，15，30 の 8 個のこと）。

第 2 節　加法と減法

　「計算の意味と方法について考察すること」（小学校学習指導要領（平成 29 年告示）解説）について，第 2 節と第 3 節では主に「整数の計算」，第 4 節から第 7 節では主に「小数・分数の計算」に焦点を当てて概説します。

【1】　内容の概観

[1]　加法の意味
　加法を用いる場面は主に 3 つに分類されます。次の 3 つの例は，いずれも「4＋3＝7」と加法を用いて表せますが，場面がそれぞれ異なります。

例 1：「白い花が 4 本，赤い花が 3 本あります。花は合わせて何本あるでしょう。」
例 2：「子供が 4 人遊んでいます。そこに 3 人来ました。子供はみんなで何人になったでしょう。」
例 3：「かずみさんは前から 4 番目にいます。かずみさんの後ろに 3 人います。みんなで何人いるでしょう。」

---

　① 例 1 の場面：
　同時に存在する 2 つの数量を合わせた数量を求める場合であり「**合併**」といいます。「あわせていくつ」という加法の場合であり同時的です。
　② 例 2 の場面：
　ある数量に他の数量を追加したり，ある数量が増加したりしたときの数量を求める場合であり「**増加**」といいます。「ふえるといくつ」という加法の場合であり経時的です。
　③ 例 3 の場面：
　数え上げの考え方を基盤にもつ「**順序数を含む加法**」の場合です。

第2節　加法と減法　　*55*

このような具体的場面について，どの場面も同じ加法が適用される場であること，つまり，「加法は2つの集合を合わせた集合の要素の個数を求める演算であること」として判断できるように指導することが大切です。

[2]　減法の意味

減法を用いる場面も主に3つに分類されます。次の3つの例は，いずれも「7－3＝4」と減法を用いて表せますが，場面がそれぞれ異なります。

例1：「クッキーが7個あります。そのうちの3個を食べました。残りのクッキーは何個になったでしょう。」
例2：「男の子が7人，女の子が3人います。どちらが何人多いでしょう。」
例3：「子供が7人並んでいます。かずみさんは前から3番目にいます。かずみさんの後ろには何人いるでしょう。」

---

①　例1の場面：

ある数量から，他の数量を取り去ったり，ある数量が減少したりしたときの残りの数量を求める場合であり「**求残**」といいます。「のこりはいくつ」という減法の場合であり経時的です。

②　例2の場面：

2つの数量の差を求める場合であり「**求差**」といいます。「ちがいはいくつ」という減法の場合であり同時的です。

③　例3の場面：

数え上げの考え方を基盤にもつ「**順序数を含む減法**」の場合です。

加法の場合と同様に，どの場面も同じ減法が適用される場であること，つまり，「1つの集合を2つの集合に分けたときの一方の集合の要素の個数を求める演算であること」として判断できるように指導することが大切です。

[3]　逆思考

問題文には「もらった」といったような「加法を連想させる言葉」が含まれていても式が減法になる場合があります。言葉に惑わされずに数量の関係を正しく捉え理解していなければならないことから，少し難しい問題です。次の2つの例をみてみましょう。

例1：「リンゴが何個かあります。そのうちの3個を食べたので残りは2
　　　個です。リンゴははじめに何個あったのでしょう。」
例2：「リンゴが3個あります。何個かもらったので5個になりました。
　　　何個もらったのでしょう。」

　例1は「2＋3＝5，5個」，例2は「5－3＝2，2個」とする場面です
が，それぞれ，「3－2＝1，1個」，「3＋5＝8，8個」という誤答をする
子供がいます。例1は「残り」，例2は「もらった」という，それぞれの答え
を求める計算とは逆の計算を特徴づける場面で問題が示されているからです。
例1は「**減法逆加法**」，例2は「**加法逆減法**」とよばれる場面です。これらは
「逆思考」を要する問題とよばれ，苦手とする子供が多くいます（これに対
し，[1] の例1，[2] の例1のような問題は，「順思考」とよばれます）。

　求める数（未知数）を□やxなどで表し，順思考によって，例1は「□－
3＝2」，例2は「3＋□＝5」というような式をつくることができます。こ
れを方程式として解くことは中学校で学びます。算数では，テープ図などを用
いて問題場面と図，図と式とを関連付けさせながら，量の全体と部分の関係を
とらえて解決できるように指導します。

[4]　数の合成・分解，加数分解および被加数分解による加法

　たし算で，指を使って数えたせば，答えを求めることはできます。一方，算
数では，「10のまとまり」に目をつけて計算することを指導します。繰り上が
りや繰り下がりのある計算や筆算の基本となる重要な見方だからです。そのた
めに，まず，10までの数の合成・分解に習熟させます。特に，「10はいくつ
といくつ」（「10の**補数**」とよばれます）が重要です。この見方をもとに，繰
り上がりや繰り下がりのある計算の仕方を指導します。

　2つの数の加法では，**加数**（たす数）と**被加数**（たされる数）があります。
次の例1は加数を，例2は被加数を分解して「10のまとまり」に目をつけて
答えを求めています。それぞれの方法は，「**加数分解**」，「**被加数分解**」とよば
れます。（表2）

第2節　加法と減法　　*57*

表2．加数分解と被加数分解

＜加数分解＞	＜被加数分解＞
例1　8 ＋ 3 ＝ 11 　　　　② ①	例2　4 ＋ 9 ＝ 13 　　　　③ ①
意味：8 ＋ 3 　＝ 8 ＋（2 ＋ 1）← 加数を分解 　＝（8 ＋ 2）＋ 1 　＝ 10 ＋ 1 　＝ 11	意味：4 ＋ 9 　＝（3 ＋ 1）＋ 9 ← 被加数を分解 　＝ 3 ＋（1 ＋ 9） 　＝ 3 ＋ 10 　＝ 13

　どちらの方法も「10のまとまり」に目をつけていること，また，正しく答えを求めることができることをとらえさせることが重要です。その上で，扱う数の大きさによって，子供自身が柔軟に方法を選択して行えるように指導します。

[5]　減加法および減減法による減法

　減法についても，「10のまとまり」に目をつけて計算する方法を指導します。次の例1と例2は，数を分解した後の計算手続きに違いがあります。例1は，14を10と4とに分解し，10から9を「ひいて」1，その1と4とを「たして」5というように答えを求めます。この方法は，**「減加法」**とよばれます。例2は，3を2と1とに分解し，12から2を「ひいて」10，その10から1を「ひいて」9というように答えを求めます。この方法は，**「減減法」**とよばれます。（表3）

表3. 減加法と減減法

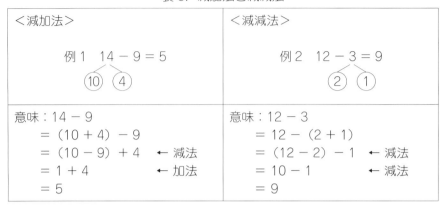

加法の場合と同様に，どちらも「10のまとまり」に目をつけていること，また，正しく答えを求めることができることをとらえさせた上で，子供自身が柔軟に方法を選択して行えるように指導します。なお，次のように考える子供もいます。

> 15 － 8 の答えは，8 に何をたすと 15 になるかを考えて，8 ＋ 7 ＝ 15 だから，答えは 7 だとわかりました。

この例は，15 － 8 ＝ x の x を，8 ＋ x ＝ 15 として加法の考えを用いて求める方法で，「**補加法**」とよばれます。

[6] 暗算・筆算

筆算は，各位の数を「暗算」することを基本としています。そこで，第1学年では，1位数同士の加法・減法に習熟させます（「**加法九九**」，「**減法九九**」とよばれます）。

「**筆算**」は，位取り記数法に基づいた計算であり，大きな桁数の計算でも，各位の数の計算を機械的に積み重ねれば答えが求まるところによさがあります。一方，機械的な手続きだけが先行し，その意味を理解しないまま行っている子供がいます。例えば次頁に示した筆算は，通常「ア」のように記述されま

第 2 節　加法と減法　　*59*

すが，その過程では，頭の中で「イ」のような手続きを行います。「イ」に現れる２か所の「12」は，意味が異なります。一方は「12」であり，もう一方は「120」です。その意味までをも見えるように表したのが「ウ」です。筆算の過程で現れ

```
 ア              イ              ウ
    1 4 5          1 4 5          1 4 5
+)  2 8 7      +)  2 8 7      +)  2 8 7
   4 3 2            1 2            1 2
                    1 2            1 2 0
                      3          3 0 0
                   4 3 2          4 3 2
```

るこうした「0」は，記述を省略してよいとされます。しかし，筆算の手続きの意味が理解できていない子供に対しては，例えば「ウ」のようにして位取りと繰り上がりの原理が見えるようにして示し，計算の意味と手続きとの結びつきを重視して指導する必要があります。そして，習熟するにしたがって，徐々に手続きを省略するようにしていきます。

　初期の段階で筆算の原理を正しく身に付けさせることで，桁を大きくした数の場合でも，子供自らが筆算の方法を見いだし，説明することができるようになります。

【2】　基礎となる数学

[1]　集合と演算

　自然数全体の集合で加法の演算について考えると，どの自然数の加法を考えても，その答えが必ず自然数になります。この集合と演算との関係を「自然数全体の集合は，加法について**閉じている**」といいます。同じように自然数全体の集合で減法の演算を考えてみましょう。すると「2－3」のように自然数同士の減法の答えが自然数にならないことがあることに気づきます。「自然数全体の集合は，減法について閉じていない」といえます。それでは，どの数の集合ならば減法について閉じているでしょうか。それは整数全体の集合です。同様に考えると「整数全体の集合は，加法，減法，乗法について閉じている」，「有理数全体の集合は，加法，減法，乗法，除法について閉じている」といえます。

【3】 指導の方法

[1] ブロック操作

第1学年の加法と減法では，子供にブロックを操作させながら指導をすると効果的です。【1】で加法（4＋3）と減法（7－3）を用いる場合について述べました。例えば，合併と増加は，時間差のある無しの点で場合が異なりました。しかしブロック操作としては，どちらも4個と3個とをくっつけ合せる操作になります。また，減法では，例えば，求残と求差との場合の違いがありました。

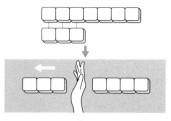

図 10. ブロック操作

ブロックは，求残の場合は，7個から3個を取り去る操作になります。求差では，まず，7個と3個のブロックを2列に並列させます。そこから，同じだけあるブロックを1対1に対応させて見ることによって，その部分を求残と同じ操作によって取り去り，差を求めることになります（図10）。こうした活動を通して，求残と求差とを，同じ減法として統合的にとらえさせます。

計算の仕方を考えさせる場面でも，ブロックを操作させながら「10のまとまり」に目をつけさせたり，自分の考えを，ブロックを使って友達に説明させたりすると効果的です。

[2] 問題づくり：オープンエンドの問題

「7－3となる問題をつくろう」というような「問題づくり」の活動は，その計算を用いる場面を理解させたり，その理解の状況を評価したりするのに役立ちます。また，様々な問題をつくることができるので，問題づくりは正解がひとつではありません。このように正解がひとつに限らない問題を「**オープンエンドの問題**」といいます。問題づくりはオープンエンドの問題のひとつの例であるといえます。

さて，最初にあげた「7－3となる問題をつくろう」という問題に対して，「クッキーが7個ありました。そのうちの3個を食べました。残りのクッキーは何個になったでしょう。」は，正解のひとつです。「いろいろ考えましょう」とよびかけると，さらに子供たちは考えようとします。「クッキーが」の部分

を「車が」にかえれば別の正解ができます。「スズメが」,「風船が」のように
して，さらに多くの正解が得られます。

島田ら（1977）は，オープンエンドの問題に対する子供の多様な解答を評
価する観点として，「流暢性」,「柔軟性」,「独創性」をあげています。「たくさ
んの数」をつくる方向性ばかりでなく，「いろいろな種類」でつくるように促
すことも大切です（求残の場合だけでなく，求差の場合でも，など）。また，
「他の人が思いつかないような」問題をつくろうと挑戦する子供もいるでしょ
う（逆思考を要する問題をつくろうとする，など）。オープンエンドの問題を
扱うことで，子供の創造性を育成することができます。

【4】 幼保との関連

[1] 日常生活の中で加法や減法をしたくなる場面を設定する

個人差はありますが，幼児たちは 3 − 4 歳くらいになると，身の回りにあ
るものが全部でいくつになるのか，何かに何かを加えたらいくつになるのか，
ということを考えながら遊ぶようになります。

年長児（5-6 歳）は，5 くらいまでの数同士の簡単な加法はできるようにな
ります（例えば，5 個のビー玉と 3 個のビー玉を合わせると全部で 8 個にな
る，など）。減法の方は加法と比べて少し難しいようですが，次のような工夫
をしている実践があります。給食時，幼児は 12 人で 1 つのテーブルを使いま
す。席は自由です。12 人が揃わないと「いただきます」ができないので，配
膳を済ませた幼児がどんどん座っていきます。このプロセスの中で，年長児に
なると「あと 4 人！」という見方ができるようになります。「あといくつ」を
考えることができるようになるには，実際に数え上げて差を求めていたとして
も，減法の考え方が基になっています。

以上のように，具体的なものを用いれば，幼児でも加法や減法ができる場合
が多いことから，数字や式を使った抽象的な問題を与えるのではなく，日常生
活の中で加法と減法が考えられるような場面を設定することが大切です。

[2] 幼児期に概念的サビタイジング能力を育てる

加法や減法を行う上で，他国で大切にされているのが「**サビタイジング**」と
いう考え方です。サビタイジングは，簡単にいうと「一目パッと見て数量がい

くつかわかる」能力をいいます。クレメンツとサラマによると，サビタイジングには「**知覚的サビタイジング**」と「**概念的サビタイジング**」があるといいます。

知覚的サビタイジングは人間がもともと持っている知覚的な能力で，「1個」，「2個」と小さな数量を一瞬で把握できる能力とされています。

概念的サビタイジングは教育的に育成されると考えられている能力で，たとえば，図11の5個の丸を「2＋1＋2」，「3＋2」あるいは「2＋3」と加法的

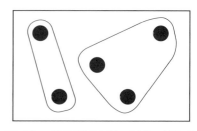

図11．概念的サビタイジングの例

にとらえる能力です。この能力は数の合成にも関わり，ひいては加法や減法にも関わってくる能力で，幼児に身につけてほしい能力です。海外の算数教育の例として，5までの数を様々な配置の具体物を用いて表し，同じ数のカードを集める神経衰弱のようなゲームがあります。日本でも使えるゲームでしょう。

[3] 幼児期には5のまとまりを考えさせる

就学後の算数教育では，「10のまとまり」をつくることで加法，減法を行います。その素地として，幼児にとって扱いやすい「5のまとまり」を園所内に設定するとよいでしょう。例えば，図12では，鉛筆を「5のまとまり」で片付けられるように工夫してあります。さらに，この5つの穴の位置も，「2と3」「3と2」「2と1と2」のように，概念的サビタイジングを促進する配置となっています。

図12．5のまとまりで
片付けた鉛筆

保護者や保育者は，幼児が加法，減法をフォーマルな形式で言うことができるようになると幼児の成長が直接的に感じられ，嬉しい気持ちになるかも知れません。その一方で，サビタイジング能力や5のまとまりの見方などは成果が見えにくいものですが，就学後に役立つ基礎的な数の見方を身につけることに役立ちます。これらの能力をある程度，時間をかけて育てていくことが大切

第2節　加法と減法　*63*

です。

【5】　小中の連携

[1]　代数和

加法については，次の計算法則が成り立ちます。

> 交換法則：$a + b = b + a$　　　結合法則：$(a + b) + c = a + (b + c)$

これらの法則を，算数では，$2 + 3 = 3 + 2$，$7 + 2 + 8 = (7 + 2) + 8$ $= 7 + (2 + 8)$ などの例で学びます。加法について成り立つこの計算法則を，減法について考えるとどうでしょうか。例えば，$17 - 6 - 4$ を $(17 - 6) - 4$ と計算した結果と，$17 - (6 - 4)$ と計算した結果とでは等しくありません。つまり，これらの計算法則は成り立たないので，自由に交換したり，計算の順序を変えたりすることはできません。

中学校で負の数を学びます。そして，例えば $17 - 6 - 4$ の式を $(+ 17)$ $+ (- 6) + (- 4)$ のように，「加法の式」としてみて計算することを学びます（「**代数和**」の考えとよばれます）。すると，加法の計算法則が成り立つので，次のように計算できます。

$$17 - 6 - 4 = (+ 17) + (- 6) + (- 4)$$
$$= (+ 17) + \{(- 6) + (- 4)\} \qquad 結合法則$$
$$= (+ 17) + (- 10)$$
$$= 7$$

算数での加法と減法を，中学校では，負の数を取り入れて，すべて加法として統合的にとらえることで，いつでも加法の計算法則を使えるようにしているのです。

64 　第 4 章　A 数と計算

第 3 節　乗法と除法

【1】　内容の概観

[1]　乗法の意味

　かけ算のことを乗法とよびます。さらに，2 × 5 において，2 を「かけられる数」とよびましたが「**被乗数**」ともよびます。また，5 を「かける数」とよびましたが「**乗数**」ともよびます。乗法は，次のような主に 3 つの場面で用います。

> 例 1（第 2 学年）：1 皿に 5 個ずつ入ったイチゴの，4 皿分のイチゴの個数を求める
> 例 2（第 4 学年）：料理 1 人分を作るのに 0.2 L の牛乳を使うときの，6 人分の牛乳の量を求める
> 例 3（第 5 学年）：1 m の長さが 80 円のリボンを，0.7 m 買うときのリボンの代金を求める

　式に表すと，例 1 と例 2 は「×整数」（乗数が整数の場合），例 3 は「×小数」（乗数が小数の場合）となる点で異なります。

　第 2 学年で「5 ＋ 5 ＋ 5 ＋ 5 ＝ 20 を 5 × 4 ＝ 20 とかき，このような計算を「かけ算」といいます。」のようにして，初めてかけ算に出会います。ここでは，かけ算は，同じ数を繰り返したす計算，いわゆる「**累加（同数累加）**」として意味づけられています。したがって，かけ算の学習の初期では，例えば「5 × 4 の答えは，5 ＋ 5 ＋ 5 ＋ 5 の計算で求めることができます。」というように学びます。この意味に則れば，4 × 5 ＝ 4 ＋ 4 ＋ 4 ＋ 4 ＋ 4 という意味であり，5 × 4 と計算の結果は同じになりますが，どんな数を，何回たす計算なのかの点で意味は異なります。

　第 4 学年から小数を含んだ乗法を扱います。例 2 は「累加」の考えで計算することができます。しかし，例 3 はどうでしょうか。式を「80 × 0.7」として，それまでの乗法の意味に基づくと「80 を 0.7 回たす」ということになり，意味が通じません。そこで，乗法の意味を，それまでの「1 つ分の大きさが決まっているときに，そのいくつ分かに当たる大きさを求める」ことから，

第3節　乗法と除法　　*65*

「もとにする大きさを 1 とみたときの，その 0.7 にあたる大きさを求める」
ことというように，「割合」の意味を含むように拡張します。

　乗法の意味を「累加」でとらえている間は，子供は，「かけ算をすると，答
えはもとの数よりも大きくなる」と考えますが，「割合」の意味を含むように
乗法の意味が拡張されることで，「1 より小さい数をかけると，かけ算の答え
が，もとの数よりも小さくなる」ことがとらえられるようになります。

　なお，乗法の式の表し方やとらえ方は，国によって異なります。また，私た
ちの身の回りにも，「4 × 100 m リレー」のような乗法の用い方があることに
も留意しましょう。

[2]　除法の意味

　わり算のことを除法とよびます。さらに，6 ÷ 2 において，6 を「わられる
数」とよびましたが「**被除数**」ともよびます。また，2 を「わる数」とよびま
したが「**除数**」ともよびます。除法は，次のような主に 2 つの場面で使いま
す。

> 例 1：「12 個のあめを 1 人に 3 個ずつ分けます。何人に分けられますか。」
> 例 2：「12 個のあめを 3 人に同じ数ずつ分けます。1 人分は何個になりま
> 　　　すか。」

　式で表すとどちらも「12 ÷ 3 ＝ 4」と表せますが，場面が異なります。
　①　例 1 の場面：
　　　ある数量がもう一方の数量のいくつ分かを求める場合で「**包含除**」とい
　　　います。12 は 3 のいくつ分かを求める場合であり，3 × □ ＝ 12 の□
　　　の数を求める場合ともいえます。
　②　例 2 の場面：
　　　ある数量を等分したときにできる 1 つ分の数量を求める場合で「**等分
　　　除**」といいます。12 を 3 等分したときの 1 つ分を求める場合であり，
　　　□ × 3 ＝ 12 の□の数を求める場合ともいえます。

　それぞれの答えを求めるための操作について考えてみましょう。
　例 1 では，12 個のあめを 3 個ずつまとめていくと，いくつのまとまりをつ
くることができるかを考えます。この操作は，12 － 3 － 3 － 3 － 3 ＝ 0 と

考えられます。

例2の場合はどうでしょうか。12個のあめを3人に等分するのですが、まずは3人にそれぞれ1個ずつ配り、次にもう1個ずつをそれぞれに配る、というような操作を4回繰り返すと考えると、やはり12 − 3 − 3 − 3 − 3 = 0と考えることができ、例1と同じ操作で答えを求めているとみることができます。このように、場面としては異なる包含除と等分除とを、同じ除法として統合的にとらえることができるように指導することが大切です。

［3］ 乗法九九

第2学年で「**乗法九九**」を学びます。日本には伝統的な九九の唱え方があり、これを暗記することでいろいろな計算が容易になります。

まず、乗法九九そのものを構成します。その学習指導は、前半（2、3、4、5の段など）と後半（7、8、9の段など）に分けられます。前半は、具体物やアレイ図（本節の【3】［1］を参照）を用いながら考え構成します。後半は、前半の学習から見いだされる「かける数と積との関係（例：5の段は、かける数が1増えると、答えは5ずつ増える）」、「交換法則（例：5 × 3と3 × 5は答えが同じ）」、「分配法則（例：2の段の答えと3の段の答えをたすと、5の段の答えになる）」を利用しながら構成します。なお、1の段は、最後に学習します（かけ算が累加の意味であることに照らすと、特殊だからです）。

［4］ かけ算の工夫、乗法の筆算

乗法九九の学習後、第3学年から、2位数以上を含む「16 × 4」のような計算を扱います。この計算は、筆算では、16 × 4 = （10 + 6）× 4 = 10 × 4 + 6 × 4 = 40 + 24 = 64としますが、乗法の筆算を知らない子供の中には、16 × 4 = （9 + 7）× 4 = 9 × 4 + 7 × 4 = 36 + 28 = 64と考える子供もいます。未知の計算を、このように既知の計算に結びつけて解決する工夫を見いだし説明する活動は、大変価値のある活動です。

どのような数を扱うかは、その学習指導に大きく影響します。乗法の筆算は、乗法九九と分配法則を基にして行いますが、例えば、「23 × 4」を扱うと、23を20と3とにわけて計算する仕方を考えるでしょう。ここで用いる「位ごとにわける」見方・考え方は、どんな数の乗法の筆算にも用いることができるよさがあり、乗法の筆算形式は、この仕方でまとめます。

[5] 除法の筆算

除法の筆算形式は，最終的には「たてる→かける→ひく→おろす」という手順（**アルゴリズム**ともよばれます）にまとめられます。この手順と計算の意味とを結びつけてとらえられるように指導することが大切です。例えば，「52÷3」を筆算すると，「12」という数が2回出てきます。「52枚の色紙を4人で同じ数ずつわける」という場面でこの意味をとらえれば，初めの「12」は，4人に，まず「1人10枚ずつ配ると残りは12枚になる」ことを表しており，後の「12」は，「4人に3枚ずつ配ると12枚配られる」ことを意味します。

わる数が2位数以上である筆算では，「たてる」数がすぐに見つからないことがあります。そのときは，ひとまず「**仮の商**」をたてて計算を進め，うまくいかなければ修正することが必要になります（「**仮商修正**」といいます）。これを適切に行うには，「数の相対的な大きさ」（どの位から商がたつかを判断できる），「見積り」（適当な概数で考えることができる）などの見方や力を要します。

筆算は，行った計算が正しいかどうかを自分で見直し，「自己診断」できることが利点の1つです。その利点を生かすには，しっかりとその過程を記述させることが大切です。

[6] 余りのあるわり算

等号「＝」は，等号の左辺と右辺が等しいという意味で用いられることが多いですが，そうではない用い方をすることがあります。算数で「余りのあるわり算」を扱うとき「4÷3＝1余り1」や「5÷4＝1余り1」という表現を使います。この2つのわり算の答えは，いずれも「1余り1」ですが，4÷3と5÷4は等しくありません。また，第4学年になると「（被除数）＝（除数）×（商）＋（余り）」の関係を学びます。除法の結果が正しいかどうかを確かめる計算（「**検算**」といいます）の際に，この関係を用いますが，ここでの「余り」は「除数」より小さくするようにします（13÷3は，13＝3×4＋1の他に，13＝3×3＋4や13＝3×5－2などとも表せますが，このわり算を「余りのあるわり算」とみるときは，最初の表し方に限ります）。

68　第4章　A数と計算

このように，余りのあるわり算では，独特の考え方や表し方が用いられる点に注意が必要です。

[7]　計算法則，計算のきまり

　算数で学ぶ数の加法と乗法については，交換法則と結合法則が成り立ちます。また，加法と乗法とをつなぐ分配法則が成り立ちます。

・**交換法則**　：$a + b = b + a$，$a \times b = b \times a$

・**結合法則**　：$(a + b) + c = a + (b + c)$，$(a \times b) \times c = a \times (b \times c)$

・**分配法則**　：$(a + b) \times c = a \times c + b \times c$，
　　　　　　　　$c \times (a + b) = a \times c + b \times c$

　また，算数では，計算のきまりとして，例えば次のようなことを学びます。

・乗除先行：四則が混合する計算では，乗法と除法を加法と減法よりも先に計算する。

・除法のきまり：除法で，除数，被除数に同じ数をかけてもわっても商は変わらない。

　例えば，$600 \div 200$ を，$6 \div 2$ と同じとみて答えを求める背景には，「除法のきまり」を用いて，除数と被除数をそれぞれ100でわって，$600 \div 200 = (600 \div 100) \div (200 \div 100) = 6 \div 2$ とする計算があります。

【2】　基礎となる数学

[1]　わり算原理

　次の性質は，「**わり算原理**」とよばれ，整数の最も重要な性質の1つです。

【わり算原理】

---

a, b を整数とし，$b > 0$ と仮定すると，$a = bq + r$，$(0 \leqq r < b)$ を満たす整数 q, r がただ1つにきまって存在する。

　このときの q を**商**，r を**余り**といいます。

[2]　0でわることは考えない

　数学では，除法は乗法の逆の計算とされます。例えば，$12 \div 3$ は，$3 \times \square = 12$ あるいは $\square \times 3 = 12$ の□に当てはまる数を求める計算であるとされま

す（前者は包含除に，後者は等分除に当たります）。また，乗法では，0をかけると，どんな数との積も0になると定めています（$a \times 0 = 0$，$0 \times a = 0$）。例えば$3 \times 0 = 0$（$0 \times 3 = 0$）です。このことをもとに，$0 \div 3$の除法を考えてみると，この計算は，$3 \times \square = 0$（あるいは$\square \times 3 = 0$）の□に当てはまる数を考えることですから，□は0（$0 \div 3 = 0$）であることがわかります。では，もし，$3 \div 0$の除法を，上と同じように考えたとしたらどうなるでしょうか。すると，この計算は，$0 \times \square = 3$（あるいは$\square \times 0 = 3$）の□に当てはまる数を考えることになります。しかし，この□に当てはまる数はありません。

このように，0でわる除法は，これまでに考えてきた数と計算の世界とつじつまが合わないものになります。このことから，除法で，0でわることは考えないのです。

[3] 式の項

数学で，式を「**項**」の数で区別することがあります。項が1つの式を「**単項式**」，項が2つ以上ある式を「**多項式**」といいます。多項式は，単項式の和とみることができます。項は，数や文字の積で表された部分を指し，ひとかたまりとみて扱います。かけ合わされている文字の種類や数が同じ項を「**同類項**」といい，同類項は，分配法則を用いてまとめることができます。

算数で，四則が混合する計算では，乗法と除法を加法と減法よりも先に計算しますが，これは，乗除で計算する部分を「項」としてひとかたまりとみる見方と同じです。

【3】 指導の方法

[1] アレイ図

乗法の指導では，図13のような「**アレイ図**」とよばれる図が用いられます。「アレイ（Array）」とは「整列させる」という意味を持つ言葉です。アレイ図は，「同じ数のまとまり」や

$4 \times 5 = 5 \times 4$などの交換法則，
$5 \times 4 = (2 + 3) \times 4 = 2 \times 4 + 3 \times 4$

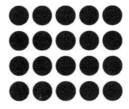

図13．アレイ図

などの分配法則が成り立つことを，視覚的に捉えやすいなどのよさがあります。

[2]　2本の数直線

「4mで120円のリボンがあります。」という場面で，「1mの代金はいくらですか。」や「270円では何m買えるでしょう。」などの問題について，その答えを求めるのに，どの数とどの数をかけ算するのかわり算するのか，といったことが判断できない子供が少なくありません。その助けとして，図14のような2本の数直線を用いることがあります。これは，もとにする量と比べる量（□で表されています）との関係を表したものです。ここに表された数の大小や位置の関係を考えの助けとして，□の数を求めるには，どのような計算をすればよいのかを判断させます。

図14．代金とリボンの長さを示した数直線

【4】　幼保との関連

[1]　日常生活や遊びを通して乗法の見方・考え方の基を育てる

幼児に直接乗法や除法を教えることは非現実的です。日常生活や遊びを通して少しずつ乗法や除法の見方・考え方の基を育てることが大切です。また，幼児にそのような見方・考え方をした様子が見られたら，保育者はそれを尊重することが大切です。

ここでは，日常生活の中で乗法の見方・考え方の基本を育てる実践例を紹介します。

図15は，6人がけのテーブルを横に2つ並べた12人がけのテーブルです。給食時には，12人全員が揃ったら「いただきます」をします。この環境設定では，数を数えること，6のまとまりを暗黙的に意識することが前提となっていて，この見方は，乗法の考え方のもとになると考えられます（パーク＆ニューンズ，2001）。

図 15．給食時に座る 12 人がけのテーブル

　次に，遊びを通して乗法の見方・考え方の基を育てる実践例を紹介します。
　第 2 学年において乗法は同数累加として教えられますが，「まとまりの数がいくつあるか」という見方も大切です。サピタイジングとも関連させて，数をまとまりとしてみる見方を育成することが大切です。そのような見方を育成するドイツ発祥の遊びを紹介します（ミューラー＆ヴィットマン, 2004）。

［ルール］
① 10 の位置にコマを 1 つ置き，2 つのチームに分かれます。
② たがいに，さいころをふって，出た目の数だけ自分のチームの家の方に向かいます。
③ それを続けて最後に 1 か 20 を越してたどり着いたチームが勝ちとなります。

図 16．うさぎとかめの
　　　　すごろくゲーム

　このゲームはタイミングにもよりますが，お互いのチームが似た数を出し続けると，ゲームが先に進まず，スタート地点を行き来することになります。その場合「今からサイコロの出た目の数を 2 倍します」というと，幼児たちは「2 倍ってなに？」とたずねるでしょう。2 倍は「同じ数の 2 つ分」というまとまりの見方かあるいは「同じ数を 2 回たす」という同数累加の 2 つの見方で，対応できます。加法の練習にもなり，まとまりで数を捉える練習にもなります。なお，数えることしかできない幼児も，2 回繰り返して数を数えればいいため，ゲームに参加することができ，様々な能力の幼児に対応が可能です。も

ちろん，加法や減法，さいころの目の数を素早く読むといったサビタイジングの見方も育成できるゲームです。

[2] 日常生活や遊びの中で除法の見方・考え方の基を育てる

除法のもとになるような考え方は，日常生活の中での配分行動などで培うことができます。日常生活の場面で，ラムネのようなお菓子をその場にいる人に同じ数ずつ分けたり，食べ物を２人で等しく分けたりすることは，等分除の考え方のもとになります。また，散歩に出かける際に，幼児が２人ペアになり手を繋いで人数を確認することは，包含除の考え方のもとになります。さらには，余りのある除法の等分除の場面を設定して，ビスケットやあめ，文房具などを配るときに，余りが出る場合を体験させることで，余りの意味を理解させることに繋がります。

このように，計算の機会を与えるのではなく，日常生活や遊びを通して必然的に乗法や除法の見方・考え方の基を育てる機会を生み出すことが大切です。

【5】 小中の連携

[1] 加法と乗法の世界へ

算数で，高学年になると，「**逆数**」を用いて，「$a \div b$ のわり算は，$a \times 1/b$ のかけ算で求められる」ことを学びます。これは，除法を乗法として統合した見方です。このことと，前節で紹介した「代数和」の考え（減法を加法として統合した見方）とを用いることによって，中学校では，算数で扱ってきた加減乗除の計算の世界を，加法と乗法の計算の世界へと統合しているとみることができます。そうすることで，いろいろな計算について，加法と乗法の計算法則である交換・結合・分配法則を自由に使うことができるようになります。

[2] 式の計算の世界の広がり

中学校までの学習で，数の世界は「実数」の範囲にまで広げられました。では，式の計算の世界はどうでしょうか。中学校では文字式を本格的に扱います。算数では，数と数との計算を扱いましたが，中学校では，数と単項式との計算に始まり，次第に，単項式と単項式，数と多項式，単項式と多項式，最後は，多項式と多項式とを計算する世界へと広げていきます。例えば，次のような多項式同士の計算を学びます。

加法：$(2a + 3b) + (4a − 5b)$

減法：$(2a + 3b) − (4a − 5b)$

乗法：$(2a + 3b) × (4a − 5b)$

除法：$(6xy − 8x) ÷ 2x$ などの一部の除法のみ

　このように，中学校では，単項式や多項式同士の加・減・乗法を自由に行う世界にまで広げられます。なお，多項式÷単項式，多項式÷多項式などについては，高校で扱います。

第4節　小数の意味と表し方

【1】　内容の概観

[1]　小数の意味

　数は，ものの個数を数える自然数から発生し，量の測定にもこれを用いたものと考えられます。しかし，測定対象とする量がいつも単位の整数倍で表現できるとは限りません。そのため，単位の整数倍で表現できない端（はした：余っていること，はんぱ）の量の大きさを表すには，新しい表現方法が必要となるのです。そこで小数や分数は，単位量より小さい量を測定し，その大きさを表記する数として導入されます。学習指導要領で「小数」は，第3学年から扱いはじめ，第6学年まで継続して扱われます。小数は，整数の場合のように，一から十，十から百，百から千と10倍するごとに新しい位をつくる考え方に，逆に，1より小さい数に拡張して，単位を10等分ずつ分割して新しい位を作りあげていくところに，その特徴があります。つまり，小数とは自然数における位取り記数法の考えを1に満たないような端（はした）の数を表現する際にも用いるようにしたものといえます。その小数は，測定に関連させて，端数部分の量の表現として導入されます。また，小数の指導においては，小数も整数もともに十進位取り記数法で表されて

千	百	十	一	
1	0	0	0	）10倍する
	1	0	0	）10倍する
		1	0	）10倍する
			1	

	千	百	十	一		
		1	0	0	0	
10等分する($\frac{1}{10}$)(			1	0	0	
10等分する($\frac{1}{10}$)(				1	0	
10等分する($\frac{1}{10}$)(					1	
10等分する($\frac{1}{10}$)(					0	.1
10等分する($\frac{1}{10}$)(					0	.0 1

いることを十分理解させることが大切であり，小数を整数と同じ系列の中に位置付けることによって，小数の大小の比較や計算は整数と同じ考えでできることに着目させられるようにしていく必要があります。

[2] 小数の表し方

　小数は，それまでの整数の十進位取り記数法を，1よりも小さい数に拡張して表記します。整数では，ある位の左側の位は，その位の10倍の単位の大きさになっていて，右の位はその位の1/10の位の単位になっています。小数でも，この十進構造を適用して1を10等分し，新たな単位として0.1を作ります。さらにそれを10等分して0.01を作り，さらに10等分して0.001を作るといったように続けていきます。また小数は，整数と同じ表現形式をもつことから，2つの数の大小を比較するのが容易であるという利点をもっています。ある2つの数の整数部分が同じである場合には，1/10の位を比較します。それでも同じ場合には，1/100の位を比較します。このように位同士を比較することによって，どちらが大きい数であるかが容易に判断することができることのよさも理解させていきたいです。

[3] 小数の見方

　数の見方には，次の2つの見方があります。

> ［数の見方1］　数の位取り的な見方
> 　　例えば，2.3では，1の単位が2個，0.1の単位が3個あるという見方。
> ［数の見方2］　数の相対的な大きさの見方
> 　　数をある位の単位に着目して，そのいくつ分とみる見方（例えば，2.3は0.1を単位とすると23個にあたる）

　小数の導入場面では，このような数の相対的な見方をもとに，1より小さな数を表すために，10集めると1となるような新しい数の単位を0.1としてつくりだしていきます。また，数の相対的な大きさの見方ができると，23.1-11.7を計算するとき，0.1を単位として，整数と同様に計算できる（231-117）という理解へつながります。

　このように，これまでの整数の学習やその仕組みを振り返りながら，新しい数を導入していきます。この

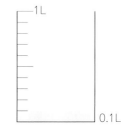

ような導入は，整数で学習した内容を生かし，自分の知っていることを発展・拡張して学習を進めていく学習方法および考え方を育てていくという教育観に基づいています。

【2】 基礎となる数学

[1] 小数と分数の歴史的起源と関係

　分数の歴史は古く，紀元前の古代エジプトに始まり，B.C.1650年ごろに書かれたパピルスが確認されています。それに対して，小数はずっと新しく，近世16,17世紀になってからであり，今日のような「0.12」のような小数表記は，スコットランドのネピア（Napier, J.）が1605年にまとめたのがはじまりといわれます。つまり，現在の小学校で学習している小数と分数では，歴史的には数千年もの開きがあることになります。その理由としては，小数は十進位取り記数法の原理に基づいていることが関係しています。インド・アラビア記数法は，13世紀にヨーロッパにもたらされました。そこから，十進位取り記数法が定着するまでには，数百年を要しました。小数は，整数の記数法を拡張したものであるため，必然的に定着が遅れたのです。また，小数は英語で，"decimal fraction"であり，「十進法の分数」と訳されます。ここからも，分数が先にあった様子が伺えます。

[2] 有理数の表示方法としての小数

　第1節【5】図9には数の拡張の図があります。この図には小数や分数は含まれていません。その理由は，小数や分数は数の表示方法だからです。小学生に対して数の表示方法と数とを区別して指導することは混乱を招くので，あたかも今まで学習してきた自然数と0と異なる数であるかのような扱いで学習を進めるのです。また，小数は大きくは，有限小数と無限小数に大別され，無限小数はさらに循環小数と非循環小数に分類することができます。有限小数とは，$3 \div 2 = 1.5$といった小数点以下の桁数が有限である小数。循環小数とは，$1 \div 3 = 0.333\cdots$といった，ある桁から先で同じ数字の列が無限に繰り返される小数。非循環小数とは，$\sqrt{2} = 1.41421356\cdots$のような，循環もしない無限小数のことです。これらの小数では，有限小数と循環小数は分数での表記が可能であるため，有理数に分類され，非循環小数は分数で表すことができ

ないため，無理数に分類されます。

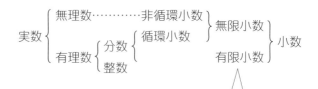

```
循環小数　　：0.1212121212…（1 と 2 が循環している）
非循環小数：1.41421356…　（小数点以下が循環しない）
無限小数：　 3.141592…　　（小数点以下がずっと続く）
有限小数：　 0.25　　　　　（小数点以下がどこかでとまる）
```

【3】 指導の方法

[1] 小数を用いることの必要性

　小数の導入にあたっては，その数を作り出すことの必要性とよさを知ることと，これまで学習してきた自然数との関係を理解させることが大切です。そのため，小数の導入では，すでに知っている自然数では解決困難な場面を提示することから，新しい数の表し方への必要感をもたせられるかが重要となります。そこで，小数の学習がはじまる第 3 学年では，次のような導入場面が考えられます。

　導入場面 1：ある単位に満たない端下の量を，その単位を用いて表す場面
　導入場面 2：複名数で表された量を，大きいほうの単位だけで表す場面

　具体的な場面としては，図 17 のような，ある液量を"リットルます"で 2 回測り，さらに，残りの量の部分があった場合，その残りを，下位単位を使わないで表すにはどうすればよいかといった場面が考えられます。この残りの部分である端（はした）の量を表現する場合には 1 L を 10 等分し，その 1 つを 0.1 L，この 0.1 L が 3 つ分で 0.3 L と表すことにすれば，全体の量は，2 L と 0.3 L で 2.3 L と表現することができます。ここでは，小数点は"1 リットルます"を用いて測った量と，端（はした）の量を 0.1 L で測った量の間につけた点とします。

図 17. ある液量を"リットルます"で測った結果

[2] 数直線

　小数を理解するうえで，小数を数直線上に位置付ける活動を取り入れることは欠かせません。なぜなら，数直線は，数の大きさを視覚化してくれるため，整数，小数，分数の全てが表されるだけでなく，大小関係や相当関係を視覚的に判断することができるからです。小数を数直線へ位置付けることは，0.1 の次が 0.2，その次が 0.3 という順序数としての性質を理解させるのに役立ちます。また，0.1 が 12 個で 1.2 であるといった相対的な大きさのとらえ方も理解しやすくなります。さらに，数直線上では，自然数は離散的な点として表されていましたが，小数（分数）では 10 等分や任意個による等分を繰り返しながら，その間に挿入されていくことになります。このように，小数は数直線では「**稠密性**」をもった点として示されます。稠密性とは，どんな 2 つの有理数の間にも有理数が存在するということであり，有理数を特徴づける性質のことです。このような，有限小数がいくらでも細かく数直線上に並んでいる感覚を得るうえでは，整数の配列と対比させて小数の配列を観察する活動や，目盛りを細かくするといった活動を取り入れることが有効です。

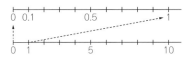

【4】 幼保との関連

[1] 幼児期の段階で小数の表記を教えるのは時期尚早

　個人差はありますが，3-4 歳児くらいになると，文字や数字に興味を持つようになるでしょう。しかし，幼児の数に対する理解は一貫していないので，小数の表記に関しても，無理に教える必要はありません。教えるとしても自然数

の表記で十分です。

　就学前に何をどこまで行うかについては，様々な意見や立場があり，実際に早期教育を行っているところがあるかも知れません。しかし，本書は早期教育ではなく，幼児が小学校の学習へスムーズに移行できることを目指していますので，まずは，幼児ができることに目を向けることが大切であると考えています。自然数の表記も，強制するのではなく，幼児のやる気や自主性に任せながら親しませることが大切です。

[2]　身の回りにある小数に触れる

　身の回りには，身長と体重，デジタル温度計，靴のサイズなど小数で表記されているものがたくさんあります。これらに幼児が興味を持った時に，わかりやすく説明できるよう，保護者や保育者は心の準備をしておくことが大切です。

図18．芋掘り時の後，芋の重さを測る

　図18は，お芋掘りの後に，たくさんのお芋を近所の方におすそ分けをするために，1.5kgずつ袋詰めする作業を幼児が行っているところです。はかりにお芋を載せて，測りながら「1.5だ，1.5だ！」と言って，目盛りの部分を指でさしています。正確には1.5kgの目盛りをとらえることはできていませんが，このような経験は，1と2の間に何か数があるということや，連続量を知る機会となるため，後に小数を学習するときの素地となります。

【5】　小中の連携

[1]　相対的な見方

　中学校数学の特徴の1つに文字を使った学習が始まるという点があげられます。また，生徒にとって文字式は理解しにくいものの1つといわれています。中学校では，文字式の計算を考える時には，文字は数を表すものと考えます。そのため，文字式の計算は，数の計算法則と同様に行うことができます。

第 5 節　小数の計算　　*79*

つまり，文字は数を表しているので，数の計算と同様に考えてよいということです。例えば，$3 \times a + 4 \times a$ は，$(3 + 4) \times a = 7 \times a$ と，分配法則にしたがって計算することができます。これは，共通の文字 a でくくり出したとみることができると同時に，a のいくつ分といった見方をしているともいえます。つまり，1.7 を 0.1 の 17 個分と見ていた，数の相対的な大きさによる見方と同様の見方が，ここでも用いられているのです。このように，数の相対的な大きさという見方は，この場面に限らず，今後の学習や概念形成に大きな影響を与える見方であるため，小学校段階で丁寧に指導していく必要があります。

第 5 節　小数の計算

【1】　内容の概観

[1]　小数の加減法の計算

　小数の各位はある数の単位をもとに表されているのだから，小数の加減法の計算は位ごとに計算できることを指導していく必要があります。このようにできるようになるためには，相対的な数の大きさの学習（例えば，0.15 は 0.1 が 1 つと 0.01 が 5 つということの理解，さらに 0.01 が 15 ある数という理解）を理解することによって，これまでの整数での考え方に帰着できるよう，単位の考えを強調することが大切です（例えば，$0.6 + 0.8 = 1.4$ は「0.6 は 0.1 が 6 こ，0.8 は 0.1 が 8 こ，あわせて 0.1 が 14 こ」と考えることができます）。

[2]　小数×整数の意味と計算の仕方

　小数×整数は，同数累加，もしくは整数倍の概念で意味付けることが可能です。計算の仕方は，0.1 を単位とみることから，整数の計算に帰着させます。

　例えば，$0.3 \times 4 = 1.2$ は「0.3 は 0.1 が 3 個であり，その 4 倍だから，0.1 が（3×4）個」と考えることができます。

　また筆算では，整数の筆算形式で計算し，積の小数点を，被

$$
\begin{array}{r}
0.28 \\
\times \quad 3 \\
\hline
0.84 \\
\end{array}
$$
補う

$$
\begin{array}{r}
2.35 \\
\times \quad 4 \\
\hline
9.40 \\
\end{array}
$$
とる

80　第 4 章　Ａ 数と計算

乗数の小数点から下の桁数に合わせて打つことになるが，形式的に終わるのではなく，その理由について理解させることが重要になります。その際には 0 を補ったり削除したりする理由についても考えさせる必要があります。

[3]　小数÷整数の意味と計算の仕方

　小数÷整数は，ある量をいくつかに等分する操作，つまり等分除として意味付けることができます。この計算の仕方や筆算形式については，小数×整数と同様，0.1 や 0.01 といったある数を単位とみることで，整数の除法に帰着させて考えることができます。

[4]　整数×小数，小数×小数の意味と計算の仕方

　2 年で整数の乗法は，それまでの既習内容である加法をもとに，同数累加の考えで導入される。数が拡張されても，小数×整数は同数累加の考えで処理することができます。しかし，乗数が小数の場合は，そのままの考えでは矛盾が出てきてしまいます。そのため，乗法の意味を拡張する必要がでてきます。具体的には，割合の考えにもとづき，小数の乗法の意味を拡張していきます（例えば，$30 \times 2.3 = 30 \times 2.3 \times 10 \div 10$）。

[5]　整数÷小数，小数÷小数の意味と計算の仕方

　整数の除法の意味としては，大きく分けると，包含除と等分除の 2 つがありました。除数が小数になるのに伴い，乗数が小数のときと同様に次のように意味が拡張されます。

---

① 　包含除の拡張（比の第 1 用法）：
　　包含除を「（割合にあたる大きさ）÷（基準にする大きさ）」で「割合を求めること」と拡張するもの。
② 　等分除の拡張（比の第 3 用法）：
　　等分除を「（割合にあたる大きさ）÷（割合）」で「基準の大きさを求めること」と拡張するもの。

　※　比の第 1 用法，第 3 用法の用語については，本節【2】（2）を参照。

第5節　小数の計算　　*81*

【2】　基礎となる数学

[1]　形式不易の原理

　乗数が小数である乗法では，同数累加や整数倍として意味付けることはできません。そのため乗法を具体的操作として解釈することが困難となるのです。したがって，乗法の意味を拡張する必要性が出てきます。その方法は，乗数が整数のときはどのような形式で処理してきたかを考えることによって行います。

　現在の小数倍の学習の導入初期では計算の仕方に力点が置かれています。その後，割合や面積の学習などと関連して意味の拡張の理解を深めるようになっています。このように意味は拡張されても，演算や計算法則を不易（ふえき：かわらないこと）にしておくという原則は「**形式不易の原理**」とよばれます。

[2]　比の3用法

　2つの数量 A と B について，A の B に対する割合を P とすると，割合についての計算は，次の3つにまとめられます。

---
① $P = A \div B$（比の第1用法）：割合を求める計算
② $A = B \times P$（比の第2用法）：割合にあたる量を求める計算
③ $B = A \div P$（比の第3用法）：基準量を求める計算

　比の3用法については第7章第3節で詳しく扱います。

【3】　指導の方法

[1]　整数×小数

　0.2×4 のように，小数×整数の場合には，$0.2 + 0.2 + 0.2 + 0.2 = 0.8$ として，整数×整数のときと同様に，同数累加の考えで答えを求めることができますが，乗数が小数の場合には，同数累加の考えは使えないので，新しい意味づけが必要となります。その際には，以下のような手立てが考えられます。

（1）言葉の式の利用
　整数の乗法では（1つ分の大きさ）×（いくつ分）という考えに基づいて，
　　　　　　　（単価）×（個数）＝（代金）

といった式を使ってきましたが，これらの言葉の式を
$$（基準量）\times（割合）=（割合にあたる量）$$
と言い換えることで，乗数が小数になる場合でも扱うことができるようにしようとするものです。

（2）線分図や数直線の利用

これは，数量の比例関係を，長さの比例関係として捉えて，線分図や数直線上の点の位置関係で表現することで，数量の演算関係を図的に直観させようとするものです。

例えば

「1 m の値段が 20 円のリボン 3.4 m の値段はいくらか」

という問題では下図のようになります。

[2] 筆算

（1）乗法の筆算

小数は整数と同様，十進位取り記数法で表されているので，小数点の位置にさえ気をつければ，整数と同様に筆算を行うことができることを理解させていく必要があります。

小数の乗法の筆算においては，まず 2 つの数を小数点がないものとみて筆算を行います。その後，被乗数と乗数の小数点以下の桁数の和の分だけ，答えに小数点以下の位をつくります。

［例］小数×小数

2.3×1.5
$=（23 \div 10）\times（15 \div 10）$
$=（23 \times 15）\div 100$
$=（345 \div 100）$
$= 3.45$

第5節　小数の計算　　*83*

（2）除法の筆算

　小数の除法の筆算では，「被除数と除数の両方に同じ数をかけても商は変わらない」という，除法のきまりを使って，除数が整数になるように小数点を動かした分だけ，被除数の方でも小数点を動かして考えていきます。また，除法の筆算では，余りの小数点の位置に注意が必要です。下の例では，余りは16ではなく，1.6となります。

　　［例］小数÷小数
　　　　24 ÷ 5.6
　　　　　= (24 × 10) ÷ (5.6 × 10)
　　　　　= 240 ÷ 56
　　　　　= 4

$$
\begin{array}{r}
24 \div 5.6 \\
4 \\
5{,}6 \overline{)24{,}0} \\
22{\,}4 \\
\hline
1{\,}6
\end{array}
$$

【4】　幼保との関連

[1]　自然数に触れる機会を作り小数の学習の基へ繋げる

　第4節【4】で述べましたが，小数を幼児期に詳しく扱うことは現実的ではありません。小数は幼児にとって難しく，小学校でも第3学年から学ぶ内容です。小数の計算も基本的には自然数と同様に考えることになるので，まずは十進位取り記数法の理解へ向けた活動が大切です。おもちゃやお菓子などの具体物を数えたり扱ったりする場合や数唱の際に，幼児でも無意識のうちに自然数の十進位取り記数法に触れています。幼児期には具体物を用いながら自然数に触れる経験を多く積ませ慣れさせておくことが，小数の学習の基に繋がります。

[2]　間違いを恐れず楽しく数唱を行うことが大切

　ここでは，小数とは少し離れますが，十進位取り記数法に関わる内容として「数唱」を取り上げます。

　幼児が数唱を行う場合，「19，21，22」や「79，80」，「99から100」，「109，110」など最高位の数字や桁数が変わるときに間違いが多く起こります。しかし，幼児期においては，数に関する経験をする，やってみる，ということが大切です。間違いを恐れて「やりたい」という気持ちを失わせてしまう

84　第4章　A 数と計算

ことは望ましくありません。数唱での位の上がり下がりを幼児が間違えたとして
も，保育者はあたたかい眼差しで見守ることが大切です。聞かれた時や，
困っているときは，優しく正しい数を教えますが，無理強いをすることはよく
ありません。昨日できたものが今日できなくなっていても，大人が深刻に捉え
る必要もありません。できなかったものができるようになった時に，褒めたり
一緒に楽しんだりすることが大切です。

【5】　小中の連携

[1]　整数に帰着する

　小数の乗法と除法では，整数に帰着して考える方法を用いることで，これま
での学習で解決してきた方法で解決しようとしてきました。この考え方は，中
学校でも用いられています。中学校第1学年からはじまる方程式は，その典
型的な例といえるでしょう。

　例えば「$2.1x + 3.5 = 2.8x$」のような方程式の解を求める問題です。この
方程式を解く場合，最初に両辺を10倍して $21x + 35 = 28x$ というように
係数にあった小数が整数になるようにします。さらに等式の性質に沿って計算
して $x = 7$ を得ます。小数を含んだ方程式では，小学校で学習をした整数に
帰着して考えるという方法がとられるのです。さらにその後に学習する連立方
程式や2次方程式，関数の学習においても同様のことがいえます。

第6節　分数の意味と表し方

【1】　内容の概観

[1]　分数の意味

　小学校では「分数」は第2学年から学習がはじまり，第6学年まで継続し
て行われます。

　分数も小数と同様に，端数を表すのに用いられます。小数は，整数の十進位
取り記数法の原理を，1より小さい数に拡張して得られた数の表し方でした。
小数では，10倍すると位が1つ上がり，1/10にすると位が1つ下がるとい
う考えに基づいており，整数と同様の十進構造が導入されていました。それに

対して分数は，10等分していって下の単位を作るのではなく，1つのものを任意個に等分していきます。分数は，十進位取り記数法に基づいて表記される小数に比べるとわかりにくいという点がある一方で，「2÷3」の計算のように，結果が小数では正確に表しきれないものも，正確に表すことができる（2÷3＝2/3）というよさがあります。この点が小数との大きな違いです。

また，分数はそれが使用される場面に応じて，いろいろな意味をもち，それぞれの意味に応じて，以下に示すように名前が付けられています。

(1) 分割分数，操作分数

ケーキやピザを分けるときのように，ある量を等分割した結果の1つ分，あるいは幾つ分かを表す場面。例えば，3/4 は「あるものを4等分した3つ分」（**分割分数**）と「4等分して3倍する」（**操作分数**）といった2つの意味があります。この2つの意味の分

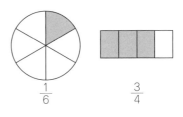

数は混同されやすいですが，「操作」と「結果」として認識しておくとわかりやすいです。つまり，あるものに操作分数を施すと分割分数になるというものです。

(2) 量分数

2/3 m や 3/4 L など，量の単位をつけた分数を「**量分数**」といいます。例えば，1 m に分割分数を用いて，3等分した2つ分の長さを 2/3 m と書く分数です。現在の分数指導では，主にこの意味が利用されます。

(3) 商分数

1以上の整数を対象にして，2つの整数による除法の結果を表す分数を「**商分数**」といいます。例えば，2÷3＝2/3 などがそれにあたります。分数の意味の拡張や小数との関係として重要になってくるものです。

(4) 割合分数

対象とするものの量の，ある基準量に対する割合を表す（例えば，2 m は

3ｍの2/3）分数を「**割合分数**」といいます。

[2] 分数の表し方

　小学校における分数指導では，以下に示すように，順次いくつかの概念を指導するように系統立てられた指導が行われています。

（1）真分数・仮分数・帯分数
　　真分数：（分子）＜（分母）を満たす分数
　　仮分数：（分子）＝（分母），または，（分子）＞（分母）を満たす分数
　　帯分数：整数と真分数を合わせた分数

$\dfrac{3}{4}$　$\dfrac{8}{15}$　など　　　　$\dfrac{7}{3}$　$\dfrac{5}{5}$　など　　　　$1\dfrac{3}{4}$　$3\dfrac{5}{12}$　など

　　　真分数　　　　　　　　　仮分数　　　　　　　　　帯分数

　中学校の数学では，帯分数を用いることはほとんどありませんが，小学校算数では，整数や小数において数を分解して捉え，表現してきた経緯を踏まえて，1を超えた分数として仮分数，帯分数の概念を指導することになっています。

（2）同値分数と既約分数
　図19のように，分母が違っても大きさの等しい分数は無数にあり，等しい大きさの分数を「**同値分数**」といいます。例えば1/2の分母と分子に同じ数をかけて得られる2/4や3/6は同値分数であることがわかります。また，これ以上約分して簡単にできない分数のことを「**既約分数**」といいます。学習指導上は，大きさの等しい分数は，既約分数で表すことを約束していくのが一般的です。

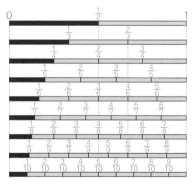

図19．大きさの等しい分数

（3）約分と倍分

　分数の分母と分子を同じ数でわって，分母の小さい分数にすることを「**約分**」するといいます。分数を通分するには，分母と分子をそれらの公約数でわります。逆に分数の分母と分子に同じ数をかけて，分母の大きい同値分数にすることを「**倍分**」といいます。

（4）通分

　２つ以上の分数の大きさを変えないで，分母を揃えた分数にすることを「**通分**」といいます。手順としては，２つ以上の分数を倍分して共通の分母となるようにします。例えば，3/5 と 2/3 を通分するには，分母を３と５の公倍数である 15 に揃えます。いくつかの分数を通分する場合には，分母の公倍数をみつけて，それを分母とする分数に直します。

【2】　基礎となる数学

[1]　分数の第一義と第二義

　自然数を０以外の整数で割るとき，あまりを出さずに割り進めると商は小数が得られます。十進位取り記数法にしたがって表されている自然数と小数とは除法で行う事柄が同様であることからも，単位の考えに基づいた除法の結果を表す数という見方に結びつきやすいです。

　その一方，分数の場合には単位という面から見れば，10 ではなく他の数で等分して単位をつくるという特徴があります。また，分数は除法の結果を表してはいますが，実際に割り進めるという操作は行いません。このようなことから，単位のいくつ分という定義と除法の結果を表す数ということとを結びつけていく工夫を小数よりも丁寧に行わなくてはいけません。その分数は，その意味によって，第一義と第二義とに区別されます。

　（1）分数の第一義：$p/q = 1 \div q \times p$
　　　例えば，2/3 という分数は，最初は１を３等分した１つ分，つまり
　　　1/3 の２つ分と表されます。この第一義は，分割分数や操作分数と
　　　関わるものです。
　（2）分数の第二義：$p/q = p \div q$

例えば，2を3等分するときの大きさとして，2÷3の結果を2/3として表されます。この第二義は，主に商分数や割合分数と関わるものです。

【3】 指導の方法

[1] 具体的操作による経験を重視した導入

　分数の学習は，分割分数と操作分数を中心に第2学年からはじまります。その際には，あるもの全体を1としたときの「端（はした）の部分」の大きさの表し方を考えていきます。具体的には，1つのものを2つに分けた1つ分を，2分の1とよび，1/2と書くことを学習していきます。

　また，これまでは1/2，1/4，1/8などが，操作活動を通して体験的に理解することがねらいとされてきましたが，小学校学習指導要領（平成29年告示）では，新たに1/3を指導するように内容に変更が加えられました。これまでは，あるものを「半分」，「半分の半分」，「半分の半分」していくといった操作活動を通しての学びであっただけに，この変更は大きい変更といえます。1/3でも体験を伴った学習としていくためには，授業における教師の工夫が必要となります。

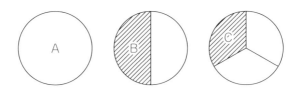

[2] 単位で端（はした）を表す

　第2学年で学習をした分割分数では，全体の大きさへの着目はありません。そのため，それぞれの分数の大きさを比べたり，それらの和や差を求めることには，意味がありません。それに対して，第3学年で学習がはじまる量分数では，分割分数の基にする量の大きさを，1mや1Lのような単位量に統一することで，2つの分数の大小を比べたり，和や差を計算したりすることができるようになります。

　ここから，数としての分数の学習は量分数の学習からはじまるといえます。

その量分数の導入では，操作がしやすい長さを題材とすることが多いです。1mを3等分した1つ分を1/3mと表し，1/3mが2つ分で2/3m，そして等分した数だけ集めると，もとの1mになることを指導します。さらにいくつもの新しい単位を作って，端（はした）を測定する活動を行なっていきます。この時に作った新しい単位を使って目盛りをうったものを「**分数ものさし**」といったりします。図20は，床板を利用して，1mのテープを使って，いろいろな分数ものさしを作っている様子です。

図20．分数ものさしの作製

【4】 幼保との関連

[1] 「分ける」という感覚を理解させることが分数概念の理解に繋がる

　小数と同様に，就学前に分数を直接的に指導することは現実的ではありません。日本では幼児の分数に対する理解についての研究はほとんどなく，幼児の理解の現状については，あまりよく分かっていません。海外では，幼児や子供の分数の表記の理解や概念的な理解についての研究がされてきています。その研究によって，生活で起こり得る「何かを分ける」，「分割する」といった活動が，分数の概念的理解の基礎をつくるということがわかってきています。

　園における生活の中では，1つのパンやビスケットを半分にしたり，分割したりする際に，1つのものを「分ける」ことができるという感覚を理解させることが，分数の概念の理解につながります。

90　第4章　A数と計算

[2]　身近にある分数に関する内容をその都度考えさせる

　ブリズエラという研究者は，アメリカのボストンで「幼児がどのように分数の表記を書くか」という調査を行いました。その結果，次のようなことがわかりました。

> ①　分数の表記は幼児にとっては難しく，分母と分子の間の線を書くことや，「半分（half）」を表す $\frac{1}{2}$ という表記で，分母の「2」という数字について，意味を理解して書くことができなかった。
>
> ②　「半分（half）」の意味が「少しだけ（a little bit）」と捉えている幼児もいた。生活の中で幼児が言葉で「半分」と言っているときに，必ずしも大人が考えるような半分の数量を示しているのではなかった。
>
> ③　文脈が変わると，幼児の分数についての理解が異なった。例えば，ある幼児は，口頭の質問に対しては，年齢について6歳以上，6歳半以上，7歳以上の違いを理解していたが，具体的な幼児の誕生日を挙げながら，いつ7歳半になるのか聞いたところ，「7歳になるのも7歳半になるもの同じ誕生日の日だ」と答えた。また，数直線を用いて同じことを聞いても誕生日の場合と同じように，「6と $6\frac{1}{2}$ は同じだ」と答えた。
>
> このことから，生活で用いる言葉のレベルでは，数を用いた年齢の違いについて一見理解しているように見えても，数直線上での数字だけを用いた表現については理解できていなかった。その一方で，それらの質問に対して，文脈を超えて正確に分数表記やその量的な意味を理解している幼児もいた。

　これらの結果から，あまりにも早い段階で分数表記を導入しても多くの幼児は理解することができないということ，分数表記とその理解は連動しており，その理解と表記の洗練の仕方や両者の関わりは複雑なプロセスを経ているようだということがわかります。就学前は，身の回りの様々なところで，分数に関わる内容があるので，文脈の中で，その都度幼児に考えさせる機会を与えることが，その後の分数の基本的な理解に役立ちます。

【5】　小中の連携

[1]　分数式

　小学校算数で学習した分数をうけて，中学校では分数式を指導します。分数式になると約分や分配法則など，数学的な操作の理解が不十分な場合の誤りに

第6節　分数の意味と表し方　*91*

注意しなければなりません。例えば，次のような誤りが考えられます。

(1)　$\dfrac{6x + 5}{9} = \dfrac{2x + 5}{3}$

(2)　$-\dfrac{3x - 2}{4} = \dfrac{-3x - 2}{4}$

　このような誤りを防ぐには，具体的な数値での誤りの例をみせて誤りを指摘させるなどして，批判的に式をみる学習などが有効です。式になると具体的な数で行っていた計算規則を誤った方法で用いてしまうようにもなりますので，小学校の算数でも，分母分子が具体的な整数の場合で，計算規則を理解させることが大切です。

[2]　実数の連続性

　中学校では，小学校算数で学習しなかった負の数と無理数を学習し，実数の概念を形成していきます。これは難しいことではなく，数直線上のすべての数を考えられるようにしようということです。

　小学校で学習する数は0と自然数，正の有理数です。でも，これだけでは数直線上のすべての数を扱うようになったとはいえません。そこで，中学校では負の数を学習します。

　しかし，それでも数直線上のすべての数が扱えるようになったとはいえません。

　有理数は数直線上に「ピッシリと」詰まっています。この性質を有理数の**「稠密性」**とよびます。しかし，ビッシリと詰まっていても隙間がないかといわれれば，実は隙間だらけです。その隙間には有理数よりも沢山の無理数があります。有理数の隙間を埋めることで実数が構成できます。この隙間を数学的に埋めようとした数学者のデテキントやカントル，コーシーらの研究により，実数が構成されたのです（この表現に違和感があるかも知れませんが，数はつくられるものです。だから「構成する」という言い方になります）。実数は，有理数の「稠密性」に加えて，隙間が埋まっているという**「連続性」**をもつことになります。

92   第 4 章　A 数と計算

　小学校では，無限小数は扱いませんが，近似値は有限小数で表すことができます。また，小学校では有理数という用語は扱いませんが，小数や分数は，有理数を表現したものであり，整数はその中の特別なものと実感させられるよう，指導していきたいものです。そして，数を拡張することでどのようなことが可能になるのかという視点から，負の数や実数を意識できるような数感覚を育んでいく必要があります。

第 7 節　分数の計算

【1】　内容の概観

[1]　同分母分数の加減法 $\left(例：\dfrac{2}{7}+\dfrac{3}{7}\right)$

　分数の加減法では，1 とする量を合わせなければならないので，量分数が利用されます。計算の仕方は，単位分数の個数の加法または減法をすることと考えることで，整数の場合と同様に計算の処理を考えることができます。例えば，「3/7 + 2/7 = 5/7 」は，「3/7 は 1/7 が 3 こ，2/7 は 1/7 が 2 こ，あわせて 1/7 が 5 こ」と考えることができる。

[2]　異分母分数の加減法 $\left(例：\dfrac{3}{4}+\dfrac{1}{6}\right)$

　異分母の分数の加法または減法は，通分することにより，同分母の分数の加法または減法と同じように計算することができます。その際には，計算が形式的にならないよう，操作の意味を理解できるようにすることが重要になります。つまり，共通する単位分数をつくることで，整数と同じように計算できることに気づかせることが大切です。

[3]　分数 × 整数 $\left(例：\dfrac{3}{4}\times 6\right)$

分数×整数は，これまでは 5 年で学習していましたが，平成 29 年告示学習指導要領では，第 6 学年での学習に位置付けられました。整数の乗法と同様に

第7節　分数の計算　*93*

同数累加，あるいは整数倍の考えと同様に考えることができます。そのため，「3/4L の 5 倍」は 3/4 × 5 と表すことができます。そして，3/4 × 5 の計算は，1/4 を単位とすれば，その 3 個分の 5 倍を求めることであるから，(1/4 × 3) × 5 ＝ 1/4 × (3 × 5) として，整数の乗法に帰着して計算することができます。

[4]　分数 ÷ 整数 $\left(例：\dfrac{3}{4} \div 6\right)$

（分数）÷（整数）も（分数）×（整数）と同様，平成 29 年告示学習指導要領では，第 6 学年での学習となりました。つまり，小学校算数で学習する分数の乗除法はすべて第 6 学年にまとめられたことになります。

（分数）÷（整数）は，等分除による意味づけが可能です。

たとえば，「4/5L の 2 等分した 1 つ分」は 4/5 ÷ 2 と表すことができます。またその計算方法は，1/5 を単位とすることで，4 ÷ 2 を考えることができ，整数の除法に帰着して考えることができます。また，分子同士での割り算ができない場合には，面積図を使ったり，同値分数を使ったりする方法が考えられます。

[5]　整数 × 分数 $\left(例：6 \times \dfrac{3}{4}\right)$，分数 × 分数 $\left(例：\dfrac{4}{3} \times \dfrac{1}{6}\right)$

小数の乗法と同様，乗数が整数でない場合には，同数累加の考えを用いることができないので，意味を拡張して考える必要がでてきます。そこで（基準の大きさ）×（割合）＝（割合にあたる大きさ）の形で乗法を表します。立式にあたっては，整数倍の場面から類推したり，言葉の式から類推したりして，整数×分数（分数×分数）の立式をします。

また，計算の仕方については，整数×分数も分数×分数も基本的な考え方は同じです。

たとえば，× 4/5 は次のようにみることができます。

　　① 　× 4/5 を「5 等分したものの 4 倍」とみる

　　② 　× 4/5 を「4 倍したものの 1/5」とみる

どちらの場合でも，最終的には，2 つの分数の分母同士，分子同士を掛け合

94 第4章 A数と計算

わせると答えがでるので，分数×分数の公式は次のようにまとめられます。

$$\frac{b}{a} \times \frac{d}{c} = \frac{b \times d}{a \times c}$$

[6] 整数 ÷ 分数 $\left(例：6 \div \frac{3}{4}\right)$，分数 ÷ 分数 $\left(例：\frac{3}{4} \div \frac{1}{6}\right)$

　整数 ÷ 分数，分数 ÷ 分数も小数同様，割合に関する等式を置き換えて，（割合にあたる大きさ）÷（割合）＝（基準の大きさ）という式として考えます。立式については，×分数の時と同様に，÷整数の場合から類推したり，言葉の式から類推したりすることから，÷分数について立式を行います。分数の除法では，除数の分母分子をひっくり返してかけるといった，形式のみを覚えるのではなく，どうしてそのような計算になるのかという計算の仕方の意味を考えさせることが重要になります。具体的な，計算については，÷4/5 を例にあげると，次のように考えます。

　　① ÷4/5 は，「4/5 を 1 に戻すことだから，4 でわってから 5 倍すればよい」と考える

　　② 被除数と除数に同じ数をかけても変わらないから，逆数 5/4 をかける

　最終的には，どちらの場合であっても，除法とは除数の逆数をかけることであり，分数÷分数の公式は次のようにまとめられます。

$$\frac{b}{a} \div \frac{d}{c} = \frac{b \times c}{a \times d}$$

【2】 基礎となる数学

[1] 類比的推論（類推）

　第2章でも説明しましたが，考察の対象としている2つの事柄の類似性に着目して，ある一方の対象で成り立っている事柄をもとに，他方の対象についても成り立つであろうという考え方を，類比的推論（類推）といいました。例えば，整数の加法では結合法則が成り立つから，乗法についてもそれが成り立つであろうと推測するのは類比的推論（類推）です。また，1 m が 200 円の

テープについて，2 m は 200 × 2，3 m は 200 円 × 3 であり，これらは整数倍ですが，2/3 m の値段を求める場合のように乗数が分数の場合も 200 円 × 2/3 と考えることは類推です。

[2] 逆数

ある数に対して，かけると1になる数を「**逆数**」といいます。$b/a \times a/b = 1$ となるとき，a/b が b/a の逆数となります。逆数は6年の分数の除法でその用語とともに学習します。例えば，$3 \times 1/3 = 1$ なので，3の逆数は 1/3 となります。

【3】 指導の方法

[1] 異分母分数の加減法

次の例題を考えます。

> 例　1/5 L 入りのオレンジジュースと，1/2 L 入りのオレンジジュースがあります。
> あわせると何 L になりますか。

このような問題に対して，「あわせる」という言葉をもとに，加法の式を立てる子供は少なくありません。ただ，1/5 + 1/2 のような異分母分数の加減は，分母が異なるため，そのままでは計算できず戸惑ったり，よくある誤答として 2/7 といったものが出されたりするため，指導には工夫が必要です。具体的な指導としては，次に示すような「**液量図**」を用いることで，マス目を細分するといった活動を通して，大きさは同じだけど形の違う分数（同値分数）の存在に気づかせていく必要があります。同値分数は，この時点では既習内容ではありますが，「違った形の数が，同じ大きさを表す」というのは，子供にとってもなじみにくいものなので，丁寧に扱っていく必要があります。

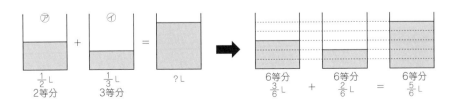

[2] 分数÷分数

　分数の除法では,「分母分子をひっくり返して,それぞれをかける」という計算の方法自体を理解することは,子供にとっても難しいものではありません。問題は,ひっくり返すことの意味と,なぜそのようにすれば問題が解けるのかということであり,その点を理解させることが分数の除法を理解するうえでの本質に関わる重要点となってきます。その分母分子をひっくり返してそれぞれをかける」ことの理由は,次の2つの方法で説明されることが多いです。

　1つは,除法のきまり(除数と被除数に同じ数をかけても商は変わらない)を使って,整数の割り算へと変形をする方法です。

　もう1つは,比例を利用して面積図や数直線を使って説明をする方法です。例えば,次のような問題が教科書にも掲載されています。

> 例　3/4 dL のペンキで,板を 2/5 ㎡ ぬれました。このペンキ 1 dL では,板を何 ㎡ 塗ることができますか。

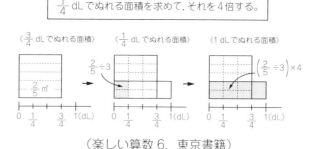

(楽しい算数 6,東京書籍)

【4】 幼保との関連

[1] おもちゃのケーキを偶数個に分ける

　前節【4】(p.89)でも生活や遊びを通して「ものを分ける」という感覚を理解することが大切であると述べました。例えば,プラスチック製の野菜や果物をおもちゃの包丁で半分に切り,それをつけたり離したりして1つのものが半分になることを経験させることができます。分数的な概念を理解するのに「半分」という考え方は生活でもよく使われ,幼児も手を使って経験ができま

す。その際に大切な事は，切った後には「半分になったね」，つなげて1つにした後には「1つになったね」といった保育者・保護者による言葉がけです。

　また，年長児であれば，実際のお菓子やものを分けられるようになるので，図21，22のような円柱状のチーズやロールケーキの教材があれば，それを均等にいくつか分けることで，1つのものを等しく分けるという分数（量分数）の考え方に触れさせることができます。このとき，はじめに半分にすること，次に4等分することを練習し，慣れてきたら6等分，8等分と偶数での分割を行います。5等分，7等分などのように奇数個に分けるのは少しテクニックが必要となるので偶数個に分けます。

図21．チーズのおもちゃ　　図22．ロールケーキのおもちゃ

[2] 折り紙を使って簡単な分数の量感を育てる

　そのほか幼児が遊びでよく用いる折り紙でも，「半分に折る」という指示を出して，折る場面があります。4歳児以降，指先も器用になり，複雑な形を折ることができるようになりますので，様々な方向に半分に折ることを体験させます。1枚の大きな折り紙を$\frac{1}{4}$にして，小さな折り紙を作ることも可能です。

このような生活に基づく場面で，必ずしも「2分の1」，「4分の1」という表現を使う必要はなく，実感として幼児が1つのものに対して，半分の量とはどれくらいかということを体験し，その考え方を他の生活場面にも積極的に活用して使っていくことが大切です。

98   第4章　A 数と計算

【5】　小中の連携

[1]　中学校へとつながるアイディア

　分数の除法はどうやって計算する？と聞かれて「分母と分子をひっくり返してかければ解ける」と答える人は，子供だけでなく，大人でも多いかもしれません。ただ，小学校算数では，どうしてそんなことをしてよいかが大切なことは，先述の通りです。また，割り算のきまりを用いることで，除数と被除数に同じ数をかけることで，除数の逆数をかけることと同じになり，整数の割り算に帰着することができました。実は，これと同じようなことが中学でもあります。例えば，負の数の減法などがそれにあたります。（＋5）－（－2）を考えるとき，この式は括弧を外すと，＋5＋2となります。マイナス・マイナスがプラスになっているわけですが，なぜマイナス・マイナスでプラスになるのでしょうか。実はここでも，先ほどと同じように，計算のきまり（ここでは減法のきまり）が使われているのです。そのきまりとは，減法では，減数と被減数に同じものを加えても，差は変わらないというものです。そのように考えると，（＋5＋2）－（－2＋2）＝＋5＋2とすることができます。－2＋2は0になるので，答えは＋5＋2で得られます。ここからもわかるように，小学校で習得したアイディアは，中学校以降にも繋がっています。

第8節　式による表現

【1】　内容の概観

[1]　式を読む（読式）

　小学校算数では，ある問題場面が与えられ，それを式にするという活動は，子供たちが日常的に取り組んでいます。一方で，その式が何を表しているのかといったことを読む活動は読式とよばれ，平成元年の学習指導要領以降少しずつ注意が払われるようになってきました。その読式指導の要点として次のものがあげられます。

	第8節　式による表現　*99*

① 式の表す事柄や関係を一般化して読む。
② 数直線などの具体的モデルと対応させて読む。
③ 式から対応する具体的場面を読む。
④ 数の範囲を拡張したり，問題場面を変えたりして，式を発展的に読む。
⑤ 式をコミュニケーションの手段として捉え，そこから思考過程を読む。

[2]　式の表すもの

　数式は，それだけでは機能することはないが，読み解くという主体的な働きかけによって意味が構成されるものです。その意味自体は，どこでも同じ意味を表すという点においては，世界中のどの数学教科書も，同じ形式の数式を使います。そのため，式は普遍的な表現様式といえます。また，簡潔，明確，一般的という点からみても，式は優れた表現様式であるといえます。

[3]　□，△などで表す式

　式の中で，わからないところや，決まらないところを□や△で用いたり，数量の関係を□や△などを用いて式に表したりすることがあります。例えば，正方形の1辺の長さを□cm，周りの長さを△cmとして，□×4＝△と表したりします。ここでの注意点としては，□，△のような記号を用いるときには，同じ記号（□や△）には，必ず同じ数が入るということを理解させることが大切です。

【2】　基礎となる数学

[1]　式とは

　式とは，次の記号を，一定の規則にしたがって並べたものであり，次の記号から成り立っています。

① 対象記号：　1，0.5，2/3，x，t，…
② 演算記号：　＋，－，×，÷，…
③ 関係記号：　＝，＜，≧，…
④ 括　　弧：　(，) {，}，…

　そして，式には，次のような働きがあります。

① 事柄や関係を簡潔，明瞭，統合的かつ，一般的に表現する。
② 式から具体的な事柄や関係を読み取ったり，より正確に考察する。
③ 自分の思考過程を表現することができ，それを互いに的確に伝え合うことができる。

[2] 式の表すもの

　式には，「数量を表すもの」と「関係を表すもの」があります。2＋3や5は「**フレーズ型**」（句，phrase）とよばれる式です。この型は，数の集合，整式の集合，図形の集合など，ある決まった集合の要素と考えられるものを表すものです。これに対して，2＋3＝5は「**センテンス型**」（文，sentence）とよばれる式です。この型は，何かの関係を表したものであり，その関係には様々なものがありますが，数量に限れば，相等関係，大小関係の2つがその主なものです。

【3】 指導の方法

[1] お話づくり

　式に表したり，式を読んだりする指導は，第1学年から始まります。例えば，具体的な問題場面から3＋4の式に表したり，逆に，「3＋4の式が成り立つお話をつくりましょう」の問題づくりがあります。この中で，式に表す経験は，普段の学習の中でも比較的子供たちもしています。それに対して，お話づくりの機会は比較的少ないといえます。この式に表す活動は，文脈から様々な要素を捨象し，抽象的な記号表現へと変える活動であるのに対して，お話づくりは抽象的な記号表現に様々な文脈を付け加える活動といえます。子供たちに，式を理解し，活用させていくうえでは，これらの活動はどちらも大切なものとなります。また，お話をつくる際には，絵や図も用いて表してみるといった活動は，それぞれの表現が同じものを表しているという理解を促すうえでも有効です。

例　5＋2になる　お話を　つくりましょう

[2] 式から思考過程を読む

　他者の思考過程を理解する，もしくは理解しようとするうえで式を読む活動を授業に取り入れていくことは，大変意義のあることです。言語や図を式にすることだけに留まらず，式から言語や図へといった往還を繰り返すなかで，式を算数の言葉と捉えたり，それぞれの式による思考のプロセスを読み取ることができるような能力も育成していきたいです。以下にその例をあげます。

> 例　右下の枠内にあるドット（点）の数を，式を書いて求めましょう。

　まずは，図に示されたドットの数を，式に表す活動を行います。その後，子供から出された式を読み解く活動を取り入れ，それぞれの式の表す意味がどのような思考のプロセスを辿ったものであるかを考えさせます。そのとき次のような考えのもと立式するものと予想されます。

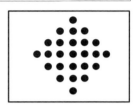

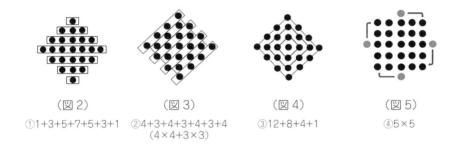

　（図2）　　　　（図3）　　　　（図4）　　　　（図5）
①1+3+5+7+5+3+1　②4+3+4+3+4+3+4　③12+8+4+1　④5×5
　　　　　　　　　　（4×4+3×3）

このような式から読み取らせたい内容は次のような点です。

(1) ①の式からは，図2のように列や行のまとまりでドットを数え，それぞれを加法で表現したものであるということ。
(2) ②の式からは，図3のように斜めに見ることで，4と3が交互に並んでおり，それらを加法で表現したものであるということ。
(3) ③の式からは，外周からうちに数え，それらを加法で表現したものであるということ。
(4) ④の式からは，ドットを図5のように移動させることで，5行5列に整然と並べられ，乗法で表現されているということ。

【4】 幼保との関連

[1] 式による表現では無理のない穏やかな準備でよい

　式による表現は，数字や記号を用いて状況や問題の意味を表していますので，幼児にそれらのことを直接的に教えることは，現実的ではありません。大人にとって簡単な文字や数字，記号でも，幼児にとってはかなり難解なものだということを保育者は知っておくことが重要です。式による表現に興味を持っていれば，それを受け止めることはありますが，そうではない幼児に，式による表現を強要するのは望ましくありません。

　しかし，就学前の体験は重要で，就学後の式による表現を含めた多くの学習を子供が円滑に理解する素地となります。小学校の最初に学ぶ加法では，式による表現を行うので，そのための準備を緩やかにしておくことは大切です。

[2] 式を遊びに取り入れた実践例

　図23は，保育室の環境の一部です。年長児になれば，クラスの欠席者の人数を数えて，その合計をたし算を用いて，求められる子もいます。これは遊び感覚で，友だち同士でも取り組めます。

　数の周りには数詞とドット図（数図）も書かれてあり，これらが幼児の数や数字に対する理解の助けとなります。式の記号の意味を理解していなくても，行為の意味を理解すれば，この表現で表すことが可能になります。

図23．欠席者の数とその合計

　このように，身の回りの活動を，式のような表現を用いて表せるように工夫することが大切です。

【5】 小中の連携

[1] 式に表すこと，式を変形すること，式を読むこと

　中学校第2学年の学習から，本格的に証明の学習が始まります。そこでは，式に表すだけなく，その式に解釈を加えたり，自身が証明を主張するために式変

形を必要とする場面が出てきます。そのため，中学の学習では文字式は重要な数学の思考方法と捉えられてきました（三輪，1996）。そこでは，文字式利用の図式も示されており，そこに示された3つの過程を一廻りすることで，新しい発見や洞察が期待されるといわれています。また，この図式では，式に表すこと，式を変形すること，さらに式を読むことが一連のサイクルとして表されています。このことを例にあげると次のような場面があてはまります。

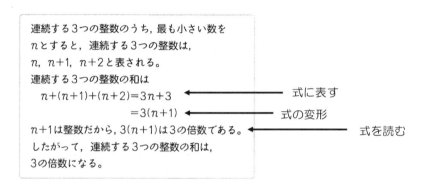

> 例　連続する3つの整数の和は，3の倍数になることを，文字を使って説明しましょう。

　この例からは，3つの過程がある様子がうかがえます。小学校算数ではどうしても，式に表す機会が多くなる傾向にありますが，新しい発見や洞察，中学校以降の学習への円滑な接続に向けては，3つの過程を意図的に授業内で扱っていくことが重要となります。

104   第4章　A 数と計算

◆　課　題　◆

【課題4－1】　次の逆思考を要する問題をつくりましょう。
　　　　　　　（1）減法逆加法　　　　　　　（2）加法逆減法

【課題4－2】　12 ÷ 4 ＝ 3 の除法を例に，「包含除」，「等分除」の相違点と共通点をブロックや図を用いて説明しましょう。

【課題4－3】　（分数）÷（分数）の計算の仕方は，「被除数に除数の逆数を掛ければよい」ことを 3/7 ÷ 2/5 を例にして，いろいろな方法で説明しましょう。

【課題4－4】　古代エジプト，古代ローマのころに使われていた記号で表される次の数を，第1節【2】（1）の図2，図3を参照しながら読み取りましょう。

（1）古代エジプト	（2）古代ローマ
৭৭∩॥॥	CCLVI

【課題4－5】　5 による剰余系で，次の計算をしましょう。
　　　　　　　（1）2 ＋ 2　　　　　（2）3 ＋ 3　　　　　（3）3 ＋ 3 ＋ 4

【課題4－6】　類比的推論とはどのような推論であるかを説明しましょう。

【課題4－7】　乗法の場合について，具体物・半具体物を用いて学習指導を行う具体例をあげましょう。

【課題4－8】　問題「A さんのクラスではむし歯の人が 14 人いました。これは，A さんのクラス全体の 40％ にあたります。A さんの

◆ 課 題 ◆ 105

クラスは全部で何人ですか。」にある数量の関係を，2本の
数直線に表し，式と答えを書きましょう。

【課題4−9】　（整数）÷（小数）の学習指導を行ううえでの具体的な学習
指導の展開例をあげましょう。

【課題4−10】　就学前教育において数に関わる保育現場で行われる遊びを
3つ挙げ，それぞれにどのような数の内容が関わっている
のかを整理して話し合いましょう。

【課題4−11】　就学前教育において，幼児が日常生活のどのような場面で
たし算やひき算を用いるのかを考えて1つ挙げてくださ
い。またその際に，どのような声かけや支援を行うと算数
的に望ましい発達になるのかについてもアイディアを挙げ
ましょう。

【課題4−12】　就学前教育において数や計算を用いるゲームを1つ考案し
て教材を作成し，それを発表してください。その際に，ど
のような算数的な内容が練りこまれているのか，ゲームの
ルールや手順なども明確にしましょう。

【課題4−13】　45と210とをそれぞれ素因数分解し，その結果を利用し
て，2つの数の最大公約数と最小公倍数を求めましょう。

【課題4−14】　式「$39 \times 5 \div 13 + 23 - 15$」を，逆数や負の数を用い
て加法と乗法だけの式にして，工夫して計算しましょう。

【課題4−15】　実数の中で，小学校の学習指導では扱わない数をあげま
しょう。

第5章　B 図形

「図形」領域の概要

　私たちの身の回りにはさまざまな"もの"があります。人工的に作られた物や道具だけでなく，山や川，動植物，そして私たち自身も形ある"もの"です。しかし，これら"もの"を私たちは"みる"ことができているのでしょうか。私たちが"もの"を"みる"とはどういうことでしょうか。

　算数・数学では"もの"から形や大きさだけを取りだしたものを「図形」といいます。そして，それら図形のもつ量をはかったり，図形の性質や図形と図形の関係について調べたりするのが幾何学という学問分野です。このように"もの"を"みる"ための素地を養っていくのが算数・数学の「図形」の領域です。本章では，図形を学習する場面での指導に必要な知識や方法を学びます。

【1】　「図形」教育の必要性

[1]　図形と人との関わり

　なぜ図形教育が必要なのでしょうか。図形と人との関わりはいつからどのように始まったか，という点から考えてみましょう。

　はじまりは古代エジプトでの土地の測量のための知識とされています。エジプトにはアフリカの中央部の高山地方を源とするナイル川が流れています。全長が6,690 kmともなるこの大きな川

図1．ピラミッドの絵と正四角錐の図

は，肥沃な土壌を下流域に運ぶ一方で，定期的に氾濫を起こし，氾濫ごとに耕作地の境界は消えてしまいました。その都度土地の正確な測量が必要とされ，測量技術は発達していきました。また，古代エジプトではとても大きな建造物，ピラミッドも立ち並びました。最初にピラミッドが造られたのは今から4500年以上前のことですが，以後1000年に渡り多くのピラミッドが造られ

ました。その中でもカイロ近郊ギザにあるクフ王の大ピラミッドは有名です。このピラミッドは平均2.5トンの石をおよそ250万個使用し，正方形を底面とする正四角錐に形づくられています（図1）。底面の正方形の1辺の長さは平均230.4 m（各辺の差は数十センチ），建造当時の高さは146.7 m，それぞれの辺は東西南北の方向に正しく向いています。きわめて正確な長さと位置で造られており，この巨大な建造物を精緻に造るためには図形についての知識や計算技術が用いられています。

　このように，人にとって図形の知識は必要に迫られたと同時に，美しい形やきれいな形に魅せられた心に寄り添うように関わってきました。そして，古代エジプトから現在までの長い時間のなかで，幾何学は人と関わりを保ちながら発展しています。では，現在において幾何学と人の関係はどのようにあるのでしょうか。この関わりにおける価値を実用的側面，文化的側面，陶冶的側面という視点から考えると，例えば図2のようなことが考えられます。その上で子供の論理的な思考力を育成する側面を忘れてはいけません。そのことで，子供の文化的な視点での観察がよりよくなり，さらに実用的な側面も強化されます。

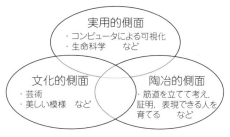

図2. 幾何学と人との関連について（例）

[2] "もの"には「見方」があるということを知る

　この章の冒頭で，「身の回りにある"もの"を私たちは"みる"ことができているのでしょうか。」という質問をしましたが，次の質問はいかがでしょうか。皆さんは，私たちが生活しているこの3次元の世界を，私たち自身どのようにみているのか，ということを考えたことはありますか。生まれた時から当たり前に生活しているこの世界ですが，どんな特徴を持っているのでしょう。そして，今，皆さんが見いだしたその特徴は，周りの人と同じなのでしょうか。それとも異なるものなのでしょうか。

　私たちはこの3次元の世界を，周囲にある様々な"もの"からの情報を五感で得て，その得た情報を通して知ることができます。情報収集の役割を果た

す五感の中で，重要な役割を担っているのが視覚です。しかし，人はその視覚を時として過信してしまうことがあります。例えば，下記の2つの図について考えてみてください。

① 次の図は何の影に見えますか。　② 次の平行な2本の線分は
　　　　　　　　　　　　　　　　　　どちらが長く見えますか。

　さて，皆さんの中には①，②についての質問の答えを考えるにあたり，図に何かを書き込んでみたり，ものさしなどで測ってみたりと，さまざまな操作を行い「同じ」，「違う」ということに気付き，自分の予想を確認したり，そして自分なりの結論にたどり着いたのではないでしょうか。実はその「同じ」や「違う」といった図形の性質を見つけることが図形教育の入り口なのです。
　「図形」の領域では，平面上や空間内で図形の性質を見つけたり，またその性質を基準に図形を分類したりしていきます。このように図形を扱っていく中で大事なことは，図形から見つけた性質や図形を見る基準が他の人と共通しているものなのか，いつでも言える確かなものであるのか，つまり，「図形の見方」そのものを考えることです。その見方を考えることが図形について知ることになり，さらにはその図形が在る平面または空間について知ることにつながります。また，このような「図形の見方」は年齢を重ねれば，自然に獲得できるわけではありません。意識的にさまざまな経験や学習をさせることで獲得につながるのです。子供に「図形の見方」を学ぶ場をきちんと提供することはとても大切なことなのです。

【2】 「図形」教育で求められること

[1] これまで自分が「図形」で学んできたことを思いだす

　皆さんが「図形」の学習で覚えていることはどんなことでしょうか。立方体の切断面に悩まされたり，記号や数学の言葉を用いた証明問題に苦手意識をもったりなど，ネガティブなイメージはないでしょうか。このようなイメージ

「図形」領域の概要　　*109*

を持ってしまっている方々とは，この機会に，ぜひ一緒に，肩の力を抜いて考えたいと思います。勿論，「図形」は大好きだという方も，改めて，「図形」の学習について考えておくことは大切です。

　まずは，私たちは立方体をはじめとする空間図形を日常で扱ったり，証明を（無意識のうちに）行ったりしている，ということについてあらためて考えてみましょう。例えば，空間図形は私たちが日頃，"もの"に触れたり，目にしたりする行為の中に，また，証明は言葉や記号を用い，順序立てて，誰もがわかるように説明する場面の中に潜んでいる，といった具合です。つまり，このような日常的なことであっても，数学や幾何学の観点を用いると急に難しく感じてしまうことがあり，それがネガティブなイメージにつながっているのです。しかし，これらの観点を用いて日常をみてみると，多様で複雑に見えていたものが整理され，これまで気付かなかったことに気付いたり，新しい見方で見ることができたり，時には発見につながることもあります。さらに，ピラミッドを造ったときに古代エジプトの人たちが用いた幾何の性質を私たちも理解したその瞬間は，言語も服装も生活も生きた時代も異なる人たちと，まるで時空を超えてつながったような感動を覚えるでしょう。このような人の直観に訴えるような気付き，発見，感動が図形学習にはちりばめられています。どのような気付きや発見，感動がともなったか，という視点で自分が図形を学んだ場面をあらためて思い返してみましょう。立方体の切断面や証明問題に対するイメージも変わってきませんか。

[2]　図形教育の方向性

　平成 29 年度告示の学習指導要領では，平面図形の面積や立体図形の体積などの学習が，図形の特徴を"ものを測る"という視点から，「図形」領域に取り入れられることになりました。これは，計量をする際，図形の性質や図形を構成する要素などに着目した活動が行われていることによります。このように，図形を構成する要素などに着目し，図形の性質を調べたり，それを日常生活にも活用したりする資質や能力を育むことが図形教育の目指すところです。

　この方向性に対し，学習指導要領の解説には次のページのようなねらいが示されています。このねらいには，算数（数学）の言葉を用いて考えたり，コンパスや定規などを用いて作図する中で，子供が自分の考えを自分の言葉でまと

110 第5章 B図形

めたり，また，他の子供に説明したりすること，さらには，図形の美しさに気付き，生活や学習へ活用するまでが込められています。つまり，単に言葉だけ，教科書の音読だけ，または，黒板に図を描いただけ，立体を見せただけの指導では不十分なのです。適切な経験，具体的な操作活動や実験・観察によって，子供が図形に関する知識や技能を獲得していく場をつくること，それらの作業の結果を表現する場をつくることが大事です。さらに忘れてはいけないことがあります。指導する立場の者も，折り紙を折ったり，いろいろな立体図形を作ったり，と子供と一緒にその作業を楽しんでください。これまで気づかなかった発見とともに，算数（数学）をする喜びをあらためて実感することになると思います。下記の学習指導要領における「図形」領域のねらいの内容を，皆さんが自分なりに解釈し，実践することが大切です。

「B　図形」の領域のねらい

（1）知識及び技能
　①　基本的な図形や空間の概念について理解すること
　②　図形についての豊かな感覚の育成を図ること
　③　図形を構成したり，図形の面積や体積を求めたりすること
（2）思考力・判断力・表現力
　④　図形を構成する要素とその関係，図形間の関係に着目すること
　⑤　図形の性質，図形の構成の仕方，図形の計量について考察すること
　⑥　図形の学習を通して，筋道を立てた考察の仕方を知り，筋道をたてて説明すること
（3）学びへ向かう力・人間性等
　⑦　図形の機能的な特徴のよさや図形の美しさに気付くこと
　⑧　図形の性質を生活や学習に活用しようとする態度を身に付けること
　　　　　　　　　　　　　　　　　　　　文部科学省（2017）を基に作成

---

[3]　図形教育で育成したい大切な力

　図形教育で扱われる内容は，大きく2つに分けることができます。1つは，図形について知ること，もう1つは，論証です。小学校では特に図形について知ることに重きが置かれ，論証については，目の前にある図形を考察したり，「××だから○○である」といった説明や表現に用いたりすることにとど

まっています。実際，平成29年度告示の小学校学習指導要領では「B　図形」領域の内容は下記の4つが概観として示されています。

「B　図形」の内容の概観

① 図形の概念について理解し，その性質について考察すること
② 図形の構成の仕方について考察すること
③ 図形の計量の仕方に考察すること
④ 図形の性質を日常生活に生かすこと

文部科学省（2017）を基に作成

　本章では育成したい大切な力の柱として，「図形を説明することば」，「かたち（平面図形）」，「かたち（空間図形）」「量（面積，体積）」と定め，各節の見出しとし，それぞれ内容に触れています。それぞれの節を読みながら，その内容についての知識や考え方を増やすとともに，他の節との関連にも意識を向けながら読み進めてください。

【3】　指導内容の系統

[1]　もの，図，言葉・記号

　私たちが空間や空間にある図形がどのようなものであるかを知り，それらの性質などを調べようとする場合，図形を具体化した「実際のもの（模型）」，図形を描いた「図」，図形に関する「言葉・記号」によって伝わる情報を基としています（図3）。また，私たちは知り得た図形の性質や特徴を，これら「実際のもの（模型）」，「図」，「言葉・記号」を用いて説明したり，表現したりすることができます。

　図形領域の指導場面ではこれら「実際のもの（模型）」，「図」，「言葉・記号」をどのように用い，子供の図形のとらえ方を深めていくかを考えることが重要です。「実際のもの（模型）」を扱うだけ，「図」を描くだけ，「言葉・記号」で伝えるだけ，つまり「○○だけ」といった授業では，図形の学習は未熟なものになってしまいます。例えば，小学校低学年では，実際の身の回りのものを使って，形遊びをしたり，箱を積み重ねたり，ものを作ったり，さらには図を描いてみたりすることを通して，ものの形を認め，その形の特徴についてとらえていきます。そして，学年が進むにつれて，それら形を構成する要素

(点, 線, 面) などに着目し, ものを操作したり, 図に描いたり, 観察したりすることを通して, 形の性質を調べたり, 考えたりしていきます。「実際のもの (模型)」,「図」,「言葉・記号」を用い, 子供の理解に合わせて授業を作ることが大切です。

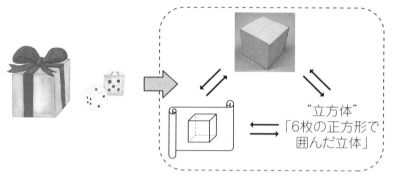

図3.「身の回りのもの」と「実際のもの (模型)」「図」「言葉・記号」の関係の例

[2] 図形教育の系統図

図形の指導内容の系統を表1に示します。表1から, 小学校では主に「かたち」について学習し, 中学校からは言葉により論述することに重きが置かれていくことがわかります。

表1. 図形の指導内容の系統図

		ことば	かたち		量
			平面図形	空間図形	
小学校	第1学年	位置関係 (前後, 左右, 上下, 何番目, 真ん中など)	身の回りにあるもの (積み木, 箱, 筒, ボール, 折り紙, 色板, 敷き詰め模様)		
	第2学年	直線, 直角, 頂点, 辺, 面	三角形, 四角形, 正方形, 長方形, 直角三角形	箱の形	

	第3学年	角，円の中心，半径，直径	二等辺三角形，正三角形，円	球	長さの単位※「測定」の領域
	第4学年	垂直，平行，対角線，平面，位置関係（（横，縦），（横，縦，高さ）），展開図，見取図	平行四辺形，ひし形，台形	立方体，直方体	角の大きさ，面積（正方形，長方形），角の大きさの単位，面積の単位
	第5学年	合同，底面，側面，円周，高さ（三角形，平行四辺形）	多角形，正多角形	角柱，円柱	円周率，面積（三角形，平行四辺形，ひし形，台形），体積（立方体，直方体），体積の単位
	第6学年	線対称，対象の軸，点対称，対称の中心，底面積	線対称な図形，点対称な図形，縮図，拡大図		円の面積，体積（角柱，円柱）
中学校	第1学年	弧，弦，∥，⊥，△，角の二等分線，線分，線分の垂直二等分線，垂線，平行移動，対称移動，回転移動，点対称移動，円の接線，ねじれの位置，π，投影図	扇形	回転体，正多面体	扇形の弧の長さ・面積，表面積・体積（柱体，錐体，球）

114　第5章　B図形

第2学年	定義，証明，逆，反例，≡，三角形の合同条件			
第3学年	∽，三角形の相似条件，平行線，円周角，中心角，三平方の定理			相似比，面積比，体積比

第1節　図形を説明することば

【1】　内容の概観

　私たちは日頃から身近なものの形を伝えるために様々な言葉を用いています。たとえば，「さんかく」「しかく」「まるい」「箱のような」「ボールのような」「とがった」「まっすぐ」などです。しかし，これらの言葉には，図形の性質を調べたり，表現したりするには不確かなもの（人によってとらえ方が異なるもの）も含まれています。図形を学習するにあたって最も大事なのが，「定義」という言葉の意味を説明した文章です。図形に関する様々な言葉を定義により共有した上で，図形のもつ量や性質についてわかった事実を積み重ねていくのです。つまり，用いた言葉の意味がうまく他者（指導者と子供，子供と子供）の間で伝わっていないと，図形を学ぶ際の躓きにつながりかねません。どのような言葉が，どのように定義されているかに着目しながら教科書，学習指導要領やその解説を読むことが必要です。

【2】　基礎となる数学

[1]　論理的であること，体系的であること

　古代エジプトでの測量術にはじまる図形と人との関わりは，その後，幾何学という理論的な学問体系へと成熟したものとなっていきます。その基礎を築いたのはB.C.300年ごろ活躍した古代ギリシャの数学者ユークリッドです。

第1節　図形を説明することば　*115*

ユークリッドが書いた『原論』は，当時の数学を集大成し，下記のような23の定義と誰もが認めるような前提「公理」や原則として認める前提「公準」を基に論理を積み上げていくことでまとめられたもので，きわめて体系的に構築されたものです。特に，（平面）図形の部分の構成はすばらしく，その後およそ二千年にわたって学問の典型となりました（後に，この部分はユークリッド幾何学といわれることになります）。そして，現代までに様々な数学者たちのもと幾何学は，大きく分けて微分幾何学，代数幾何学，位相幾何学に，またこれらは関連し合い，高度に抽象的な理論に発展しています。

『原論』の定義

1. 点とは部分をもたないものである。
2. 線とは幅のない長さである。
3. 線の端は点である。
4. 直線とはその上にある点について一様に横たわる線である。
　…
23. 平行線とは，同一の平面上にあって，両方向に限りなく延長しても，いずれの方向においても交わらない直線である。

【3】　指導の方法

[1]　「さんかく，しかく，まる」（日常的表現）から「三角形，四角形，円」（数学的表現）へ

　「三角形」「四角形」といった数学で用いられる言葉は，その形の特徴や性質までを伝えることのできるものです。例えば，「さんかく」は少しばかり辺が曲線のようでも，かどが丸くても，少し離れたところから見ると三角形に見えれば使われる表現です。しかし，「3本の直線で囲まれた形」と定義される「三角形」の辺は，「さんかく」のようなあいまいさがあってはいけません。定義された言葉を用いて図形を扱うことが，算数・数学で図形を学習するということです。逆に，このような言葉を扱うからこそ，いつでも，どこでも，誰が行っても共有できる図形の性質や特徴を述べることができるのです。

　このような数学的な表現を用いることができるようになるためには，単に言

葉を押し付けるのではなく，身の回りにあるものからその特徴をとらえたり，共通する事柄を抜き出したりし，それを言葉に表していくという過程 "具体から抽象" が重要です。数学では「帰納」という言葉を使い，とても大切な考え方です。指導をする場合には，子供の意見をどう指導者が集約していくのかがポイントとなります。実際にいくつかの集約過程を見せたりするのは，子供が自分でも言葉にまとめることができるようになる有効な手立てです。自分の言葉にまとめる活動は，具体的な活動から特徴や共通の事柄だけを取り出す作業，つまり，抽象化の活動です。この活動を指導者が奪ってはいけません。自分の言葉でまとめる，まとめた結果を周囲と見比べてみる，ここまでの工程を大事にするということは注意しておく必要があります。指導者によるまとめはその後でも十分意味があります。

[2]　かたちに関する言葉の定義

　表1で示した各言葉のほとんどが教科書で定義され，学習指導要領解説でも説明されています。例えば，第2学年の「**三角形**」は「3本の直線で囲まれた形」，第3学年の「**二等辺三角形**」は「2つの辺の長さが等しい三角形」のように教科書では示されています。皆さんは，「三角形」「二等辺三角形」の説明として何も疑問をもたないかもしれません。しかし，図形学習を指導する側に立った場合，これら言葉の定義にある「直線」とはどのようなものか，「長さ」とはどのように比べられるか，「等しい」とはどういうことをさすのか，について確認をしておく必要があります。この確認が，授業場面での子供の活動の範囲を担保することにつながるのです。

[3]　具体的な操作活動によって言葉を定義

　さて，改めて先に紹介したユークリッドの『原論』の定義を見てみましょう。『原論』の定義の1．や2．を読んで，眉をひそめませんでしたか。このような説明よりも，ノートの上にペン先などで記した小さな印やぴんと張られた糸の方が，点や直線の理解として納得がいくのではないでしょうか。私たちは日頃から身の回りのものを見たり，触れたりすることを通して，直観的に大きさや形を認識するという体験から，図形の定義に近い理解を行っています。実際，小学校の教科書や学習指導要領には1．や2．のような言葉の定義は見当たりません。しかしながら，図形を説明する言葉の定義を意識しなくてもよ

いかというと，決してそうではありません。言葉の定義により図形を説明していくことは幾何学の考え方では大変重要です。そこで，低学年における図形学習では，これまでの体験的な理解だけで留めるのではなく，算数的・数学的に具体的な"もの"を扱いながら言葉の定義を確認する場面が大事となります。

　例えば「**直線**」と聞いて，皆さんは何を思い浮かべるでしょうか。「どこまでも続くまっすぐな線」を思い浮かべたでしょうか。もしくは，「定規などを使って，紙の端から端まで長い線を引くこと」を思い浮かべた方もいるかもしれません。小学校第2学年で扱う「直線」ですが，先に紹介したユークリッドの『原論』では4番目に定義されています。また，フィールズ賞を受賞した小平邦彦先生による『幾何への誘い』（小平，2000）では，次のように定義され，続いて，公理が示されています。

　　　　定義：直線というのは端のないまっすぐな線である。
　　　　公理：2つの点を通る直線は1つ在ってただ1つに限る。

　このような言葉の定義や公理だけを書き並べて子供に伝えることは難しいことです。そこで，大事なのが，具体的な操作活動を通して定義や公理を直観的に確認させることです。例えば「直線を引く」とは，「まっすぐな」は定規を用いて，「端のない」は紙や黒板をはみ出すまでを意識して一息に線を引く動きなどです。さらに，「2つの点を通る直線は1つ在ること」，「ただ1つに限ること」は，実際に2点を直線で結ぶ操作，逆に，定規を使わなければ何本も線（曲線）で2点を結ぶことができてしまうことを確かめてみるのもよいと思います。

　このように，定義や公理を，具体的な操作活動により直観的に確認させる場面は，算数の図形学習には数多く見られます。しかし，注意しておくこともあります。指導者の立場としては，操作活動を行うことを目的とするのではなく，その背景にある定義や公理を確認し，その定義や公理を伝えるための操作活動であることを忘れないという姿勢が大事となります。

[4]　位置を表現する言葉

　位置関係を表す言葉に，前・後ろ・左・右・上・下・何番目・真ん中などがあります。第1学年で理解を求めるこれらの言葉は，例えば，自分がいる場所，地図上での学校の場所など，あるものを基準とすることにより意味を生じ

ます。つまり，何を基準とした表現なのかを，具体的な体験や具体物を並べたりする活動を通して理解させることが必要です。そして，この基準を定めることで位置関係を表すことができることの理解の上に成立するのが，第4学年で学習する次の表現です。平面の上にあるものの位置を表すには2つの要素（横，縦），空間の中にあるものの位置を表すには3つの要素（横，縦，高さ）と表します。

さて，平面の上にあるものの位置を表すことができるということは，今，私たちは当然のことのように用いていますが，歴史をさかのぼるとあたり前のことではありません。これは，長い数学の歴史の中での大きな業績なのです。今となっては，平面の上にあるものは2つの要素，空間の中にあるものは3つの要素で位置を表現することができることを，平面では方眼紙を，空間では立方体の頂点を利用できることを提示し，その方法をもって練習させることは簡単です。しかし，要素の数を1つ増やすことで1つ大きな次元にあるものの位置を表現することができることを，子供に発見させることはできないでしょうか。そこで大事となる数学的な考え方の「類推」を取り入れてみましょう。例えば，「平面の上のものは2つの要素で表せますが，空間ではどうでしょうか。」この問いかけにより，子供はこれまでに学習したことが利用できないか，平面で表現できるなら空間でも同じように表現できるのではないか，身の回りのもので（基準として）使えるものはないか，と考えることでしょう。そしてその結果，子供の発見とともに，様々な，また意外な答えが返ってくるかもしれません。このような学習場面を楽しんでください。一方的に話すだけでは，子供の多様な声を聞くことはできません。

【4】 幼保との関連

[1] かたちを言葉で表現することに慣れるさせることが大切

小学校とは異なり，就学前では，かたち（平面図形）の正確な名称「正方形」，「長方形」，「円」，「三角形」を厳密に教える必要はありません。幼児の生活に密着した表現，例えば，「まんまる」，「しかく」，「さんかく」という名称で構わないので，かたちを言葉で表現することに慣れさせることが大切です。

アメリカのある研究では，図4のような平均的な平面図形を示した場合には，幼児はそれらを正しく認識することができましたが，図5のような極端

に 1 辺が長い（短い）三角形や，閉じていない長方形，三角形，曲線で作られた三角形，長方形のようなかたちを示した場合には，幼児はそれらを正しく区別することができませんでした（クレメンツ & サラマ，2005）。

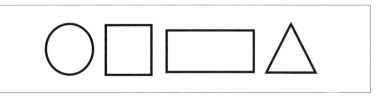

図 4．幼児にとって馴染みがある平面図形の例

図 5．幼児にとっては明確に判断がつかない図形の例

　この研究の結果からも言えるように，幼児はかたちの名称を知っているからと言って，それがかたちの性質や定義を理解できているわけではありません。ですから，正しい名称を使うことよりも，身の回りにある様々なかたちを自分なりに仲間分けして片付けたり，並べたり，観察をして考えたことを友達や先生に伝えたりすることの方が，就学後の学習に向けて重要です。

[2]　様々な大きさや極端な形のものを自由に動かして遊ぶ

　就学前にかたちを扱う際には，かたちを正しく区別できないため，様々な大きさや極端なかたちなどを意図的に用いて，回転させてひっくり返したり，重ねたり，動かしたりする経験をたくさん積ませることが大切です。ダンボールや厚紙，色紙，プラスチック板で作った平面図形を組み合わせて何かを作ったり，立体のつみき，ブロックで形を作ったりする遊びが，幼児にとってかたちを学ぶ大切な機会となります。また，折り紙を折ったり，切ったりする際にも，自然と辺や角についても知ることができるので，幼児が直線のことを「まっすぐ」，合同のことを「ぴったり同じ」などと表現した時には，その気

120　第 5 章　B 図形

付きを認めて評価することが保育者として大切なことです。

【5】　小中の関連

[1]　人への「説明」から「証明」へ

　小学校での図形学習では，図を描いたり，形を作ったり，など具体的な操作を通して性質などを発見し確かめ，言葉にまとめてきました。さらに，それを既に分かっていることとして，他者に対し筋道を立てて説明することも求められてきました。実は，この「既に分かっていることを用いて，論理的に説明する」という工程は，中学校で扱う「証明」に匹敵します。小学校と中学校の大きな違いは，その説明をきちんと定義された言葉や記号を用い，これまで証明されたことで何であるかを確認しながら，記述していくことです。

[2]　ものの位置を表す方法

　小学校ではものの位置を表すために，ある基準を定め，その基準からどこにあるかを日常でも用いられる言葉で表したり，「数の組を用いて位置を表すこと」を用いた表現で特定的に表したりすることができることを学習します。これは，中学校第 1 学年で学習する「座標」へとつながっていきます。この座標による表現は，関数やそれを表現したグラフなどの学習で当然のことのように用いていますが，これは，数学の長い歴史の中での大きな業績です。直線で実数全体を表し，2 つの実数の組によって平面上の点の位置が表せることは，17 世紀のフランスの哲学者であり数学者のデカルト（1596-1650）が示した考え方です。つまり，2 本の直線を垂直に交わらせることで，平面上の点の位置を表し，その上の図形を表現する，空間の中にある図形は 3 本の直線を 1 点で互いに垂直に交わらせることで表現する，これは皆さんがこれまで算数・数学の中で当然のように用いていたことでしょう。しかし，これは代数学と幾何学を関連付けた見事な，画期的な考えだったのです。

第 2 節　かたち（平面図形）

【1】　内容の概観

　平面図形で扱う図形は，表 1 の「かたち」に示しました。それぞれの図形

には言葉による定義がありますが，図形について学習を深めるためには，図形の性質をさらに調べたり，いくつかの図形の関係を考えたりすることが必要になります。では，何から始めたらよいのでしょうか。そこには，どのようなことに着目して性質を調べるか，どのようなことで複数の図形を見比べるか，といった基準が必要になります。算数では，平面図形を形づくる頂点，辺，角に着目して基準を設定しています。そしてその基準により，コンパスと定規を使った作図や辺の長さや角の大きさの計量などの具体的な操作を行ったり，教具を用いたりしながら図形学習を深めていきます。ここで注意しなければならないことは，学習過程で行われる操作ひとつひとつには，先の基準に伴って導かれている図形の性質が含まれているということです。例えば，正三角形について調べる場合，第4学年では折り紙の1辺を利用して正三角形を作りますが，その操作過程では，正三角形が線対称であるという性質を用いています。また，コンパスと定規を用いた作図では，二等辺三角形の作図と比較しながら，二等辺三角形の底辺と他の2つの辺を同じ長さにすると正三角形であるという関係について取り入れています。どのような基準を用い，その基準を用いて，どのような図形の性質を含んだ操作活動を行うかを整理しておくことが必要です。

【2】 基礎となる数学

[1] 図形を分類する

平面図形で扱う図形（表1）の「かたち」に示しました。これら図形は構成要素に対するある条件のもとで分類することができます。平面図形は，まず，三角形や四角形など頂点，辺により形作られる多角形と，頂点や辺がない円に分けることができます。そして多角形はその図形の辺の数により分類することができます。例えば，第2学年で扱われる「三角形」は「3本の直線で囲まれた形」と定義され，「四角形」は「4本の直線で囲まれた

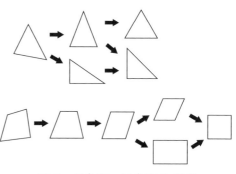

図6．三角形・四角形の分類

形」と定義されています。つまり，三角形と四角形は形を囲む直線の数，つまり辺の数によって区別されます。さらに，各多角形は構成要素の関係により分類することができます（図6）。このような図形の分類に対応して図形の名称はつけられています。

[2]　三角形を図形の基本として考える

　多角形を作る最小の辺の数は「3」です。三角形が平面図形の基本として扱われます。なぜ，三角形が基本となるか。基本の図形として扱うためには，できるだけ少ない条件で形や大きさが決まる必要があります。例えば，先に述べた三角形と四角形の定義「〜本の直線で囲まれた形」の「直線で囲まれた」を「辺の長さを与えることでできる」と置き換えてみましょう。「3本の辺の長さを与えることでできる形」は三角形です。さらに，この三角形の形はただ1つに決まります。しかし，「4本の辺の長さを与えることでできる形」は四角形ですが，いろいろな形の四角形ができてしまいます。ところが，四角形は対角線の長さを決めることで，その形や大きさはただ1つに決まるのです。また，四角形の特徴を調べる際に，三角形に分けて考えると四角形の性質が整理されていきます。三角形を基に四角形，五角形，…など他の多角形を作ったり，逆に多角形を三角形に分割して多角形の特徴をとらえたりする操作は，図形学習の基本となっています。

【3】　指導の方法

[1]　図形の見方を身に付ける（その1）

　先の「図形を説明することば」の節で，「さんかく，しかく，まる」といった日常的な表現から，「三角形，四角形，円」といった数学的な表現により形を表すことは，いつでも，どこでも，誰が行っても共有できる図形の性質や特徴を伝えることができるという点で重要である，ということを述べました。このように算数（数学）で図形の名称を表すことの基になっているのは，平面図形を形づくる頂点の数，辺の数や長さ，角の大きさです。これらの要素に着目して図形を見ることは，図形がどのようなものであるかを理解することそのものです。このような見方は，図形を扱い始める第1学年から行われます。

　それでは，どのようなステップを踏んで実際に図形の要素に着目する目を

第2節　かたち（平面図形）　*123*

養っていくのでしょうか。まず，第1学年では，身の回りにある具体物の形を，色板など“きれいな形”のものを使って作ったり，逆に作ったものから具体物を想像したりすることを通して，身の回りから「形を見つける」ことを行います。そして，第2学年では「辺，頂点，直角」，第3学年では「辺の長さ」，第4学年では「平行，垂直といった2直線の位置関係」，第5学年では「角の大きさ」，そして第6学年では「対称」という図形の性質に，と次第に着目する視点を増やしながら図形を見ていきます。また，1つの図形について，その図形を構成する要素に着目した見方だけでなく，複数の図形の間にある関係に着目するという見方も行います。このように図形を見る視点が広がり，発展的に図形を見ていくことが平面図形の理解を深めます。

　この見方を身に付けるにおいて大切なことがあります。それは，子供がこれら見方に「気付く」「発見する」ことができるかどうかです。例えば，ある図形の見方を学習した際に，子供に，三角形のときはどうでしょうか，四角形のときはどうなるでしょうか，と問いかけるとどのような反応を示すのでしょう。先に指導者がその見方を教えてしまうのではなく，子供と一緒に気付く過程を楽しむことが重要となります。さらに，このような気づきは作図を通して確認することもできます。算数では，作図は確認のための方法として重要であり，その重要性は押さえておかなければなりません。

[2]　「図形が決まる」ということの理解

　2つの図形が「合同」とは，「一方の図形を移動して他方の図形に重ねることができる」場合，または「2つの図形の対応する線分と対応する角がすべて等しい」場合をいいます。算数では「ぴったり重ね合わせることができる2つの図形は合同である」として扱っています。小学校第5学年ではこの「合同」を基に「図形が決まる」という意味を次のようなステップで理解につなげます。

　まず「合同」を理解するためには，具体的な操作を行うために対応する頂点，辺，角を決めます。そして，ぴったり重ねるためにはどうすればよいのかを具体的な操作から導き，「図形が決まる」ことの理解につなげています。例えば，「三角形が決まる」ということは中学校で学ぶ三角形の**合同条件**（次のページ）によります。この1〜3のいずれかの条件により，与えられた三角形

と合同な三角形をコンパスと定規，分度器を用いて作図することができること，さらには，その条件の下で作図された三角形は誰もが同じ大きさと形の三角形であること，を確認することができます。つまり，「三角形が決まる」という瞬間です。また，この経験を基に「四角形が決まる」にはどうすればよいか，などこれまで学習してきた図形を見直すことも大切です。例えば，子供に3種類の竹ひごを1本ずつ渡して三角形を作らせてみましょう。みんな同じ形の三角形を作ることができます。次に，子供に4種類の竹ひごを1本ずつ渡して四角形を作らせてみましょう。子供に，みんな同じ形になるか，と問いかけてみるとどんな答えが返ってくるでしょうか。三角形から類推して同じ形になると答えるかもしれません。しかし，実際はみんな同じ形の四角形とならないことが起きます。類推は常に正しいわけではありません。しかし，どのようにすれば同じ形を作ることができるかを考えるための視点を与えてくれるのが類推です。結果，多角形を考える際には三角形が図形の基本であること，のような図形に対する見方を広げることにつながるのです。

三角形の合同条件

1. 対応する3組の辺の長さがそれぞれ等しい
2. 対応する2組の辺の長さがそれぞれ等しく，その間の角が等しい
3. 対応する1組の辺の長さが等しく，その両端の角がそれぞれ等しい

【4】 幼保との関連

[1] 観点を決めていろいろなかたちを分類する

かたちを理解することは認知的理解の1つの重要な側面とされています。実際，幼児は日常生活においてかたちを用いることを通してさまざまな経験をしています（クレメンツ & サラマ, 2014）。平面図形であれば，いろいろなかたちのカード，折り紙などがあります。観点（特性や特徴）を決めていろいろなかたちを分類する経験が，かたちの様々な性質（辺の長さや数，角の大きさや数）に着目することに繋がります。図7，図8のように，片付けの際に何か

第 2 節　かたち（平面図形）　　125

図 7．片付けの際の分類

図 8．ものの分類

に注目して分類をすることは，かたちについての意識を育てていく上で，教育的に意義があります（藤森，2001）。

[2]　かたちを観察する経験をさせる

　ピアジェは，幼児は単にかたちに名前をつけるだけではなく，身の回りにあるかたちを活発に操作しながら，そのかたちを観察し，かたちに関する考えを発達させていくと言っています。幼児が手を使って観察したり感じたりしたことを，積極的に友だちと共有していくことの重要性を意味しています。

　また，幼児は身の回りのものと関連づけて，かたちについての理解を深めていきます。例えば，ある形を「しかくけい」といった場合，必ずしも四角形の定義や性質を理解している訳ではありません。幼児は「それは折り紙と一緒だから」とか「ドアの形と一緒だから」というように自分の経験をもとに対象を理解しています（クレメンツ＆サラマ，2014）。

[3]　対称な図形の美しさを感じる

　ブロックやつみきを使った遊びの中で，線対称な図形を作り出すときがあります。図 9 は，4 歳児がブロックで作った恐竜です。対称は，幼児が感じて生み出すことができる図形に関する重要な概念です。そのような時は，保育者がその対称な図形が綺麗で美しいことを評価してあげることが大切です。

図 9．幼児がつくった対称なかたち

126 第5章 B図形

【5】 小中の連携

[1] 「三角形の作図」と「三角形の合同条件」

先に述べた「三角形の合同条件」について，皆さんの中には中学時代に天下り的に暗記をした記憶がある人もいるかもしれません。小学校では，定規，コンパス，そして分度器を用いた作図によってこの内容を確認します。中学校では，小学校での直観的，実験的経験を基に，さらにこの合同条件についての理解を深め，改めてその事柄を確認し，言葉として記述します。そして，この合同条件は様々な図形の性質を確かめる際や証明する際に使われ，論理を伴った以降の図形学習につながっていきます。

[2] 図形の移動，縮小・拡大

「合同」を調べるために行う「ぴったり重ね合わせる」という行為は，平面上で（できるだけ持ち上げずに），ずらす，まわす，裏返すといった操作の組み合わせによります。これら操作は，中学校で学習する，平行移動，回転移動，対称移動に対応しています。平行移動とは一定の方向に一定の距離だけ図形を移動すること，回転移動はある点を回転の中心として一定の角だけ図形を回転する移動，そして対称移動はある直線を軸として対称の位置に図形を移動することです。

また，第6学年で学習する縮図，拡大図は，大きさは問題にせず，形が同じであるかどうかについて図形を見ています。方眼のます目を利用したり，作図したりすることを通して，辺の長さの比や角の大きさについて実際に調べ，性質をまとめます。この「まとめ」が重要であり，中学校の「相似」の学習につながります。

小学校では2つの図形や具体物の観察や操作，作図といった具体的な活動を通して「合同」「相似」に関して学習します。中学校では，それぞれの意味を「合同条件」「相似条件」として言葉で整理しますが，その条件を基に図形の性質を見いだしたり確かめたり，さらには証明の根拠として用いることができるようになるには，小学校での具体的な活動とそれを基にした「まとめ」による合同と相似の理解が重要となります。

第3節　かたち（立体図形）

【1】　内容の概観

私たちは3次元空間の中で毎日生活をしています。その生活の中では"もの"を見たり，"もの"に触れたり，"もの"を使ったり，"もの"を作ったりと，常に3次元にある"もの"と関わりを持ち，持たない日はありません。このような"もの"から形や大きさを取りだし，性質などを調べ，さらには，立体図形を通して3次元の空間について知ることが，算数・数学での立体図形の学習です。

平面と比べてたった1つ次元が増えた3次元空間ですが，そこでの図形の扱いは比べものにならないくらい複雑で，難しくなります。図形の性質などを調べるのも大変です。これには，次の理由が考えられます。

まず，平面図形と立体図形の大きな違いは，立体図形は図形全体を一目でも見渡すことができない点にあります。例えば，四角柱と円柱は側面からみると長方形が見え，側面から見ただけではどちらの立体図形か判断がつきません。そのため，1つの方向からだけでなく，裏から，底からなど，様々な方向から立体を観察し，それらの情報をまとめて1つの立体図形としてまとめる作業が必要になります。

また，立体図形を平面上の図として表現したとき，立体図形のすべての情報を表現することができません。例えば，本章の始めの質問①「次の図は何の影に見えますか」の影は立方体の影（図10）と考えることができます。実際，立方体の対角線を結ぶ直線上の位置から立体を眺めると，そこには正六角形が見えます。しかしながら，この影だけでは鉛筆やねじのボルト，または他の正多面体（正八面体，正十二面体）と考えることもできます。つまり，どうような方法で平面上に表現されているか，その仕組みを知っておくことが必要になってきます。このように立体図形には平面図形の学習と異なる点があります。しかし，学習の基本となるの

図10．質問①の影の正体の例

128　第 5 章　B 図形

は平面図形と同様です。どのような見方で図形をみるか，つまり，図形を見る
基準が大事です。

【2】　基礎となる数学

[1]　図形の見方を身に付ける（その 2）

　「平面図形」の節で，図形の見方の基本として「図形を構成する要素に着目
すること」「複数の図形の間にある関係について着目すること」を紹介しまし
た。これは，図形が立体図形となっても同じことになります。立体図形の構成
要素は頂点，辺，面です。そして，角柱（三角柱，四角柱など）や円柱といっ
た柱状のもの，角錐（三角錐や四角錐など）や円錐といった錐体のもの，球を
扱います。さらにその中から複数の図形の間にある関係について着目します。
また，学習した立体図形について，平面図形を分類したときの関係のように分
類を類推することもできるでしょう。例えば，三角形と四角形は立体図形では
何に対応できるでしょうか。三角柱，四角柱または，三角錐，四角錐でしょう
か。見方によっていろいろな展開が考えられます。子供と一緒にその対応を考
えるのも面白い試みです。

[2]　1 つ低い次元で図形を見る

　算数・数学の図形の学習では，立体図形を平面上の「図」に表現すること，
逆に，「図」から立体図形をイメージすること，これらを通して立体図形につ
いて調べたり，立体図形に関する問題を考えたりします。

　さて，皆さんは，4 次元の世界を考えたことがありますか。もう少し具体的
な質問です。3 次元に立方体があるように 4 次元の中でも立方体を考えること
ができます。では，4 次元の中での立方体はどのような形をしているのでしょ
うか。残念ながら，私たちは 4 次元の形を直接手にしたり見たりすることは
できません。また，想像するのもとても難しいです。ここで用いられる考え方
が，高い次元の中にあるものをその次元よりも低い次元に投影する，という操
作です。冒頭に述べた立体図形と「図」の関係も投影という考え方に繋がりま
す。つまり，3 次元の中の立方体の模型がなくても，図 10 のように 2 次元の
図形に表現することで立方体について考えることができます。同様に，4 次元
の立方体を 3 次元に投影することで 3 次元の図形として見ることができ，4

第3節　かたち（立体図形）　*129*

次元の立方体の構造や性質などを調べることができるのです。実際に4次元の世界を扱うのは大学で学ぶ数学の範囲になってしまいますが，このような，高い次元の中にあるものをその次元よりも低い次元に投影するという考え方，そして投影することで元の立体の性質が見えてくるという考え方は，算数での立体図形の学習で図を用いることともつながっています。指導する立場にあるものは，このようなことも意識した上で効果的に図を用いたり，子供が図を描けるような学習場面を考えたりすることが大事です。

【3】　指導の方法

[1]　模型を活用した操作活動

　算数における立体図形の学習は立体図形の模型を触るところから始めるべきといっても過言ではありません。表1に示した各立体図形はとても〝きれいな〟図形です。2つの面の境目を触ると多角形または円となっていることが分かり，境目があるかどうかで面があるものとないものに区別することができます。また，穴が空いていたり，凹んだところはなく，3つ以上の面が集まっているところで尖ったりしていることも，模型を触ることで実感することになります。さらに「置く・転がす・積む」などの操作を加えて，立体図形を分類することができ，視覚だけでなく触覚からの情報も加えて図形の特徴を捉えることができるのです。その特徴を子供が自分の言葉でまとめる活動が大切です。そして，そのまとめた言葉を発表し合うことは，子供が立体図形について，どのような基準で見ているかを示すとともに，自分とは異なる基準で見ているのか，つまり，他の見方はないかという図形の見方の広がりを与える場となります。

[2]　見取図に表現する

　見取図は立体図形の形全体の様子を一目でとらえることのできるよう示された図です。第4学年で扱います。見取図はその図の特徴から，立体図形に関する問題解決の場面で頻繁に使われています。例えば，算数の教科書を開いてみてください。立方体や直方体だけでなく，3次元にある〝もの〟の表現のために，あちらこちらに使われている図が見取図です。形全体の様子を一目でとらえるという特徴をもった図ですが，これら算数で扱われている見取図はある

ルールの下で表現されています。それは，元の立体図形における辺と辺の平行関係は，平面上の図に表しても保存されているというルールです。

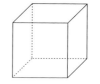

図 11．立方体の見取図（例）

このような見取図の説明がわかるのは何年生からでしょうか．実際に見取図を扱う 4 年生以上なら，このルールが見えてくるのでしょうか．このようなルールに対する理解が乏しいと，見取図により立体図形を正確に捉えることができないだけでなく，誤った問題解決にたどり着くことになります．教科書などで多く用いられているのは，ある 1 つの面を手前に描き，上面と側面が見えるように，さらに手前の面の横や縦の長さに比べ奥行きを表す辺の長さを短く描いた，図 11 のような見取図です．それでは，手元にある立方体について図 11 と同じような見取図を描くことができれば，このルールがわかったということ，描かれた見取図の意味などがわかったということになるのでしょうか．例えば，手前の正方形の横の 1 辺と奥の正方形の縦の 1 辺はそれぞれ延長すると，平面上では交わります．しかし，3 次元空間内ではねじれの位置にあり，交わりません．立体図形の模型を手にし，先のルールの確認を始めとする，立体図形のどんな性質が見取図に表現できているかを確認する場面が重要です．

[3] 平面図形から作る

第 1 学年では，具体物から面を写し取り，面により立体図形が作られることを経験として学習します．この活動は表 1 で示した球以外の立体図形で行うことができます．これは，これらすべての立体図形は展開図を描き，模型を作製することができるということです．展開図は第 4 学年で扱います．

展開図は立体図形を辺に沿って切り開いた図で図形の面の数や辺の長さ，角の大きさが正確に表現されています．切り開き方は 1 つではありません．そのため，展開図を利用する際には，1 つ 1 つの立体図形に対し複数の展開図を描くことができること，また，展開図から立体図形を想像できるようになることが大切です．そのためには，模型を辺に沿って切り開いてみたり，展開図を描き組み立ててみたり，という具体的な操作活動を何度も行ってみることが重要です．しかしながら，その活動だけに留めてしまうのではなく，模型を使わ

第3節　かたち（立体図形）　*131*

ずに想像だけで展開図を描いてみたり，展開図から立体図形の名称を答えてみたりするなどの活動を試みることも大事です。これは，その立体図形を想像上で再現できるだけでなく，ある問題解決の場面で，その問題に適した図が展開図であるのか，見取図であるのかなど，どのような図を用いたらよいかを判断することにつながります。

　また，複数の平面図形（色板など）を準備し，それらの中から平面図形を自由に選び，模型を作製する活動を取り入れることが大事です。そして，この作製過程で自分が工夫した点，気になった点などを子供が言葉で記録し，作製した立体図形の特徴を述べたり，さらにはそれを発表したりする活動です。これは，立体図形を形作る面の数，頂点に集まる面の数，面のかたち，そして，面のつながりについて確認できる機会となります。

　さらに，展開図から，平面図形から，いずれの方法からでも模型を完成させ，その模型の見取図を完成図として描くまでを一連の流れとして取り入れるのはいかがでしょうか。展開図で表すことができるが，見取図では表しきれないこと，逆に，展開図ではわかりにくかったことが，見取図ではわかりやすいことについて考えることも，立体図形の深い理解につながります。

【4】　幼保との関連

[1]　保育者は立体図形に触れる様々な体験の素晴らしさを理解する

　平面図形と同様に，立体図形においても，幼児は日常生活の中でかたちのことをいろいろ学んでいます。園には，つみきやブロック，折り紙など，空間図形に関わるおもちゃや遊びが数多くあり，文化的に立体図形について触れる機会が多いことは喜ばしいことです。制作場面で，カードを作ったり，何かを切ったり貼ったりすることは，単に，彼らの微細運動技能（ファインモータースキル）を高めたり，就学後の生活の手助けになるだけではなく将来，数学を学ぶ際に抽象的な推論をすることに役立つという研究もあります（スパークス，2013）。

　制作では，幼児が保育者の指示を聞き，与えられた課題を1つずつ行程に沿って行い，デザインを理解し，紙を言われた通りに切ったり，貼ったりします。そのことだけでも，幼児は脳のワーキングメモリーをかなり使い，認知的に高度で複雑なことをしています。保育者は，この素晴らしさを理解して，幼

児に関わり，声かけをすること が大切です。

　図12は，一番左側の図を幼児が写すという課題で，線よりも右側には，子供の描画についての様々な段階を示しています。右に行くほど，正確な図の模写が可能となって行く様子が示されています。同年齢の幼児

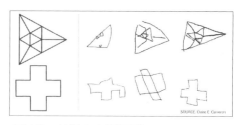

図12．幼児の空間図形・平面図形の 模写の結果
（スパークス，2013）

でも，かたちに触れた経験の多さや内容によって，図形の理解力に個人差が生じてくるということが分かったようです。このことから，大体6歳くらいまでに，図形に対する見方や考え方が安定的になってくることから，3歳から6歳までに図形に対しての豊かな経験をすることが重要であると言われています（クレメンツ＆サラマ，2014）。

[2]　幼児なりの言葉

　立体図形を扱う際に，幼児は角の大きさや辺の長さ，また平行，垂直，合同，対称といった各部位について，あるいは，図形と各部分の関係について気付いて，口にすることがあるかもしれません。幼児の言葉の表現「同じ」「違う」をすくい上げ，それらの気付きを前向きに評価しつつ，合同な図形や対称な図形の場合であれば，「ぴったり合わせて同じかどうか確かめてみよう」といった幼児の知的好奇心を高めるような声かけが，幼児にとって価値あるものになります。

[3]　空間図形を用いた遊び

　図13のような様々な色や立体の図形を使って遊んだり，並べたりすることで，2つの三角柱を合わせると立方体になるなどの立体同士の関係性について経験的に学ぶことが可能です（藤森，2001）。片付ける際には，観点（ここでは色）によって分類したり，図14のように平面を敷き詰めていくように工夫して置いたりすることで，数学的な見方を養うことができます。

第 3 節　かたち（立体図形）　　133

図 13．園における立体図形の並び

図 14．敷き詰めてつみきの
　　　片付けを行う

【5】　小中の連携

[1]　立体図形から空間図形へ

　算数では立体図形について学習しますが，中学校以降の数学では，空間図形という言葉を用いて学習を進めていきます。算数で扱っていた立体図形を，「空間における線や面の一部を組み合わせたものとして扱う」（文部科学省，2018）と説明されています。つまり，最初からパーツとして準備された辺や面により図形を考えるのではなく，3 次元の中には様々なタイプの線（直線，波線，大きく曲がった曲線など）や面（つるつるの面，凸凹した面，大きく湾曲した面など）が考えられ，そのタイプの中から選出された線や面により形作られたものとして，これまで学習してきた立体図形も扱うということです。つまり，算数で学習してきた図形の見方を用いて，改めて視野を広げて身の回りの "もの" から図形を見るということが，立体図形から空間図形への切り替わりです。

[2]　図形の見方を自ら定める

　算数では見取図，展開図により立体図形を図に表現することを学習します。中学校ではこれら図に加え，投影図（平面図，立面図など）を扱います。さまざまな方向から立体図形（空間図形）を見て，それを複数の図に表現するものです。さらに，この図から立体図形（空間図形）の性質を調べたり，立体図形全体の形をとらえたりすることを行います。立体図形（空間図形）を見る方向を変えると異なる見え方をする，またはどこから見ても同じ見え方であるとい

134 第5章 B図形

う事実を円滑に理解するには，算数での具体的な操作活動が助けとなります。
例えば，円柱は真横から見るのと真上から見るのとでは異なる形が見えます。
また，真横や真上以外の方向から見た情報からだけでは，円柱ということを説
明しづらくなります。つまり，算数の図形学習の場面で行われる立体図形の性
質を見つける過程には，投影図の性質や利点の理解につながる内容が必然的に
行われています。

第4節　量（面積，体積）

【1】　内容の概観

　「距離（長さ）」は1次元の広がりをもつ図形の大きさを，「面積」は2次
元の広がりを持つ図形の大きさを，「体積」は3次元の広がりもつ図形の大き
さを表すときに使います。その図形の大きさを求める過程には，図形の性質や
特徴が使われます。学習指導要領（平成20年告示）では，面積や体積の扱い
は，長さや重さとともに，量の大きさの比較や単位，測定などの学習として扱
われていました。新学習指導要領（平成29年告示）では，面積や体積などの
学習を図形の特徴を計量的に捉えて調べるという視点から，基本的な平面図形
の面積や立体図形の体積などの学習が扱われることとなりました。つまり，図
形の性質や特徴の理解を面積や体積を求めることで深めると同時に，面積や体
積を求めるために図形の性質や特徴を用いる活動に重きを置くことが求められ
ています。

【2】　基礎となる数学

[1]　式がどのような図形の特徴を意味しているかを考える

　皆さんは三角形の面積の求め方を覚えていますか。三角形の面積は三角形の
1辺を底辺とし，底辺と頂点の距離を高さとし，「（底辺）×（高さ）÷2」と
いう公式を用いると求めることができます。それでは，この面積の公式はどの
ようなことを意味しているのでしょうか。

　例えば「（底辺）×（高さ）」は平行四辺形の面積です。「÷2」ということ
で，平行四辺形は2つの面積の等しい図形に分けることができ，その図形は

三角形であるということを意味しています。一方、平行四辺形の特徴について考えてみましょう。平行四辺形に 1 本の対角線を引きます。すると、2 つの合同な三角形ができます（図 15 の左）。この三角形が合同であることは「平行四辺形の向かい合った辺の長さは等しい」「平行四辺形の向かい合った角の大きさは等しい」という性質により説明することができます。このように図形の面積や体積を求める過程には図形の特徴を用いた考え方が含まれています。また平行四辺形の性質による説明のほかに、三角形の 1 つの頂点から対辺に垂線を下してできた 2 つの直角三角形を基に、2 つの長方形を考え、そこから導くこともできます（図 15 の右）。つまり、「底辺」が 2 つの直角三角形の辺の和として、そして「高さ」は考えた 2 つの直角三角形を基に考えた長方形の 1 辺として説明することができるのです。

　本章では「図形」に限って公式の例を出しましたが、公式は他の領域にもさまざまにあります。ここでの例で挙げた、三角形の面積の公式「（底辺）×（高さ）÷ 2」も、公式から異なる図形の説明の仕方が見えてきたように、一度導いた公式を眺めることで、別の説明やアイデア、見方を思いつくことがあります。公式は導くまでの過程も大事ですが、このように「式に表されていることがどのようなことであるかを読みとる」ことも数学では大変重要な活動です。

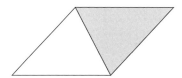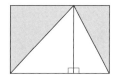

図 15．三角形の面積の求め方

[2]　「面積」を求めるということ

　さて、「面積」とはどのようなものかを考えたことはありますか。面積とは、平面上の図形の大きさや広さの量です。では、その量はどのように定めることができるのでしょう。先に述べたように、皆さんはさまざまな平面図形の面積を求める公式をご存知でしょう。しかし、この面積の公式は次のように考えられた結果です。例えば、長方形の面積は「（縦）×（横）」です。もう少し正確に述べると、「（縦の辺の長さを表す数）×（横の辺の長さを表す数）」で

求めることができます。これは「辺の長さ」を数値として得ることができるということが前提です。つまり，ある長さを「1」と定め，求めたい長方形の縦の長さと横の長さのそれぞれが，その「1」とした長さの幾つ分であるかが分かってはじめて，先の公式で面積を求めることができます。直線で囲まれた図形であれば，この方法と同様な考え方で求めることができます。

　それでは，曲線で囲まれた図形はいかがでしょうか。この場合は，方眼紙上にその図形を置き，そのマスの数を数えることで，おおよその大きさを求めることができます（図16の左）。さらに小さいマス目の方眼紙上で，さらにもっと小さいマス目の方眼紙上で考えていくと，その値は正確なものに近づいていくことが想像できるでしょう（図16の右）。しかし，注意しておきたいことは，この方法を繰り返しただけでは正確な面積の値とはなりません。近い値を求めたにすぎません。

　さて，皆さんの中には，高等学校で学んだ数学に「微分」「積分」という言葉があったのを覚えている方もいるかと思います。先の「図形を細かく，細かく分け，そしてそれらを足し合わせて面積を求める」というこの考え方は「区分求積法」という，「微分」と「積分」で学習した内容を合わせてできたニュートン（1643-1727）とライプニッツ（1646-1716）による画期的な方法です。現在もこの方法における考え方は，科学の基本にあります。図形を分けて面積を求めること，また，面積は足し合わせることができること，この考え方の基となる活動が，算数の面積の学習場面にはあることを意識しておくことが大切です。

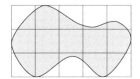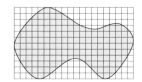

図16. 曲線で囲まれた図形の面積の求め方

【3】　指導の方法

[1]　「広さ（面積）」を比べる方法

　「長さ」や「重さ」，「かさ」などの"量"を比べる場合，どのような方法が

第 4 節　量（面積，体積）　*137*

考えられるでしょうか。「長さ」であれば"ものさし"，「重さ」であれば"はかり"，「かさ」であれば"ます"など，計器を用いて直接数値化することができます。しかし，「広さ（面積）」を比べる場合，手ごろな計器を探すことは難しいです。また，計器を使わない方法として，図形が移動できる場合は重ね合わせて比較することも可能かもしれません。しかし，形が全く違うものであったり，移動できなかったりする場合は判断ができません。例えば，この章の始めに古代エジプトでは測量について触れました。土地の広さを求めることが大切でしたが，どのようにその広さを求めたのでしょうか。皆さんは，どのように考えるでしょうか。複雑な形の土地の面積を，このような時に数学は「具体から一般へ」「簡単なものから複雑なものへ」という考え方を基本とします。

　第 4 学年では正方形を基準に広さの考えを学びます。その方法として，図16 のように並べた正方形の数を数えることが有効となります。その数え方は 1 つずつ正方形を数えるのではなく，掛け算の計算を利用して求めることもできます。長方形の面積が縦と横に基準となる正方形が幾つ分あること，つまり，長方形の縦の長さと横の長さにより面積を数値として求めることができます。次は，三角形や平行四辺形の面積です。長方形の面積を基に考えることができます。そして，これまで学習した平面図形の中で唯一の曲線で囲まれた図形である円の面積を第 6 学年で考えます。円の面積は三角形の面積を基に考えていくことになります。

　面積を比べる方法として，ある大きさを単位とし，縦と横の大きさを決めることです。単位とする大きさの例として，1 辺の長さが 1 cm の正方形の面積 1 cm^2 などを用いると便利です。また，面積を求めたい大きさによって，1 m^2 や 1 km^2 と柔軟に選択するということも大事な指導内容となります。

[2]　公式に慣れ，図形の性質をよむ

　広さ（面積）を求めたり，比較したりするときの方法として，基本となる正方形の「いくつ分か」という数値化することは述べました。長方形はその典型でした。基準とする正方形を敷き詰めることができるか，さらには，縦と横の長さが基準とする正方形の 1 辺のいくつ分かで「（縦）×（横）」という公式を導くことができます。しかし，長方形の次に学習する三角形を扱う時点で「いくつ分」という見方だけでは面積を求められなく，これまで学習している

長方形の公式と，図形の性質を用いた方法が必要となります。ここに飛躍的な発想がありそうです。三角形は3辺のうち少なくとも1辺は他の2辺に斜めに交わっています。つまり，正方形を敷き詰めることはできません。長方形が「（縦の長さ）×（横の長さ）」で求まること，そして，三角形を図15のようなアイデアで長方形を見ることができれば，三角形の面積は「（縦）×（横）÷2」で求めることができるのです。最初の「いくつ分」という発想では求めることができなかったのに，このように見方を少し変えるだけで，鮮やかに求めることができます。また同時に，このような見方で図形を考えることを経験できれば，その見方は異なる場面でも1つのアイデアとして活きてきます。これが数学の持つ"よさ"でしょうか。これは公式です！と伝え，その公式により解が求まるように練習をするだけでなく，この"よさ"をもっと強く意識し，子供も指導者も一緒にその"よさ"に気付いたことを，喜びとして共有して欲しいと思います。

[3]　円周率がπであることと，円の面積の求め方

　「円を描いてください」と唐突に言われたら，皆さんはどのような道具を用いて描くでしょうか。コンパスといった適切な道具があれば容易に描くことができますが，身近にない場合はいかがでしょうか。例えば，グランドに円を描くとき，2人が適当な紐を1本持っていくと描くことができます（図17）。このアイデアの基は，「円は中心（平面上のある1点）から等距離にある点のあつまり」であることです。

　さて，円は中心と"等距離"の"距離"を決める長さが与えられると1つ決まります。このことを少し深く考えてみると，この与えられた長さと描いた円の周の長さには，何か関連があるのではないか，と疑問につながりませんか。実は，円の周の長さの，直径（中心を通り円周から円周まで引いた直線）の長さに対する割合は一定となっています。この割合が，「円周率」と言い，「3.1415926535…」といつまでも続く数で，通常「π（パイ）」という文字で表されます。算数では扱うことのできる数の範囲から「3.14」として計算しますが，この数がいつまでも続く数であることは指導場面で忘れてはいけないことです。ここは，教科書にもいろいろと工夫があります。車輪を転がしたり，円筒形の筒に一回りした紐の長さと筒の上面の円の直径の長さを比べてみ

たりします。そのことで、円周の長さと直径の割合が3倍と少しということに気が付きます。その事実は、どんな大きさの車輪や筒で試してみても同じ割合です。ぜひ、一緒に実験をしてもらいたいと思います。

円の面積は公式「（半径）×（半径）×（円周率）」で求めることができます。しかし、この公式を単に教えるのではなく、他の図形の面積の求め方で行ったように、方眼紙の上に描いてみたり、円の中心から等分した扇形の上に二等辺三角形をならべてみたり、など同じ形を円に敷き詰める操作を取り入れることが重要です。この操作を通して公式を理解し、改めて円周率の関連する円の面積がおおよそでしか求められないことを体験的に知ることができる機会となります。

図17．グラウンドでの円の作図の様子

【4】 幼保との関連

[1] 語彙を増やす

就学前では、面積や体積を理解する基礎として、身の回りにある様々なものの大きさについて理解することが大切です。面積は2次元、体積は3次元ですから、その前段階として、ものの長さや大きさなどの理解が必要です。幼児が話すことができるようになると、多くの場面で、「大きい」「小さい」という語彙を用いて、ものの大きさの違いを言い表すことができるようになります。保育者は、「長い」「短い」「深い」「浅い」「太い」「細い」などのものの大きさの違いを表す形容詞を積極的に用いて、幼児が場面に応じてそれらを使い分けることができるように、日頃から支援することが大切です。大人が用いる語彙のバラエティにより、幼児の語彙力も影響を受けます。

[2] 量感覚の育成の実践

いくつか実践例（藤森，2001）を紹介します。

図18は2歳児の部屋の掲示物です。文字を読むことができない子も少なくありませんが，このように大きさについて着目する意識づけを行うことは大切です。

図19は幼児が日頃から使っているおもちゃ（機関車のレールなど）を片づけるための長さの違いを表示した道具入れです。

図18．量に関する表示

このように，個数や大小，長短の比較を表示することで，小さい頃から長さや大きさについての意識を育むことができます。

図20は日々の運動遊びで使っている跳び箱です。幼児が自分でチャレンジしたいものを選んで取り組めるようにしています。数字を表示することにより無意識に1段，2段，3段という高さの感覚が身に付くようにしています。

図21の運動棒も，遊びながら高さの感覚が身に付きます。このように，遊びの中で自然に高さの違いやその感覚をとらえることができるような環境を構成することが大切です。

図19．おもちゃの分類

図20．跳び箱と高さの感覚

図21．運動棒と高さの感覚

第4節 量（面積，体積） *141*

【5】 小中の連携

[1] 平面図形を連続的に動かすと立体図形が見えてくるということ

　立体図形は，平面図形を（垂直方向に）平行に移動することで，または，平面図形のある1辺を回転の軸とし，360度回転させてつくることができます。中学校ではこの考え方のうち，平面図形を垂直に平行移動することで立体図形をつくることができる，という方法を基に柱状の体積の求め方を考えます。つまり，平面図形の面積を求めると，移動した距離さえわかれば体積が求まるというアイデアです。さらに，高等学校の積分という分野では，平面図形のある1辺（または空間内の在る直線）を回転の軸として360度回転させると立体図形をつくることができるというアイデアを基に，体積を求めます。この両者において大事なのは，平面図形の面積を求めることと，立体図形の構成（どのように立体図形がつくられているか）についてです。つまり，図形の特徴を計量的に捉えて調べるという学習は，小学校に限ったことではなく中学校や高等学校での学習にも繋がる大事な内容です。

[2] 円周率をπで表すこと

　小学校第4学年で円周率は，円の直径に対する円周の長さの比であると学習し，その値は3.14に近い数であることは経験します。中学校では「π」として扱うとともに，円の一部である扇形を扱い，扇形の弧の長さが円の中心角に比例するということを学習します。このことについて深く理解するためには，直径1の円周がπであることが関連しています。つまり，小学校で体験した円周率を求める体験が関わってくるのです。そして，さらには，高等学校で学習する「ラジアン（弧度法）」という角を表す単位にも関連します。

142 第 5 章　B 図形

◆　　課　　題　　◆

【課題 5 - 1】 かたちを表現したり，伝えたりするときに用いることのでき
る言葉を，出来るだけ多く書き出しましょう。

【課題 5 - 2】 概要の表 1 に示した立体図形の形の例として挙げられる身
の回りの "もの" をそれぞれできるだけ多く見つけ，書き出し
ましょう。

【課題 5 - 3】 第 2 節の図 6 の三角形，四角形の名称をすべて答えましょ
う。また，図 6 は左から右に向かって図形の性質が変化し
ています。どのようなことが変化しているか説明しましょ
う。

【課題 5 - 4】 台形の面積，ひし形の面積の公式をそれぞれ答えましょう。
また，公式の導き方をそれぞれ 2 つ以上考え，どのような
図形の性質が用いられているか説明しましょう。

【課題 5 - 5】 「長さ」「等しい」という言葉，表 1 に示されている言葉が
どのように児童用教科書では説明されているか調べましょ
う。さらに，その説明が，言葉のみで説明されているのか，
具体的な操作活動を伴っているのかを調べましょう。

【課題 5 - 6】 立方体の展開図を描き，模型を作製しましょう。さらに，元
の展開図とは異なる展開図ができるように，作製した模型を
辺に沿って切り開きましょう。

【課題 5 - 7】 保育現場において，どのような環境構成を行うことで図形に
ついての興味・関心を高めることができるか，1 つ具体例を
挙げて説明しましょう。

【課題５－８】　設定保育において，図形に関するゲームを１つ考案してください。また算数的な内容やゲームの手順，指導方法についても明確化しましょう。

【課題５－９】　定規だけを使って，自由に三角形を１つ描きましょう。そして，その三角形と合同な三角形を定規とコンパス，分度器を使って３通りの方法で描きましょう。

【課題５－10】　半径１の円に内接する正方形の周の長さ，外接する正方形の周の長さを求めましょう。また，内接する正六角形の周の長さ，外接する六角形の周の長さを求めましょう。

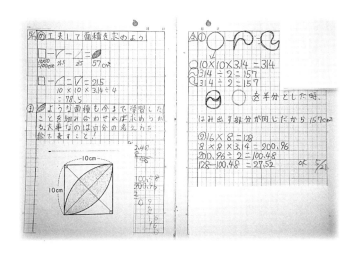

第6章　C 測定

「測定」領域の概要

　平成 29 年告示の学習指導要領では，C 領域は他領域と少し区分の仕方がかわっています。第 1 学年から第 3 学年までは「測定」ですが，第 4 学年から第 6 学年までは「変化と関係」になります。本章は「測定」について考えましょう。「測定」という言葉からは，物差しで長さを測るなど，測定器具を用いて何かを測ると考えられます。そして，測るものは「量」です。でも，量って何でしょうか？すぐに考えられるのは，長さ，重さ，面積，体積，角度，速さ，濃度，などでしょう。でも，それだけではなく，光度（カンデラ），温度（摂氏や華氏），音量（デシベル），辛さ（スコヴィル値）など様々にあります。算数で「量」を教える場合，量にはどのようなものがあるか，量にはどのような性質があるかによって教え方も違ってきます。すべての量のことを教えるわけにはいかないので，量を教え方や学び方の違いに注目して分類して，代表的な量について学びます。

【1】　「測定」教育の必要性

　世の中は測定されたもので溢れています。また，長さや重さなど，自ら測定することもあります。測定は，その方法を間違ってしまうと，人によって測定値が異なってしまうことになり，世の中は混乱してしまうでしょう。例えば，ある机の横の長さを，ある人は 100 ㎝であるといい，ある人は 80 ㎝であるといっていたら，長さについて信頼することができなくなります。

　また，時刻や時間を例にとって，測定しなければどのようになるのか考えてみます。日曜日に友達と遊びに行く約束をするとき，時刻がなければ「日曜日の朝に駅で待ち合わせようね」と約束しても人によって「朝」とはいつのことなのかわかりません。時刻であれば午前 5 時のことかもしれないし，午前 9 時のことかもしれない。そこで，みんなにとって共通の約束事である「時刻」を決めておけば「日曜日の朝 9 時に駅で待ち合わせようね」と約束することができます。

第1節 量と測定の基礎 *145*

　このように，必要性を考える場合は「それがなければどうなるだろう？」と考えてみると，教育の必要性が浮き彫りになってくることがあります。

【2】 「測定」教育で求められること

「C 測定」領域のねらい

（1）知識及び技能
　①　身の回りの量について，
　②　その概念及び測定の原理と方法を理解するとともに，
　③　量についての感覚を豊かにし，
　④　量を実際に測定すること
（2）思考力・判断力・表現力
　⑤　身の回りの事象の特徴を量に着目して捉え，
　⑥　量の単位を用いて的確に表現すること
（3）学びへ向かう力・人間性等
　⑦　測定の方法や結果を振り返って数理的な処理のよさに気付き，
　⑧　量とその測定を生活や学習に活用しようとする態度を身に付けること

文部科学省，（2017）を基に作成

【3】 指導内容の系統

　小学校算数では扱える量には限りがあるため，長さや広さなど，限度がありますが，それらの学習を通して，量の性質や，測定の意味の理解などを学びます。時刻と時間は本来ならとても難しいのですが，学校生活や日常生活で必要なことですので，第1学年から学びます。重さも量感がつかみにくく難しいので，第3学年から学ぶことになります。

表1．測定の指導内容の系統図（「測定」は第1学年から第3学年）

	時刻と時間	長さ	広さとかさ	重さ	その他
第1学年	時刻の読み	長さの比較	広さの比較 かさの比較		

146　　第6章　C測定

第2学年	時間の単位（日，時，分）時間の単位間の関係時刻や時間単位の選択午前・正午・午後	長さの単位（mm，cm，m）単位の選択	かさの単位（mL，dL，L）単位の選択		
第3学年	時間の単位（秒）時刻と時間単位の選択計器の選択単位間の関係	長さの単位（km）単位の選択計器の選択	単位間の関係	重さの比較重さの単位（g，kg，t）単位の選択計器の選択単位間の関係	
第4〜6学年		測定値の平均値	面積体積		角速さ人口密度濃度
中学校		有効数字			確率

第1節　量と測定の基礎

【1】　内容の概観

［1］　量とは

　量は狭い意味では体積（かさ）です。昔使われていた「度量衡」（どりょうこう）という言葉があるのですが，「度」は角度ではなく長さ，「量」は重さではなく体積（かさ），「衡」は重さを表していました。このことから，量は狭い意味では体積（かさ）を表します。しかし，今では量を広い意味に捉えることが一般的です。量を考える場合はモノがあります。例えば，鉛筆であれば，長

さや重さ，色や材質など，鉛筆にはいろいろなこと（属性）があります。鉛筆から「長さ」という属性を取り出す（抽象する）ことや，「重さ」という属性を抽象したものが，広い意味での量です。杉山（2008）は量を次のように捉えています。

> **量**とは，もののもつ性質，状態を抽象したものである。

もののもつ性質，状態の程度を表すものが量ということです。さらに，長さや重さなどはものの性質なので「長い・短い」や「重い・軽い」など形容詞や副詞で表せると特徴づけています。ただし，この逆は成り立ちません。つまり，形容詞で表されるものでも量ではないこともあります。「かわいい」や「おいしい」は客観的な意味で比較可能性が困難だからです（個人的感想ならば比較することはよくあります）。このように，量には「**比較可能性**」という性格があります。量は沢山あるので，量を捉えようとするときには「量はこういう性質をみたしているもの」といった性格で捉えようとします。それでは，量にはどのような性格があるのかまとめます。

【量の性格】

［1］**比較可能性**

同じ種類の量 A と B が与えられたとき，次のいずれかが1つに決まります。

$$A > B \quad A = B \quad A < B$$

［2］**同値律**

等しいという関係は，次の規則を満たしています。

（1）**反射律**： $A = A$

（2）**対称律**： $A = B$ ならば $B = A$

（3）**推移律**： $A = B$ かつ $B = C$ ならば $A = C$

［3］**推移律**

大小関係は，次の規則を満たしています。

$$A < B \quad かつ \quad B < C \quad ならば \quad A < C$$

［4］**アルキメデスの原理（測定性）**

$A < B$ ならば $B \leqq nA$ を満たす自然数 n が存在する

[5] **稠密性**（隙間なくビッシリとつまっていること）

　　　$A < B$　ならば　$A < C < B$ をみたす量 C が存在する

[2]　量の性質と分類

　量をいくつかの観点から分類します。このような分類をしておくことにより，同じグループに入る量は同じように指導できる可能性が高まることから，教師として理解しておく必要があるのです。

（1）分離量（離散量）と連続量

　アメの個数や人数など自然数で表される量は**分離量**（または，トビトビの値をとるという意味を込めて**離散量**）とよばれています。長さや時間，液体の量などは自然数以外の値をとるので**連続量**とよばれています。具体的な例で理解した方がわかりやすいでしょう。

◎　分離量（離散量） 　　クラスの人数，鉛筆の本数，靴の個数，ノートの冊数，など ◎　連続量 　　長さ，面積，体積，重さ，時間，角度，温度，速さ，人口密度，など

　分離量は最小単位（人数なら１人，アメの個数なら１個など）が決まるので，その何倍かで測ることができますが，連続量はどこまでも小さくなっていくので最小単位はきまりません。そこで，単位を約束ごととして決めておいて（**普遍単位**といいます），そのいくつ分かで測定していくのです。例えば，ある長さを１センチと約束しておき，そのいくつ分かで長さを測るなどです。このように，単位を決めておいて，それがいくつ分あるかを数えて数値化していくことを「**測定**」といいます。

（2）外延量と内包量 ～ 量のわけ方の１つ ～

　日本では連続量を外延量と内包量に分類して量を捉えることがあります。「**外延量**」は長さや時間のように加法性のある量，「**内包量**」は温度や速さのように加法性のない量のことをいいます。例えば長さについて 30 cm と 40 cm のヒモをつなげたら 70 cm になるので加法性があります。しかし，40 ℃のお

湯に5℃の冷水を混ぜたら40＋5＝45℃にはならないので，温度には加法性はありません。

> ◎　外延量：加法性をもつ量
>   長さ，面積，体積，重さ，時間，質量，など
> ◎　内包量：加法性をもたない量
>   速さ，人口密度，温度，濃度，など

　内包量は，例えば速さのように長さと時間という2つの量から得られることから**複合量**とよばれることもあります。さらに，この複合量には，同質の2つの量から得られるものと，異質の2つの数量から得られるものと分けられます。

【2】　基礎となる数学

[1]　測度 〜 長さ，面積，体積（かさ）を統合的にみて抽象化する〜

　長さ，面積，体積（かさ）はひとまとまりに捉えられることがあります。それは，これらには共通に成り立つ性質があるからなのでしょう。そこで，長さ，面積，体積などに共通した性質を考えてみましょう。

> ①　長さ，面積，体積はすべて0以上である。
> ②　長さ，面積，体積は2つ以上のものに重なりがなければ加えることができる。

　面積を例にとると，例えば，図1（a）においてAとBの面積がそれぞれ5，3とすると斜線部の面積は5＋3です。ところが図1（b）ではAとBが重なっているから斜線部分の面積は5＋3ではありません。このように重なりがなければ加えることができ，加えることができることを「**加法性がある**」といいます。

　長さ，面積，体積に共通に言えることを，さらに一般化します。

　平面図形Aの面積を$m(A)$と書いたり立体図形Aの体積を$m(A)$と書いたり線分Aの長さを$m(A)$

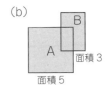

図1．加法性

と書いたりします。

　これをまとめて

　対象 A に対して決まる実数値 $m(A)$ が，次の条件を満たすとします。

---

① 　$m(A) > 0$ 　　（0以上の値をとる）

② 　$A \cap B = \varnothing$ 　のとき　$m(A \cup B) = m(A) + m(B)$
　重なりがなければ　　　　加えることができる

　厳密にはもう少し条件が必要ですが，あるモノに対して，上の ① と ② が成り立つとき，それを「**測度**」といいます。測度は長さ，面積，体積の他にも個数，確率など，いろいろと考えられるので，これらを一般化，抽象化した概念です。このように一般化しておけば測度についてわかることは，長さ，面積，体積についてもわかることになり，面倒くさがり屋にとっては都合がよいのです。

【3】　指導の方法

[1]　他領域・他学年との関連

　小学校6年間で指導する量の種類は，長さ，面積，体積，重さ，時間，角の大きさ，人口密度，速さなどです。これらのうち，第1学年から第3学年までの「C測定」領域で指導する量の種類は，長さ，広さ，かさ，重さ，時刻と時間です。

　広さ・かさは，従来の面積・体積ですが，平成29年告示の学習指導要領では，第1学年から第3学年の子供たちの学校生活や日常生活の経験に即し，当該学年においては，学習指導要領及びその解説で，広さ・かさという名称に変更されました。また，面積・体積及び角の大きさについては，図形の特徴を計量的に捉えたり，図形を考察する要素として捉えたりするという視点から，「B図形」領域で指導することになりました。人口密度，速さについては，2つの数量の関係を重視する観点から，第4学年から第6学年までの「C変化と関係」領域で指導することになりました。量の測定をするには「A数と計算」，求めた測定値を考察するには「Dデータの活用」の内容が関わってきます。

　このように，量の指導やその数値化という測定については，第1学年から

第 1 節　量と測定の基礎　*151*

第 3 学年までに設定されている領域ですが，6 年間を通して，いろいろな領域に関係していますので，それらとの関連を図りながら指導することが大切です。

[2]　指導者が留意すべきこと

　「C 測定」領域で登場する，長さ，広さ，かさ，重さ，時刻と時間などの外延量の指導の段階では，「直接比較」「間接比較」「個別（任意）単位による測定」「普遍単位による測定」の 4 つの段階（遠山啓，1972）が有名です。それぞれの詳細については第 2 節で述べますが，その際に，指導者として留意するべき点が 3 つあります。キーワードは，「日常の事象」，「次の段階に進む必要性」，そして「豊かな感覚」です。

⑴　日常の事象

　量や測定の学習活動を，算数・数学の学習過程のイメージ（第 2 章　図 1・表 1）の左側の循環である日常生活や社会の事象を数理的に捉え，数学的に処理し，問題を解決するサイクルに乗せます。量は子供たちのまわりに溢れています。測定は子供たちがすでに経験しています。おぼろげなこれらの事象を数理的に捉え直して，算数の問題を見出し，問題を自立的，協働的に解決する過程を遂行するという数学的な活動によって，数学的に考える資質・能力を育成します。具体的には，指導者は，子供たちが発している「長い・短い」「広い・狭い」「多い・少ない」などという言葉のもとになっている部分を辿り，そこから学びを始めることです。

⑵　次の段階に進む必要性

　「直接比較」を教えたので次は「間接比較」，「間接比較」を教えたので，次は「任意単位による測定」… というような指導ではなく，「直接比較」を理解し活用できるようになった子供が，「間接比較」の必要性に自ら気付く，あるいは感じることができるような指導を行うことが大切です。必要性が生まれるには，それがないことによる不便さが必要です。不便さが，その次の手を考える原動力になります。そのような設定は，必然的に生じることもあるでしょうが，多くの場合，そこには，何らかの教師の仕掛けが必要となります。良い仕

掛けは，仕掛けであることを子供に気付かれない仕掛けです。

このことによって子供は，見通しをもてるようになったり，新たな問題を見いだしたりできるようになります。新学習指導要領における授業改善の１つの視点である「主体的な学び」です。

(3) 豊かな感覚

領域のねらいに「… 量についての感覚を豊かにし … 」と同じように，「A数と計算」の領域のねらいには，「… 数についての感覚を豊かにし … 」という文言が，「B 図形」の領域のねらいには，「 … 図形についての豊かな感覚の育成を図るとともに… 」という文言があります。また，第１学年から第３学年までの学年の目標には，共通して「数量や図形についての感覚を豊かにするとともに」という記述があります。これらのことから，小学校，特に第１学年から第３学年までにおいては，感覚を豊かにすることが非常に重要視されているということが分かります。これは，感覚といった目には見えないものですが，それが，その後の学習に大きな影響を及ぼすからでしょう。

感覚は，体験や経験によって身に付いていくものですが，それを強化するのは，「思ったよりも…」，「予想していたよりも … 」という予想を立てる行為です。

以上，（1）から（3）までの３つのことを意識しながら，第２節，第３節を読み進めてください。

【4】　幼保との関連

[1]　量や測定に親しむことが大切

小学校の学習というと，数や計算に目が向きがちですが，量や測定も小学校入学直後から学習する内容ですので，幼児期において手を用いて作業ができる日常生活の中の活動と関連させながら，量や測定に親しむことはとても重要です。将来的にも，計算を含めた量に関わる推論，比，比例，変数間の関係などの理解の基礎に，量と測定に関係する学びは関連しています（グレイブメイヤー，1999; クレメンツ ＆ サラマ，2009）。

量に関する直感的な理解は，おそらく人間の生存が関わるような食べ物の量

第1節　量と測定の基礎　　*153*

を視覚的・直感的に判断することから始まるのではないでしょうか。例えば，1－2歳児であっても，好きな食べ物の多いものと少ないものの両方を示したときに，多い方を食べたいと即座に希望します。最初は目視により2つの量の大きさを比較することから始めますので，まずは2つの量を自由に比べさせ，徐々に，量を増やし，比較や測定のレベルを上げていきます。目視による比較でさえ，将来的には，算数の学習の「見積もり」にも関わってくる重要な能力と言えます（スミス三世他，2011）。

[2]　間接比較や任意単位による測定を遊びに組み込む

　間接比較や任意単位による測定は，教育的介入がないと幼児が自発的に始めることは難しいので，遊びにうまく組み込むことが必要です。また，媒体物を隙間なくぴったり合わせることが必要になりますので，クリップなどの小さいものを使う場合には，指先の器用さが求められます。幼児の頃の指先を使って細かな動きをする練習は，測定や図形に関する技能を身に付けることにも役立ちます。折り紙を使って何かを作ったり，ハサミやノリを使って工作したり，ペンや鉛筆で絵を描いたり，塗り絵をしたりという一連の遊びもこの分野に関わってきます。

【5】　小中の連携

　ものの属性に着目し，単位を設定して量を数値化して捉える過程，すなわち測定のプロセスに焦点を当てて学ぶ「C測定」領域が設定されているのは，第1学年から第3学年までです。しかし，「指導の方法」でも述べたように，ここで学んだ考え方は，「C測定」という領域がなくなった後も，「C変化と関係」をはじめ広く生かされています。

　中学校においても同様です。「C測定」という領域はなく，「C変化と関係」が「C関数」になっても，随所で量や測定の考え方が使われます。長さ，広さ，かさ，重さ，時刻と時間に関連する内容については，各節の「小中の連携」で述べます。中学校数学科で学習する量として確率があります。例えば，昨日より今日の方が降水確率が低い・高いのように，比較可能であるため，確率は量の1つです。また，確率は1より小さい値を取るため，連続量となります。確率1/2や0.5だけでなく，50％と百分率でも表せるので，内包量の

154   第6章　C測定

率になります。

　確率として，降水確率30％を考えてみましょう。降水確率30％だからといっても，実際には，雨が降るかもしれませんし，降らないかもしれません。確率30％は，30cmや30kgのように，確実にある長さや重さではなく，起こりやすさの程度を意味しています。しかし，確率は，傘を持って出かけるかどうかを判断する材料になるなど，長さや重さと同じように，日常生活と切り離せないものです。

　確率は，雨が降る・降らないといった不確定な事象の起こりやすさを表す量です。起こりやすさの量であるため，確率そのものの実体は掴みにくいものです。円滑な確率の学習につなげるためにも，小学校段階で十分に量に対する感覚を高めておくことが必要です。

第2節　長さ，広さ，かさ，重さの測定と単位

【1】　内容の概観

[1]　外延量の指導

　外延量の普遍単位による測定に至るまでの指導の流れについては，前節の指導の方法で示しました。その基本的な指導の流れと，概要で示した測定の指導内容及び指導学年との関連について表2にまとめます。

表2．指導方法と指導内容及び指導学年との関連

	長さ，広さ，かさ	重さ
1学年	直接比較 間接比較 任意単位による測定	
2学年	普遍単位による測定	

3学年		直接比較
		間接比較
		任意単位による測定
		普遍単位による測定

　この表から，同じ量でも「長さ，広さ，かさ」と「重さ」では，指導する学年が大きく異なっていることが分かります。その理由について，「長さ，広さ，かさ」と「重さ」の特性の違いから考えてみます。

[2] 長さ・広さ・かさについて

　長さは，1方向の広がり（1次元の量）です。広さは，長さの1方向の広がりに，もう1方向を加えた広がり（2次元の量）です。さらに，かさは，広さの2方向の広がりに，さらにもう1方向を加えた広がり（3次元の量）です。
　mを例にした単位でみると，そのことがよく分かります。長さ（m）→広さ（㎡）→かさ（㎥）というようになっています。広さやかさの単位は，長さの単位から生まれているということです。このように，もっとも基になる単位（m）を基本単位，基になる単位を組み合わせてできた単位（㎡，㎥）を，「**組立単位**」あるいは「**誘導単位**」と言います。
　また，長さ，広さ，かさは，関連があるとともに，視覚的に捉えやすいという共通点があります。関連や共通点があるということは，比較や測定の方法にも，関連や共通点があるということです。それについては，指導の方法で述べます。

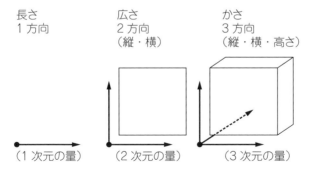

[3] 重さについて

量の中には長さなどのように視覚的に捉えやすいものもあれば，重さなどのように視覚的に捉えにくい量もあります。重さは視覚的に捉えるよりは筋肉でつかむ量だといえます。筋肉は鈍感なので，量感がつかみにくいです。例えば，B4 判のコピー用紙と 10 円玉だとどちらが重いでしょうか。紙の方が軽い印象がありま

すが，B4 判のコピー用紙は 1 枚約 6 グラム，10 円玉は 1 枚 4.5 グラムなので，コピー用紙の方が重いのです。また重さを誤解している人もいます。身体測定で体重を計るとき，つま先で立って軽く見せようとする人がいます。気持ちはわかりますが，体重計は真実を示します。

【2】 基礎となる数学

[1] 量の保存性・量の加法性

量には次のような性質があります。大人であれば当たり前のように思えてしまうことですが，子供がその性質を理解するまでは時間などが必要です（**付録：ピアジェの発達理論参照**）。

（1）量の保存性
　① 容器 A に入っている水を小さいコップに分けても総量は変わらない。
　② 1 本の紙テープを何本かに切り分けても長さの総量は変わらない。

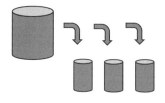

コップに分けても総量は不変

（2）量の加法性
　① 10 g の水と 30 g の水をあわせると 40 g になる。
　② 20 cm と 30 cm の紐をつなげると 50 cm になる。

量の保存性を理解していなければ，6 dL の水を 2 dL ずつ 3 つのコップに分けたとき，総量が減った（増えた）と思ってしまうので，加法や減法が理解できなくなります。

[2] 長さの普遍単位（ある時間に光が進む距離によって決められています）

長さについての普遍単位はどのように決められているのでしょうか。1メートルは北極と南極を結ぶ子午線に沿った大円の周の長さの4000万分の1の長さを1メートルと定義されていましたが，計算に誤差が出てしまいました。その後「メートル原器」（これが1メートルだという見本になるもの）が定められるなどしてきましたが，現在は

　1メートル＝「光が真空中を約3億分の1秒間に進む距離」
と定められています（正確には2億9979万2458分の1）。

[3] 重さの普遍単位（ある条件のもとでの水の重さで決められています）

重さについての普遍単位はグラムです。グラムは最大密度にある蒸留水（3.98℃の蒸留水）1ミリリットルの質量と決められ，このきまりにしたがって原器（円柱形の分銅で重さの見本になるもの）が作られました。しかし，それは1キログラムの見本なので，その1000分の1がグラムだと再定義されました。これらの定義やキログラム原器は最先端の技術を取り入れながら進化を続けます。

いま「質量」という言葉が出てきましたが，中学校の理科では，「重さ」と「質量」を厳密に区別します。「重さ」は力の一種と学び直され単位もニュートン（N）になります。しかし，日常生活では重さの単位はgやkgが一般的なため，中学校で初めてこの違いを学習する際にしばしば混乱を招きます。そのため一時期（平成10年）重さと質量の違いは中学校の内容から外され，高等学校で扱っていました。力の単位ニュートン（N）は，国際単位系（SI）が学校教育に導入される前には「kg重」と称していました。

[4] 補助単位

長さの単位（m）や時間（秒）などの単位は「**基本単位**」とよばれており，それらを元につくられた面積（㎡）などは「**組立単位**」とよばれています。メートル法では基本単位につぎの接頭語をつけて，より大きい単位や，より小

158 第6章 C測定

さい単位をつくっています。

表3. 単位における接頭語
（小学校学習指導要領（平成29年告示）算数編より）

ミリ（m）	センチ（c）	デジ（d）		デカ（da）	ヘクト（h）	キロ（k）
$\dfrac{1}{1000}$	$\dfrac{1}{100}$	$\dfrac{1}{10}$	1	10倍	100倍	1000倍

【3】 指導の方法

　測定とは，単位を決めて，それがいくつ分あるか数値化することです。そのことを，子供に身に付けさせるには，「日常の事象」，「次の段階に進む必要性」，「豊かな感覚」が重要であることを第1節で述べました。

　これらのことを意識することで，子供の学ぶ意欲は高まり，学習効果が上がります。そのことにも触れながら，外延量の普遍単位による測定に至るまでの指導の段階を，「長さ」を例として解説します。

［1］ 直接比較

　直接比較とは，2つの大きさを直接比較することです。例えば，隣の人の鉛筆と自分の鉛筆，2本の鉛筆の長さを比較する場合は，2本の鉛筆のそれぞれの端を揃えて，もう一方の端の位置によって長さの大小を判断します。この比較方法の良い点は，直接比較することで比べるもの（属性）が明確になることです。留意点としては，しっかりと端を揃えることです。

○　日常の事象：友だちと鉛筆の長さを比べることは，日常的であり，その行為には必然性があります。子供たちは楽しみながら取り組みます．

○　次の段階に進む必要性：次に比べる物を指導者が示すのではなく，子供たちに提案させます。その中に，きっと並べて比べることができない物が出てきます。子供は，自分たちで提案したものについて，直接比べられない物の比較方法を意欲的に考えます。

○　豊かな感覚：比べる前には予想を立てさせることが重要です。予想通りでなかったときの方が，しっかり覚えていることもよくあります。

第2節　長さ，広さ，かさ，重さの測定と単位　*159*

[2]　間接比較

　間接比較とは，2つの大きさを直接比較することができない場合などに，媒介物を用いて間接的に大小を判断することです。例えば，教室のよこの長さと，たての長さを比べる場合，どちらか一方の長さを紙テープで写し取り，他方の長さと比べます。この比較方法の良い点は，直接比較と同様，比べるもの（属性）が明確になることです。留意点としては，媒介物（この場合，紙テープ）に正確に写しとるということです。また，少し理屈っぽくなりますが，指導者がここに，推移律「A＜B かつ B＜C ならば A＜C」が働いているということを理解しておくことです。

○　日常の事象：日頃生活をしている教室ですから，興味津々です。よことたての長さにあまり差のない正方形に近い場所（教室）の方が，正解が明らかではないので盛り上がります。

○　次の段階に進む必要性：間接比較をする対象物よりも長い物（今回であれば，教室の横や縦の長さよりも長い紙テープ）を用いると，一度だけの作業で間接比較が完了します。しかし，作業が簡単であれば次への段階に進む必要性のない作業ということになります。最初は，間接比較を理解させるために，作業のやりやすさは重要ですが，慣れてきたら，短い媒介物しかない場合で取り組ませてみると，○○何個分，すなわち任意単位が自然と登場してくる結果となります。

○　豊かな感覚：直接比較と同様に，比べる前には予想を立てさせることが重要です。おもしろいことに気付く子供が出てきそうです。教室と同じ広さを校庭に描いてみると小さく感じます。人間の感覚が，思った以上にいい加減であることを知る絶好の機会です。

[3]　任意単位による測定

　任意単位による測定とは，2つの大きさを，それと（属性が）同じ種類のもの（何でもよい，任意な物）のいくつ分という数値に置き換えることです。この数値を比べることで，2つの大きさの比較が可能になります。例えば，隣の人の鉛筆と自分の鉛筆，2本の鉛筆の長さは，それぞれ消しゴム3個分と2個分だから，3個分の方が長いといったように判断します。この測定の良い点

160 第6章　C 測定

は，任意単位によって「数値化」されたことです。直接比較や間接比較では，どちらが長いか短いかだけの判断でしたが，どの程度（任意単位何個分など）長いかという「程度」まで示せるようになりました。

　留意点としては，用いる任意単位によって，数値が様々になってしまいます。例えば，ある鉛筆が大きい消しゴムなら2個分の長さでも，小さい消しゴムなら4個分となり，同じ鉛筆でも「何個分」という数値が異なります。比べる際には，この任意単位が同じであるということが絶対条件です。

○　日常の事象：直接比較と同様，友だちと鉛筆の長さを比べるのですから，子供たちは楽しみながら取り組みます。

○　次の段階に進む必要性：隣同士での任意単位による測定では，同じ消しゴムを使いました。そこでは，それぞれ消しゴム3個分と2個分だから，3個分の方が長いと判断しました。離れた席では，それぞれ消しゴム8個分と7個分だから，8個分の方が長いと判断します。さらに，消しゴム3個分と8個分だから，8個分の鉛筆が最も長いということになりますが，それぞれ消しゴムの大きさを極端に変えることで，子供たちからざわつきが出てきます。

○　豊かな感覚：これまでと同様，予想を立てさせることが重要です。短い物を用いて，長い物を測定した場合には，「○○個分」と答えた根拠を発表させることが重要です。

---

［4］　普遍単位による測定

　普遍単位による測定とは，世界共通の単位を用いて比較することです。例えば，2本の鉛筆の長さは，それぞれ 14 ㎝ と 12 ㎝ だから，14 ㎝ の方が長いということになります。この測定の良い点は，世界共通なので誤解がなく，ひと言で伝えることができることです。単位は日本では「**計量法**」，国際的には「**国際単位系**」によって決められています。また，計算ができることや，記録に残しやすいことも，良い点です。

○ 日常の事象：「㎝」については，身長や上履きのサイズなど，日常的に触れている単位です。だからといって「1㎝」の大きさの感覚がしっかり身に付いているというわけではありません。改めて，自分の身の回りのものと比べさせてみることが重要です。

○ 次の段階に進む必要性：ここが目的の最終段階ですから，次に進む場所はありません。しかし，最終段階だからと言っても万能ではありません。完璧と思われた普遍単位ですが，任意単位の方が分かりやすいことはないでしょうか。そのようなことを考えさせることも算数数学を面白く感じさせるコツです。例えば，広さを説明するのに，「東京ドーム何個分の広さ」という説明がありますね。2500000㎡と言われるより，東京ドーム50個分の方が，イメージがつかみやすくなります。長さでも，「月までの距離は東京博多間を160往復」など，同じような例があります。

○ 豊かな感覚：1mの線を黒板に引かせてみると，人によってかなり差があります。子供たちがゲーム感覚で楽しみながら量感を身に付ける取組です。

以上が，「長さ」を例とした指導の4段階ですが，同じことが「広さ」や「かさ」についてもいえます。なお，「任意単位による測定」と「普遍単位による測定」で用いられる「○○個分」という考え方は，10進位取り記数法や小数分数の意味や計算の仕方など，数を理解する上で欠かすことのできない数の相対的な大きさ「□□が○個でいくつ」を考える際に，頻繁に用いられます。

【4】 幼保との関連

[1] 測定と単位の理解に向けた準備

　数や計算に比べて，量と測定に関する研究は少なく，日本の幼児についてまだ多くのことが明らかになっていません。しかし，測定は，整数・実数の乗法，分数と分数を用いた演算，図形の組み合わせについての技能や理解にも将来的には関わってくる重要な内容となっています（スミス三世他，2011）。また，測定は様々な科学の内容や実践に関わる基礎的な事項です。これらのことから，それらの基礎となるような遊びの機会を，多く設けることが大切で

す。

[2] 身の回りのものを色々な方法で測る

　個人差はありますが，年中児から年長児にかけて，数や数字に関する理解が深まるにつれ，何かを測ることに対しての興味・関心も高まります。ブロックや積み木の長さを，ぴったり端を合わせて比べるという直接比較ができます。また，安全な紐や，定規のような棒を使って比べるという間接比較を体験させることもできます。任意単位による測定の場合であれば，自分の手の幅や指の長さを使って，身の回りのもの（机やノートなど）を測る体験をさせることができます。また，図2のように，恐竜はバス3台分といったような任意単位を用いた長いものの表現もあります。普遍単位の使用については，身長や体重を測ったときに単位を付けて記録を伝えたり，定規（なるべく，端から目盛りが始まっているもの）やメジャーを用意しておき，日常生活で使っているものを測り，数値で表現したりすることができます。また，クラスで料理をするときに，小麦粉の重さや砂糖の重さを，はかりを使って測ってみるという経験も幼児にとっては貴重なものとなります（第4章第5節の小数とも関連します）。

　広さに関しては，長さに比べて難しくなりますが，敷物を敷いたときに，互いの敷物の広さ比べをしたり，1辺が1cmの正方形でなくても，何かの広さを測る際に，正方形を使って敷き詰めて測ったりするなどの日常生活に根ざした経験が大切です。

　直接比較・間接比較・任意単位を用いた測定を行ったり，量感や単位を必ずしも理解できていなくても日頃から見たり聞いたりしている普遍単位を用いた測定を行ったりすることは，幼児にとって日常生活の中で無理のない程度に経験させることは可能です。しかし，幼児は，自然数，整数といった離散量で身の回りの環境を理解していることが多いため，測定で用いる長さ，広さ，重さなどの連続量を理解しづらいことが，海外の研究で指摘されています（スミス三世他，2011）。幼児にとっては遠い将来にはなり

図2．任意単位による測定の例（小林快次，2018）

第2節　長さ，広さ，かさ，重さの測定と単位　*163*

ますが，連続量の理解は微分・積分の学習にも関連づけられます。これらのことを考えると，離散量と連続量という2つの量について，それらの性質や違いなどを保育者が理解しておくことは大切です。

【5】　小中の連携

　測定には誤差が伴います。誤差を伴った測定結果から，確率論を応用して真の値を推測するために生まれたのが誤差論で，天文学等に利用されています。その入口として，中学校において「有効数字」を学習します。有効数字は，平成10年の中学校学習指導要領で一旦すがたを消しますが，平成20年の中学校学習指導要領において，第1学年の「D資料の活用」に関連した取扱いとして復活しました。平成29年の中学校学習指導要領においても，引き続き「有効数字」を学習しますが，それは，第3学年の「A数と式」に関連した取扱いとなっています。その扱いについては，次のように解説編に，載っています。なお，この記述は，取り扱う領域と学年はことなりますが，平成20年の中学校学習指導要領解説編とほぼ同一です。

　測定には誤差が伴う。誤差とは，測定値と真の値の差である。例えば，最小目盛りがmmで表されている身長測定器を用いてデータを収集する際，ある生徒の身長の測定値が157.4cmということは，真の値が，157.35cm以上157.45未満の間にあることを意味する。すなわち，この生徒の身長を$x$cmとすると，真の値がある範囲は，$157.35 \leq x < 157.45$と表される。さらに，これを数直線上に表すなどして，測定値には誤差が伴い，近似値として157.4cmを用いることなど，近似値と誤差の意味について実感を伴って理解できるようにする。

　また，数の表し方については，例えば，測定値として2300mが得られたとき，この値が十の位の数字まで信頼できるならば，一の位の0は位を示しているに過ぎないので，これを2300mではなく2.30×10^3mのように表す。このことによって，どの数字までが有効数字であるかを明らかにすることができ，近似値について誤差の見積もりもできる。ここでの学習は，このような数の表し方について知ることがねらいである。

中学校学習指導要領（平成29年告示）解説　数学編より一部抜粋

第3節　時刻と時間

【1】　内容の概観

[1]　時間

　時間は哲学や物理学でも論じられてきた内容で難しいのですが，小学校算数科で扱う量としても難しいです。長さや面積のように視覚的に捉えることはできないですし，重さのように筋肉で感じることもできません。さらに，同じ1時間でも友達と遊ぶ楽しい時間はあっという間に過ぎてしまうのに対して，嫌なことはとても長く感じてしまいます。また，経験したかどうかで歴史的な時間感覚も異なります。例えば，1990年は西ドイツと東ドイツが再統一されました。そのとき，筆者は大学生でしたが，少し前の感覚です。ところがこの頃に生まれていない人は東西ドイツの統一と言われても歴史の教科書に載っている昔の出来事と感じるでしょう。したがって時間は捉えどころのない，難しい量なのです。それでも小学校では第1学年で指導します。それは，時刻や時間が学校生活や日常生活で必要だからです。

　それでは時間はどのように捉えれば良いのでしょうか。時計がないときに時間を計ろうとすると，イチ，ニ，サン，…とリズムを刻むのではないでしょうか。ガリレオ・ガリレイが発見した振り子の等時性を応用して，クリスティアン・ホイヘンスによって発明された振り子時計は，時間を振り子のリズムで捉えようとしたものです。

　杉山（2008）によれば，ほぼ25cmの紐に重りをつけて振り子を揺らすと往復にかかる時間が1秒です。ほぼ1mの紐の場合なら片道1秒ということです。このとき，振り子を大きく振っても少し振っても往復にかかる時間（周期）が一定であることが，ガリレイが発見した「**振り子の等時性**」です。

[2] 時刻と時間

「**時刻**」と「**時間**」の区別も大切です。学校生活や日常生活で時刻を読む必要から，第1学年では時刻の読み方を学びます。第2学年から時間を扱います。時間はある時刻からある時刻までの間隔の大きさを表す量のことを言います。ただし，「学校に着く時間」といったよ

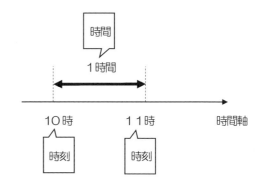

うに日常生活では時刻の意味で使われることもあります。また，1時間は60分といったように単位の関係についても理解したり，時刻や時間についての計算についても指導します。

【2】 基礎となる数学

[1] 時間の普遍単位

時間についての普遍単位はどのように決められているのでしょうか。

国際単位系における時間の普遍単位は「秒」です。「秒」はかつて地球の自転周期の長さを基に決められていました。1日の長さを24等分して太陽時を考え，さらにそれを60等分して「分」，さらに60等分して「秒」が決められていました。しかし天文学的な観測によって基になる長さに変動があることがわかり，それまでの時間の定義を見直す必要が出てきました。現在は原子核の普遍現象を基に考えられたセシウム原子時計により1秒が決められています。

[2] 60進法

アナログ時計は60進法なので，時計の学習は60進法に触れる貴重な機会です。コンピューターは2進法ですし，馴染み深い10進法の理解をさらに深めるためにも時計は重要な教材です。秒，分や時は60進法ですが，陸上競技の100メートル走で11秒90という記録の場合，小数点以下は10進法になっています。

166   第6章　C測定

【3】　指導の方法

　内容の概観で示したように，時間はつかみどころのない概念ですから，子供の日常生活や学校生活と結び付けて指導することが大切です。学年を追いながら，指導の留意点を述べます。

[1]　第1学年

　入学してくる子供たちの中で時計を知らない子はいないでしょう。家庭や保育園や幼稚園などのいろいろところで目にしています。目にしていても，その読み方，ましてや動き方までをしっかり理解している子は多くありません。

　第1学年での学習は，時間の概念の獲得というよりも，時刻の理解（時計を読む）に重点が置かれます。指導の順序は，正時（7時，8時など），正時半（7時半，8時半など），それらが理解できるようになってから「なんじなんぷん」です。指導上の留意点としては，次のようなことがあります。

（1）時計を読めるようにすることが指導の中心ですから，文字盤を利用することは効果的です。また，子供の生活と結び付けることも重要です。「7時に起きる」「8時に学校に来る」など分かりやすく簡単なものがよいでしょう。それができるようになってから，正時半や「なんじなんぷん」を学習します。午前や午後について，無理に扱うことは避けます。

（2）自分で時計を動かすことは重要です。時計の針の位置について，指導者が指導用の時計で示すとともに，子供に児童用教具の「とけい」を手に取らせて実際に行います。長針と短針の双方が動くこと，その動きの関係などに注視させます。

---

[2]　第2学年

　第2学年になると，時刻に加えて時間の概念を学習します。このことで，「8時30分に家を出て，8時50分に学校に着いた。かかった時間は何分か」「午前10時に公園に着いて，午後3時に公園を出た。公園にいたのは何時間か」ということが理解できるようになります。1時間は60分，1日は24時間であることや，「午前」や「午後」，「○分前」「○分後」という表し方も学習します。指導上の留意点としては，次のようなことがあります。

（1）内容の概要に記したように，時刻や時間について，その違いを区別して使えるようになった大人が，日常の生活で区別することなく使っているため，理解が不十分である子供は混同してしまいます。「時刻と時間」を学習する際には，大人は意識して使い分けるようにします。
　○「校庭が使えるのは 10 分だけだよ」でなく「校庭が使えるのは 10 分間だけだよ」
　○「集合時間は 7 時 20 分だよ」でなく「集合時刻は 7 時 20 分だよ」などです。
（2）1 学年同様，自分で時計を動かすことです。「○分前」，「○分後」のように目に見えない時間の移動は，子供に分かりづらい概念です。「○分前」は自分で針を戻し，「○分後」は自分で針を進める体験をさせることが重要です。

[3]　第 3 学年

　第 3 学年になると，第 2 学年の学習がさらに深化し，より実生活に即した問題解決に取り組みます。正時をまたいだ時刻の求め方や時間の表し方を学習します。1 分は 60 秒であることを学習します。

　指導上の留意点としては，次のようなことがあります。

（1）「○分前」「○分後」が正時をまたいでいることから，子供にとっては難しい問題となります。時計を数直線上に広げるなどの表記方法を工夫することが重要です。数直線への書き換えは，本時の学習場面だけでなく，1 日の学校生活を表記してみると，より数直線の意味が分かりやすくなります。
（2）量感の育成にも取り組んでみます。1 日や 1 時間はつかみづらい長さですから，秒を学習した際に，10 秒や 30 秒，さらには 60 秒＝ 1 分について，ゲーム感覚でその長さを実感させます。また，体育の授業で取り組む 50 ｍ走などと結び付けるのも子供の興味を惹きます。

【4】　幼保との関連

[1]　アナログ時計に興味を持たせる

　時刻と時間については，就学前の日常生活で，少しずつ理解を深めていくことができます。このとき「少しずつ」ということが大切で，ある日突然に幼児

が時刻や時間について理解できるようになるのではなく，日々間違いながら，時刻・時間についての考え方を身に付けていきます。この学びは幼児にとって試行錯誤の連続であり，保育者は幼児が間違っても温かく見守る眼差しを持つことが大切です。

　年中・年長児になると，時計，時間や時刻に興味を持ち始めますので，この時にアナログ時計を読む経験をしたり時刻や時間を意識させたりすることは，就学後の時刻と時間の学習の準備という意味だけでなく，日常生活を円滑に行っていく上で，とても大切です。

　時計には針が3つ（長針，短針，秒針）あります。幼児がこの3つの針を同時に把握することはほぼ不可能なので，まずは短針に注目させ「短い針が〜時に来たら〜しよう」という声がけを行い，短針が指している場所に注目させます。幼児全員が数字を読めるわけではないので，できなくても，あるいは間違っても気にしない，訂正しないという気軽さと余裕が保育者には必要です。徐々に慣れてきたら，「〜時ちょうど」あるいは「〜時半」という，切りの良い時刻に着目させ，無理強いをすることなく，短針や長針の位置や着目しやすい場所に注意を払うことができるようにさせます。

[2]　時刻と時間，日付の実践例

　幼児の時間や時計についての実践例を紹介します。図3ではアナログ時計とデジタル時計を対応させる形で時計を設置しています（藤森，2001）。特に時刻について教えなくても昼食の時には「おかわりの時間は，長い針が7のところになってから」などと表現したり，時には矢印で示したりすることで伝えられます。数字が読めない幼児でも，場所を示すとその場所自体を覚えて，次第に数字を理解できるようになります。最近では，デジタル時計が増えて，アナログの時計が少なくなっているのでこのように並列した設置は意味があるとともに重要です。

　日付の感覚ができてくるのも年中児から年長児にかけてです。合わせて「昨日」，「今日」，「明日」や曜日などの時間

図3．園内の時計

軸を意識させるような語彙も並行して使っていくと，語彙や表現の観点からも，時間の概念の理解と合わせて，いい相乗効果になります。図4のようなカレンダーを時計と一緒に置くと，理解も深まりますし，統計的な表としても幼児が情報を読み取ることができます。

図4．カレンダー

また，ある園では昼食の際に，テーブルによって片付けの時間を異なるように設定しています。例えば，図5のように，①から③のテーブルにいる幼児は赤矢印，④から

図5．時間を決めて行動する

⑦のテーブルにいる幼児は青矢印を見るように決めています。幼児が異なる時刻でそれぞれが行動できるように促しています。この他にも，遊びや片付けの時間など，様々な場面で時計を見る必要性を感じさせる環境を整えています。これは時刻や時間についての理解を深めるようになるだけではなく，幼児が見通しを立てて行動できるようになるための環境構成の工夫の1つです。

【5】 小中の連携

小学校で学習する「時刻と時間」は，実生活に即して扱われていますが，そのような限られた範囲においても，小学校で学習する内容は中学校での学習のいろいろなところで活用されています。

[1] 正負の数の乗法

中学校になると，数が負の数へと拡張され，その四則計算を学習します。正負の数の乗法を考える際に，被乗数の符号を東西の向きに，乗数の符号をから現在からの時間に充てることによって，その計算式を，現在の地点からの移動を求める式と捉え，その結果を移動後の地点とします。ここに，「○時間前」，

「○時間後」という考え方が使われます。

[2] 時差

正負の数と「○時間前」，「○時間後」という考え方は，時差を求める際にも重要です。東京の時刻を基準として，東京から日付変更線までの東にある都市との時差は正の数で，西にある都市との時差は負の数で求めることができます。正負の数の意味を実生活の場面に結び付けて理解できているかどうかという趣旨のものと，平成25年度全国学力・学習状況調査の数学A問題として出題されました。また，時差の学習は数学以外でも行われます。中学校に入ってすぐに，社会の地理的分野において，生活場面と結び付けながら時差の概念を学習します。

[3] ダイヤグラム

時間，道のり，速さという問題は，小学校中学校を問わず多くありますが，そこに「時刻」が加わった問題は多くありません。実生活との関連を考えれ

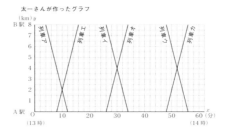

図6. 平成30年度 全国学力・学習状況調査
数学B 大問③(2)より抜粋

ば，「時刻」は外せない要素です。「時刻と時間」の双方を合わせ持った問題としてダイヤグラムがあります。ダイヤグラムは聞き慣れない言葉ですが，「春のダイヤ改正」とか「雪の影響でダイヤが乱れた」であれば，誰でも一度は聞いたことがある言葉でしょう。そのダイヤ（ダイヤグラム）です。

　細かな設問は割愛しますが，図6は平成30年度全国学力・学習状況調査の数学B問題の一部です。横軸は時間であるとともに時刻を示しています。中学校2年生の1次関数の問題で事象を数学的に解釈できているかどうかが出題の趣旨でしたが，グラフを読む問題では高い正答率だったものの，説明を要する問題ではかなり低い正答率でした。

◆　　課　　題　　◆

【課題6-1】　量にはどのようなものがあるかを調べて，本文の内容に沿って分類してみましょう。

【課題6-2】　「時速40㎞で走る電車の中を時速2㎞で歩けば時速42㎞で動いていることになる。したがって，速さにも加法性があるから内包量ではなく外延量である」という意見に対する自分の意見をまとめてみましょう。

【課題6-3】　国際単位系にはどのようなものがあるか調べてみましょう。

【課題6-4】　尺貫法，ヤード・ポンド法とは何かを調べてみましょう。また，日常生活などで尺貫法やヤード・ポンド法の単位が使われている例を挙げてみましょう。

【課題6-5】　直接比較ができないために，間接比較を行わなければならないものを，例示してみましょう。対象は安全でかつ子供が興味を示す物で見つけましょう。

【課題6-6】　9時10分前とは，何時何分のことでしょうか。考えられる

だけ，答えを出してみましょう。

【課題6-7】　就学前教育において，自由遊びをしている際に，どのような声かけを行うと測定について，幼児の興味・関心を高めることができるでしょうか。1つ，具体的な場面を想像し，声かけを考えましょう。それを周りと共有しましょう。

【課題6-8】　設定保育において，測定に関する活動（あるいは遊び）を1つ考案してください。また算数的な内容やゲームの手順，指導方法，声かけについても明確にしましょう。

【課題6-9】　自分の持っている鉛筆の正しい長さを x としたとき，x の正確な範囲を，不等式を用いて表してみましょう。

【課題6-10】　$(+6) \times (-2)$ が -12 になることを説明してみましょう。

第7章　C 変化と関係

「変化と関係」領域の概要

　世の中は変化するもので溢れています。気温，株価，車の速度，人間の身長など様々です。そのように変化するものを数学的に捉えることで，変化するものを予測したり，問題を解決したりします。そして，変化するものを数学的に捉えたのが「関数」です。算数では関数そのものについては「比例と反比例」くらいしか指導しませんが，「関数の考え」は他領域の学習などにも現れ，汎用性があります。そこで，算数では関数教育の初期段階として「変化と関係」を指導します。本章では関数教育に必要な知識や方法などを学びます。

【1】　関数教育の必要性

　関数教育は変化するものを予測したり，問題を解決したりするのに必要です。これらは変化の激しい知識基盤社会を生きる人にとって必要なことはいうまでもありません。数学教育の改良運動をしていたドイツの数学者であるクラインは関数教育の必要性を訴えています。また，数学教育にも造詣の深い数学者である小倉金之助（1973）も「数学教育の意義は科学的精神の開発にあり，そして，数学教育の教授内容の核心は函数観念の養成にある。」と述べています。確かに関数の考え方は汎用性があり，他の領域の内容を理解したり，活用したりする場合にも用いられます。

【2】　関数教育で求められること

「C 変化と関係」領域のねらい

（1）知識及び技能
　　① 　伴って変わる 2 つの数量の関係について理解し
　　② 　変化や対応の様子を表や式，グラフに表したり読んだりするとともに
　　③ 　2 つの数量の関係を比べる場合について割合や比の意味や表し方を理解し
　　④ 　これらを求めたりすること

174　第 7 章　C 変化と関係

（2）思考力・判断力・表現力
  ⑤　伴って変わる 2 つの数量の関係に着目し
  ⑥　表や式を用いて変化や対応の特徴を考察するとともに
  ⑦　2 つの数量の関係に着目し
  ⑧　図や式などを用いてある 2 つの数量の関係と別の 2 つの数量の関係の比べ方を考察し
  ⑨　日常生活に生かすこと
（3）学びへ向かう力・人間性等
  ⑩　考察の方法や結果を振り返って
  ⑪　よりよい解決に向けて工夫・改善をするとともに
  ⑫　数理的な処理のよさに気付き
  ⑬　数量の関係の特徴を生活や学習に活用しようとする態度を身に付けること

文部科学省（2017）を基に作成

【3】　指導内容の系統

　変化と関係の指導内容の系統を表 1 に示します。関数の考え方は算数・数学の至るところで関わっているので，変化と関係の指導内容に関わることは表 1 にあげた内容よりも広範囲にわたります。特に，素地的な学習は第 3 学年までにも行われていますが，ここでは第 4 学年以降の中心的な内容を表 1 にまとめることにします。

表 1．変化と関係の指導内容の系統

	伴って変わる 2 つの数量の変化や対応の特徴を考察すること	ある 2 つの数量の関係と別の 2 つの数量の関係を比べること	2 つの数量の関係の考察を日常生活に生かすこと
第 4 学年	表や式 折れ線グラフ	簡単な割合	表や式 折れ線グラフ 簡単な割合

第5学年	簡単な場合について の比例の関係	単位量当たりの大 きさ 割合 百分率	簡単な場合についての 比例の関係 単位量あたりの大きさ 割合 百分率
第6学年	比例の関係 比例の関係を用いた 問題解決の方法 反比例の関係	比	比例の関係 比例の関係を用いた問 題解決の方法 比
中学校	比例と反比例の式と グラフ 1次関数の式とグラ フ 2乗に比例する関数 の式とグラフ	変化の割合	比例と反比例の式とグ ラフ 1次関数の式とグラフ 変化の割合
高　校	2次関数 三角関数 指数関数・対数関数 微分法・積分法 数列	平均変化率 微分係数	関数の式とグラフ （2次関数・三角関数・ 指数関数・対数関数） 微分法・積分法 数列

第1節　関数の考え方

【1】　内容の概観

[1]　関数の考え方

　関数の考え方は「数量や図形について取り扱う際に，それらの変化や対応の規則に着目して，事象をよりよく理解したり，問題を解決したりすること」です。関数の考え方をすることによって，伴って変化する2つの数量を見出して，対応や変化の特徴や傾向を考察します。この考え方は他の多くの領域においても用いられる考え方です。

[2] 対応の規則

ある場面での数量や図形が，他のどのようなことと対応しているのかといったことが**「対応の規則性」**とよばれるものです。例えば，アルコール温度計があげられます。アルコール温度計は，アルコールの体積が温度によってかわることを利用したもので，赤く着

アルコール温度計

色したエタノールを目盛付きのガラス管に封入します。温度が変わると体積の増減に対応して，赤い部分が伸び縮みすることで温度を測ることができます。これは温度という何となくしかわからないものを，赤い部分の長さに対応させているといえます。

[3] 変化の規則

右図のように，棒を使って正方形を作る場面を考えます。正方形の個数が変わると，必要な棒の本数も変わります。どのように変化するかという**変化の規則**を調べるために，次の表 2 をつくります。

正方形をつくる図

表 2．正方形の個数と棒の本数の関係

正方形の個数	1	2	3	4	5
棒の本数	4	7	10	13	16

表 2 をみると，正方形の個数が 1 個増えるとき，必要な棒の本数は 3 本増えます。この変化の規則性がわかれば，例えば，正方形を 20 個作りたいときに必要な棒の本数も $4 + 3 \times 19 = 61$ 本とわかります。さらに，表 1 では棒の本数が 4, 7, 10, 13, 16 と増えています。このように最初の数 4（初項）に一定の値 3（公差）を加え続けて得られる数の列を等差数列といいます。等差数列は高校の数学で詳しく学習する内容です。また，ここでは変化の規則を読み取る例として表を用いましたが，折れ線グラフを用いるなど，変化を視覚的に捉える方法も有効です。

第1節 関数の考え方　*177*

【2】 基礎となる数学

　関数は 17 世紀から 19 世紀にかけて，デカルトやフェルマー，ライプニッツ，ニュートン，オイラーなどによって，変化する事象を数学的に考察することから生じた概念です（数学で関数の概念をはじめて導入したのはライプニッツといわれています）。紀元前のエジプト文明における測量や天体観測で用いられていた数学と比べると比較的新しい概念だと言えます。関数の概念は様々な捉えられ方をされてきましたが，現在では次の定義が用いられています。

【関数の定義】

> 　2 つの集合 A と B があって，A の 1 つの要素に対して，B の要素がただ 1 つ対応するとき，この一意対応を「A から B の**関数（写像）**」といい
>
> $$f : A \rightarrow B$$
>
> と表します。集合 A の要素 a に対して集合 B の要素 b が対応するとき，$b = f(a)$ と表して
> 　　b を関数 f による a の「**像**」
> 　　a を関数 f による b の「**原像**」
> といいます。また，集合 A を「**定義域**」といい $f(A)$ を「**値域**」といいます。

　上の関数の定義は集合を用いて「対応」によって定義していますが，少し話の範囲を限定して，「2 つの変量があるとき，一方の値が変化するとき，それに応じて他方の値も変化する」という形で捉えることもあります。ただし，この捉え方は「変化」による定義なので時間的な順序を考えていることになります。これでは，変化する場合に対してしか関数の考え方を使うことができません。そこで，順序のない「対応」で定義することによって，関数の考えをより広い場合に使えるようにしようとしています。さらに，関数（写像）を少し詳しく分類したあと，具体例を示します。

【全射・単射・全単射】

集合 A から集合 B への関数（写像）を考えます。

① 集合 B のどの要素に対しても，その要素へ写す集合 A の要素があるとき「**全射**」といいます。

イメージとしては集合 B の方に「あまり」がでないと考えてください。

② 集合 A の異なる要素が必ず集合 B の異なる要素へ写れるとき「**単射**」といいます。

イメージとしては集合 A の方に「重複」がでないと考えてください。

③ 全射かつ単射であるとき「**全単射**」といいます。集合 A から集合 B への全単射があるとき「**1対1対応**である」といいます。

【例1】関数の例

集合 $A = \{2, 3\}$, $B = \{4, 7, 9\}$ に対して，関数 $f: x \to x^2$ を考えます。

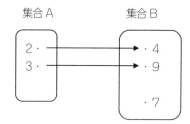

① A の要素2の像は4です。
② B の要素4の原像は2です。
③ $A = \{2, 3\}$ を定義域とするとき，値域は
$f(A) = \{f(2), f(3)\} = \{4, 9\}$
です。
④ B の要素7に写される要素は集合 A にないから全射ではありません。
⑤ A の異なる要素（ここでは2と3のみ）は B の異なる要素（それぞれ4と9）へ写されることから単射です。

【例2】「木という漢字は4画」は写像（関数）

漢字の集合Aと自然数の集合Bに対して関数 f：漢字 → 画数 を考えます。例えば，Aの要素「木」はBの要素4（木の画数）へ写されます。

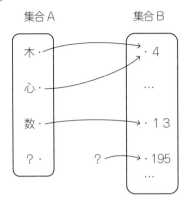

① Aの要素「心」の像は画数「4」です。
② Bの要素「4」の原像は「木」や「心」など1つではありません。
③ Bの要素195に対して，画数が195画の漢字はないので全射ではありません。
④ Aの異なる要素である「木」と「心」は共に4へ写るから単射ではありません。

【例3】数の理解において大切な「1対1対応」は2つの集合の間に全単射が存在することであると考えられます。

スイスの心理学者ピアジェ（J. Piaget）は未就学の子供に，花瓶に花を1本ずつ入れてもらいました。このとき，花瓶と花の間には全単射な写像があることが右図からわかります。

花瓶と花の数は同じ

その後，すべての花瓶から花を抜き取り1つの束にまとめたうえで「花と花瓶とどちらが多いか」を質問したところ，子供は「花瓶の方が多い」と答えたそうです。この子供は花瓶と花を1対1に対応づけることがわかっていないのです。

1束にまとめると花瓶の方が多い？

【3】 指導の方法

[1] 関数の考え方の意義

　関数の考えをすると，どのような良いことがあるのかを理解させることが大切です。どのような良いこととは，身近な日常の事象において，どのように役立っているのかということです。関数の考え方には，対応の規則と変化の規則などがあります。これらの規則性に着目することによって，日常の事象がよりよく理解できたり，問題を解決できたりする体験をさせることが大切です。

[2] 関数の考えの指導

　小学校学習指導要領では，関数の考えが問題解決の中で活かされるように，次の3つの過程が大切であるといっています。

> （1）ある場面での数量や図形についての事柄が，ほかのどんな事柄と関係するかに着目すること。例えば，ある家庭の毎月の電気代を考えるときなどに，使用時間や単位時間あたりの使用電力量が関係するといったことです。
> （2）2つの事柄の変化や対応の特徴を調べていくこと。
> 　　2つの数量の間の変化や対応の規則性を，言葉，図，数，表，式，グラフを用いて表すことにより読み取ることが大切です。例えば，小学校第4学年で学習する折れ線グラフなどをつくることで変化を読み取ることや表をつくることによって変化を読み取ることなどです。
> （3）見いだした変化や対応の特徴を様々な問題の解決に活用するとともに，その思考過程や結果を表現したり，説明したりすること。

　具体的には，第4学年以上の「変化と関係」領域において，次のように指導します。

　第4学年は，「変化と関係」領域の最初の学年ですので，なるべく簡単な日常の場面で考えさせることが大切です。例えば，1本20円の鉛筆を何本か買う場面において，鉛筆の本数と代金を表3にまとめます。

表3．鉛筆の本数と代金の関係

鉛筆の本数	1	2	3	4	…
代　　金	20	40	60	80	…

表3を縦にみると「鉛筆3本には60円が対応する」という対応の規則がわかります。また，表2を横にみると「20円，40円，60円，80円」から変化の規則がわかります。指導の際，この2つの見方があることを，しっかり理解させることが大切です。さらに，鉛筆の本数を□，代金を△として，見つけた規則を式に表すことを指導します。また，簡単な場合についての割合も指導します。「簡単な場合」というのは，2倍，3倍など，整数倍になる場合で，2.4倍など小数にならない場合をいいます。

　第5学年では，伴って変わる2つの数量の関係の中から，特に簡単な場合について比例の関係を知ることを指導します。例えば，表2において「鉛筆の本数が2倍，3倍になると代金も2倍，3倍になる」のように，整数倍になる簡単な場合について指導します。また，第4学年で学習した割合の発展として，異種の2つの量の割合として捉えられる量があることを指導します。それについては，第2節で述べます。

　第6学年では，第5学年で学習した比例について，その意味や性質をさらに詳しく指導します。その中において，グラフを指導し，式や表との関連の理解を図ります。反比例の指導を行うことによって，比例の理解をより深めます。また，第5学年で学習した割合の発展として，どちらかを基準量1と捉えない表記方法である比を指導します。

　このように，関数の考え方は第4学年以上の「変化と関係」領域において，順序立てて扱います。しかし，この考え方は，第1学年の「数の合成や分解」，第2学年の「かけ算のきまり」など，低学年の内から，いろいろな領域で出現していますので，指導者は，学年にかかわらず，問題の中にある2つの数量については，その関係性を意識づけていくことが大切です。

【4】 幼保との関連

[1] パターンの把握が関数的な見方に必要

　比，比例，反比例に関して日本の幼児の現状についてはほとんど分かっていませんので，国際バカロレアを例に挙げます。国際バカロレアは国際的な視野をもった人材を育成することを目的として，国際バカロレア機構が提供する教育プログラムです。その中で扱われる内容に「パターンと関数」という項目が

あります。そこではパターンの把握が関数的な見方に不可欠であるとしています（国際バカロレア機構，2009）。パターンについての感性や見方を育てることは日本ではあまり馴染みがありませんが，例えば，ドイツの幼児教育ではパターンについて数多くの遊びが紹介されていて，数，図形の分野を問わず様々なパターンを幼児が作り出したり，その美しさを経験したりする内容が含まれており，示唆に富んでいます。

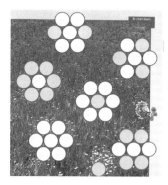
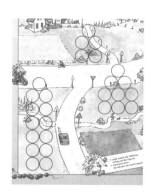

図1．花をつくろう　　図2．家をつくろう

　図1と図2はいずれもヴィットマン＆ミューラー（2004）によるものです。図1では，赤と青の2色の丸いおはじきを使って，おはじきの色を変えながらいろいろな花を作ります。図2では，同じように赤と青のおはじきを使って，いろいろな形をした家を作り，その家をパターンに従って，高くしていきます。幼児によっては，描かれてある家よりも高い家をつくります。

[2]　パターンを意識した活動が大切

　国際バカロレアにおける「パターンと関数」では，幼児が獲得する概念的な理解として，日常においてパターンや数列が存在していることやパターンはずっと続いていくことなどの理解が記されています。そして，学習の目標としては，（1）毎日の生活の中で，音，行動，もの，自然の中に一定のパターンが存在していることに気づくこと，（2）言葉やジェスチャーを用いたり，必要に応じて数字などの記号を用いたりして，様々な方法でパターンについて幼児が説明することを挙げています。

　これらを参考にすると，日常の幼児の遊びの中では，ブロックを並べる時に

第 1 節　関数の考え方　*183*

「赤，青，赤，…」など色のパターンを意識したり，丸い玉やビーズをヒモに通す時に，色や大きさ，形状ごとのパターンを意識したりする遊びが，国際バカロレアでいうところのパターンの把握に繋がると考えられます。このようなパターンを意識する遊びを，ブロックやつみきで立体的なものを作る時や，ぬりえで色を塗り分ける（「しましまで塗ろう」）時などに取り入れていくことが，比例や反比例を理解する素地的な経験ということになります。したがって，幼児が無意識のうちにパターンを作ったり，続けたりしているとき，保育者はその集中を見守り，その後には，その行為や発見がとても価値があるということを積極的に評価することが大切です。

【5】　小中の連携

[1]　中学校での「関数の考え方」

中学校第 1 学年では，小学校の学習を踏まえて，具体的な事象の中における，伴って変わる 2 つの数量について，その変化や対応の仕方に着目し，一方の値（○）を決めれば他方の値（□）がただ 1 つ決まるという関係から，「□は○の関数」という表現を用いて関数の概念で捉え直します。中学校では，関数は次のように定義されます。

> 2 つの変数 X，Y があり，変数 X の値を決めると，それにともなって変数 Y の値もただ 1 つ決まるとき「**Y は X の関数である**」という。

中学生にとって「Y は X の関数である」という表現は少しわかりにくいです。また「ただ 1 つに決まる」ということも何を言っているのかわからないということもあります。そこで，小学校の段階で，これらの意味を理解できるように具体的な例を挙げて素地的な学びをしておくことも大切です。

例えば，次のように日常生活と結びついた例を挙げると理解しやすいです。

（1）お風呂に水をためるとき，お湯を出す時間（X）を決めれば，総水量（Y）もただ 1 つに決まります。したがって，総水量（Y）はお湯を出す時間（X）の関数であるといえます。

(2) ある駅から電車に乗るとき，降車駅（X）が決まれば運賃（Y）がただ1つに決まります。したがって，運賃（Y）は降車駅（X）の関数であるといえます。

(3) (2)とは逆に，例えば東京などでは，運賃（X）を決めても降車駅（Y）はただ1つに決まるとは限りません。運賃480円で行ける駅が複数あるので「ただ1つ」とはいえません。したがって，降車駅（Y）は運賃（X）の関数とはいえないのです。

[2] 負の数への拡張

中学校第1学年では負の数を学びます。それにともない小学校で学習した変化と関係を負の数へ拡張します。このとき，指導する上で大切なことは小学校で考えた正の数の場合をもとに「負の数への拡張」が自然に行えるような具体例を用いることです。例えば，ある時刻にある地点にいる場合を基準として基準点からの距離（Y）が時刻（X）の関数とします。このとき，「1時間後は10km

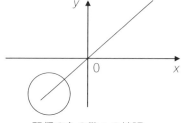

関係の負の数への拡張

先の場所まで進む」ことを「$X=1$のとき$Y=10$である」とすれば「1時間前は10km手前の場所にいた」ことは「$X=-1$のとき$Y=-10$である」にあたります。このように，負の数が登場することを念頭に置いた問題づくりを，小学校のうちから行うことが重要です。

第2節　割合・百分率・単位量あたりの大きさ

【1】　内容の概観

中央教育審議会答申では平成20年改訂の学習指導要領の成果と課題が示されました。その中で全国学力・学習状況調査等の結果から「基準量，比較量，割合の関係を正しく捉えること」に課題がみられたと指摘しています。

割合・百分率・単位量あたりの大きさでは，2つの数量を比べることが基本

にあります。例えば

(1) りんごの値段が 100 円から 200 円になった。

値上げ前後の値段を比べる場合に
　　100 円（= 200 − 100）値上がりした
と表現することができますが
　　値段が 2 倍（= 200 ÷ 100）になった
と表現することもできます。このとき，もとになる 100 円を**基準量**，比べる対象である 200 円を**比較量**といい，2 倍を**割合**とよびます。

100 円 → 200 円

さらに，次の文章を（1）の文章と比較します。

(2) 2000 円の洋服が 2100 円になった。

2000 円 → 2100 円

（1）と（2）における値段の変化を差で捉えるとどちらも 100 円上がっています。

しかし，どちらの方が値上がりしたように感じますか。おそらく（1）の方ではないですか？

そこで，（1）と（2）における値段の変化を割合で捉えるとそれぞれ 2 倍，1.05 倍であり，値上がりの感覚と一致します。

一方，いつも割合で捉えるわけではなく，差で捉える方がよい場合もあります。例えば「気温が 20℃から 26℃になった。」という場合，「気温が 6℃上がった」と表現することはありますが「気温が 1.3 倍になった」とはあまり言いません。このように，差で捉えるか，割合で捉えるかなど，2 つの数量をくらべるときに，どちらで捉えるとよいかなどを扱います。

さらに，第 5 学年では基準量を 1 とみたときの比べられる量（比較量）として，**単位量あたりの大きさ**を考えます。基準量を 1 とみることによって，後述するように比較量が比べやすくなるのです。

また，割合は小数で表されることも多いため，数値をみても少しわかりにくいときがあります。そのような場合の表現方法として便利な百分率も扱います。

【2】 基礎となる数学

[1] 平均の速さと瞬間の速さ

速さは単位時間あたりの移動量を意味します。例えば「時速 40 km」は「1 時間に 40 km 進む」速さという意味です。子供たちは，算数で速さを学ぶ前から「新幹線は速い」といったように日常生活でも用いていて素朴概念として獲得しています。第 5 学年になると，速さを数学的に

$$速さ ＝ 道のり ÷ 時間$$

で捉えます。例えば，A 市から 40 km 離れた B 市へ車で行くのに 1 時間かかるとき，速さは時速 40 km です。しかし，ほんとうは車が走り始めた時は遅く，途中で速くなったり遅くなったりします。目的地に到着する直前で遅くなり，目的地で止まります。このことから「時速 40 km」というのは平均の速さであることがわかります。日常生活では，瞬間の速さが大切な場合もあります。例えば，平均時速 40 km で走っていても，あるところで時速 150 km 出せばスピード違反です。

そこで，瞬間の速さをどのように捉えるのか考えます。

簡単のために数直線上を動く点を考えます。時刻 t のとき，点 P の座標を $x(t)$ とします。時刻 3 時のときに点 P が数直線上の 5 の位置にいるとき，$x(3) = 5$ と表します。

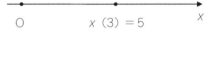

ここで，ある時刻 t の瞬間の速さを考えます。ある時刻 t から時間 Δt（Δ：デルタ）だけ経つと時刻は $t + \Delta t$ です。

このとき

　　時刻 t における点の座標は $x(t)$

　　時刻 $t + \Delta t$ における点の座標は $x(t + \Delta t)$

であるから，速さを求めるのに必要な距離と時間が，次のように表せます。

　　移動距離：$x(t + \Delta t) - x(t)$

　　時　　間：Δt

第2節　割合・百分率・単位量あたりの大きさ　　*187*

これから，時刻 t から時刻 $t + \Delta t$ までの平均の速さは

$$\frac{x(t + \Delta t) - x(t)}{\Delta t}$$（時刻 t から $t + \Delta t$ までの x の**平均変化率**といいます）

で表されます。これからさらに時刻 t における瞬間の速さを求めるためには，かかる時間 Δt を限りなく０に近づければいいのです。この操作を極限操作といいます。かかる時間 Δt を限りなく０に近づけたときの極限が，時刻 t における瞬間の速さ（正確には速度）といい，

$$\lim_{\Delta t \to 0} \frac{x(t + \Delta t) - x(t)}{\Delta t}$$（時刻 t における x の**微分係数**といいます）

と表します。この「限りなく近づける」という極限操作の考え方は，第６学年で学ぶ円の面積でも出てきます。宮沢賢治が教師をしていたとき，公式を用いて速さを求めた生徒に対して「早足で歩く日とゆっくりゆく日もあるだろう。考えてみよう」と言ったそうです。公式ありきではないのです。

【3】　指導の方法

[1]　割合

　２つの数量のうち一方を基準とする大きさ（基準量）とした時に，もう一方の数量（比較量）がどれだけになるのかを数値で表すために（比較量）÷（基準量）の商を考えて，これを**割合**といいます。割合の考え方が算数や数学の至るところで出てきます。

　　【例1】２ｍの赤いテープと５ｍの青いテープがあります。青いテープは
　　　　　　赤いテープの何倍ですか。基準量が２ｍ，比較量が５ｍ だから，
　　　　　　割合は５÷２＝2.5倍 です。

　　【例2】８回シュートしたときに４回入ったとします。このとき，シュート
　　　　　　のうまさを数値で表すために，基準量を８回，比較量を４回とす
　　　　　　ると割合は ４÷８＝0.5 です。これは中学校２年生で学ぶ確率へ
　　　　　　とつながります。

　上の例では分母と分子は同じ種類どうしで割り算をしています。即ち，例１では，長さどうし，例２では回数どうしの割り算です。通常，割合といえば同種のものどうしで考えますが，異種の量の割合を考えることがあります。そ

188 第7章 C変化と関係

の場合，割合という言葉を使わないで単位量あたりの大きさといいます。**単位量あたりの大きさ**の例として代表的なのは，速さや人口密度です。ここでは，速さを例にとり指導の方法を考えます。

[2] 単位量あたりの大きさ ～ 速さを例に ～

子供は日常生活において「速さ」を素朴概念として獲得しています。これを数学的に捉えるために，速さを量として表すには「移動する長さ（道のり）」と「移動にかかる時間」の2つが必要であることに気づかせます。そして，速さを比べる方法には，次の2つの場合があります。

（比べ方1）100 m 競争：走る長さを同じにして，時間の短い方が速い
（比べ方2）10分間走：時間を同じにして，走る長さが長い方が速い

子供にとって身近なのは，10分間走よりも100 m競争でしょう。ところが，算数では10分間走の考え方で速さを比べます。その理由は後述することにして，速さをどのように比べるかを考えてみましょう。

表4は，A～Dの4人が 歩く距離とかかった時間をまとめたものです。最初に2人ずつ比べます。

（1）AとBではどちらが速い？
     距離が同じなので時間の短いAの方が速い。
（2）BとCではどちらが速い？
     時間が同じなので距離の長いCの方が速い。
（3）CとDではどちらが速い？
     距離も時間も異なるので，どちらかを揃えて比べます。このとき，比例の考え方を使って最小公倍数に揃える方法が考えられます。具体的には次のようにします。

表 4. 歩く距離と時間の関係

	歩く距離	時間
A	250 m	4分
B	250 m	5分
C	300 m	5分
D	400 m	7分

第2節 割合・百分率・単位量あたりの大きさ　189

－歩く距離を
最小公倍数に揃える場合－

C	1200 m	20 分
D	1200 m	21 分

判断：時間の短い C の方が速い

－歩く時間を
最小公倍数で揃える場合－

C	2100 m	35 分
D	2000 m	35 分

判断：歩く距離の長い C の方が速い

　しかし，この方法では，3人以上を比べるときに最小公倍数が求めにくくなることや，時間や距離が整数ではない場合は使えません。そこで，最小公倍数で揃えるのではなく，揃えたいものを1にすると簡単に揃えることができます。

－歩く距離を**1に揃える**場合－

C	1 m	$\dfrac{5}{300}$ 分
D	1 m	$\dfrac{7}{400}$ 分

判断：時間の短い C の方が速い

－時間を**1に揃える**場合－

C	$\dfrac{300}{5}$ m	1 分
D	$\dfrac{400}{7}$ m	1 分

判断：歩く距離の長い C の方が速い

　速さを数値化する際の原則は"値が大きいほど速くなる"ようにすることです。車のスピードメーターも値が小さいほど速いとすれば違和感があります。やはり，値が大きいほど速い方が自然です。
　今，考えている例では

　　　歩く距離を1に揃える場合：　かかる時間が短い（小さい）ほど 速い
　　　時間を1に揃える場合　　　：　歩く距離が長い（大きい）ほど 速い

　したがって，原則に従えば，速さを比べるには，時間を1に揃えて，歩く距離（$\dfrac{300}{5}$ と $\dfrac{400}{7}$）を比べます。300÷5も400÷7も"距離÷時間"なので，速さを比べるときは，この値を求めます。これが，速さを求める式の意味です。

　以上のように，5年生では異種の2つの量の割合として捉えられる数量があることを指導します。小学校では，速さの他にも1k㎡あたりの人口を意味す

る「人口密度」を扱います。ここで大切なことは，速さや人口密度の学習によって，単に速さや人口密度を理解するだけではなく，例えば，米の収穫量を比較するのに1a（アール）あたりの収量を比較するといったように，日常生活の様々な場面で単位量あたりの大きさを用いて比較することができるようにすることです。

[3] 百分率

『世界がもし100人の村だったら』というお話があります。このお話には世界の人口が100人と仮定した場合「52人が女性です　48人が男性です」との記述があります。これは世界の人口のうち「52％が女性，48％が男性」という意味です。これを割合で表すとすれば「世界の人口の0.52にあたる人が女性，0.48にあたる人が男性」という表現になり，少し分かりにくくなります。このように，全体を100とみたとき，そのうちのいくつにあたるかを考えた方が分かりやすい場合もあり，これを百分率といいます。

[4] 用語の使い方

速さで用いる「速い・遅い」は朝起きる時間の「早い・遅い」と音韻が同じなので両者の区別も必要です。また「単位あたりの量」の「あたり」という表現も，子供たちにとっては不可解です。

「あたり」という意味は，子供たちにとっては「くじに当たった」という意味が一般的です。実際，飲料水のラベルに小さく栄養価が表記されていますが「1本あたり」を「もう1本，当たった」というように捉える子供もいます。

【4】 幼保との関連

[1] 生活の中の割合と百分率

割合と百分率は第5学年で学習します。それらは，量の大きさが異なる2つの数量の相対的な大きさに着目する考え方であることから，第5学年にとっても難しい内容です。そのため，幼児にその内容を直接的に教えることはできません。しかし，内容としては難しいのですが，打率3割の選手，果汁100％のジュースなど，「割」や「パーセント」は日常生活でよく聞く言葉で

第2節 割合・百分率・単位量あたりの大きさ　191

す。図3は，あるこども園で年長児を対象に，「〜割，〜パーセント」という
言葉について聞き取り調査をした結果です。

```
（1）保育教諭：何パーセントとか何割って言葉を聞いたことがあるかな？
　　　幼児Ａ：100％？　　　幼児Ｂ：80％？　　　幼児Ｃ：99％？
（2）保育教諭：どこで見た？聞いた？
　　　幼児Ａ：電池　　　　　幼児Ｂ：携帯の充電
　　　幼児Ｃ：タブレット　　幼児Ｄ：クイズの正解率
（3）保育教諭：100％ってどういうこと？
　　　幼児たち：全部たまってるってこと。数が少ない方が難しい問題。
（4）保育教諭：「何割」とか「何割引き」とか聞いたことない？
　　　幼児たち：（しばらく考え）買い物。
```

図3.「〜パーセント，〜割」という言葉についての聞き取り調査結果

[2]　「100％」なら，なんとなくわかる

　図5の調査で幼児から「パーセント」が挙がったのは，携帯電話やタブレッ
トなどに関わる用語として時代を反映しています。幼児は携帯やタブレットに
電気がいっぱいたまったことである状態を「充電が100％」として，なんと
なく理解できているようです。同様に，「果汁100％」は果物が沢山入ってい
るジュースということも，知っているようです。したがって，その程度であれ
ば，実物を示しながらわかりやすく話をすることは，幼児の数に対する興味付
けになります。しかし，幼児にとって「10割」という言葉は，100％ほど一
般的ではないため，難しい言葉です。また，「50％」は「全体の半分」と幼児
に言いたいところですが，第4章第6節【4】にもあるように，幼児の「半
分」の捉え方が不十分であることを考えると，保育者は注意して使う必要があ
ります。「5割」は，さらに難しい言葉になります。

[3]　2つの数量を捉える練習

　単位量あたりの大きさを理解するためには，これまで述べてきた長さや広
さ，重さなどが基本的な概念として重要です。さらには，間接比較で基準をつ
くる見方や考え方，手を使って測るなどの任意単位による測定などにも深く関
係しています。「単位量あたり」という言葉は，指導の方法でも述べたよう
に，子供にとって日常的な言葉ではありません。意味を捉えることのできない

言葉を無理して教えるのではなく，保育者は，2つの数量がある場合に，それらの関係を，なんらかの様式で表現すること自体に価値があると考えることが大切です。具体的には，たくさん時間がある日は遠くまで散歩に行くことができる，たくさん友だちがいれば重いものが持てるなど，簡単な事柄です。これらのことについて，体験を通して幼児に感じることが大切です。

　割合は関数や比例の考えにも関連しています。この考え方は，比例的推論（p.197参照）にも関わってくるものですから，将来的には算数教育の中でも重要な位置付けとなります。

【5】 小中の連携

　中学校で比例，反比例から1次関数，2乗に比例する関数 $y = ax^2$ などを学びますが，いずれも小学校で学ぶ割合や比例の考え方が使われます。つまり，小学校における割合や比例の指導は，関数教育の導入部分に位置付けられます。

[1] 変化の割合

　中学校では，比例，反比例，1次関数，2乗に比例する関数を式で捉え，グラフに表して事象を考察します。そのときに大切なことは変化を捉えることです。では，どのようにして変化を捉えるのでしょうか。

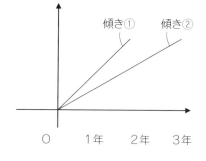

　例えば，身長が150cmから160cmまで伸びたとき伸びた分の10cmで変化を捉えたことにはなりません。2年間で10cm伸びた場合と，3年間で10cm伸びた場合は"伸び方"が違います。単純に伸びた分だけを求めても変化を捉えたことにはならないのです。そこで，1年あたりの伸び（単位量あたりの大きさ）で捉えます。

2年で10cm伸びた　→　1年あたり $\dfrac{10}{2}$ cm … ①

3年で10cm伸びた　→　1年あたり $\dfrac{10}{3}$ cm … ②

　①と②はいずれも単位量あたりの大きさ，つまり，1年あたりの変化の量を表します。これは，横軸に時間，縦軸に身長をとって座標平面で表したときの傾き具合を表します。指定された期間での変化の度合いを**変化の割合**とよびます。

　変化の割合を求める場合は「どこからどこまでの間の変化の度合いを調べるか」が大切です。関数 $y = f(x)$ において，x の値が x_1 から x_2 まで変化するときの変化の割合は

$$\text{変化の割合} = \dfrac{f(x_2) - f(x_1)}{x_2 - x_1} = \dfrac{y \text{の増加量}}{x \text{の増加量}}$$

によって計算できます。これは図形的には2点 A $(x_1, f(x_1))$，B $(x_2, f(x_2))$ を結ぶ直線の傾きを表します。したがって，1次関数 $y = ax + b$ のグラフは直線なので，どの2点をとっても一定の値 a になりますが，

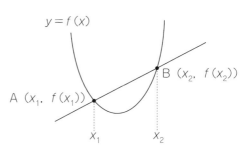

2乗に比例する関数 $y = ax^2$ のグラフは曲線なので，どの2点かによって変化の割合は異なる値になります。

第3節　比・比例・反比例

【1】　内容の概観

[1]　比

　料理のレシピや希釈用の飲料では，例えば「水と希釈用飲料の比が4：1」というように比が用いられます。このように，**比**は2つの数量の大きさを比

較しその割合を表す場合にどちらか一方を基準量とすることなく，簡単な整数などの組を用いて表す方法です。さらに比は2つの数量だけではなく図4に示す「暑さ指数」の例のように3つの数量の比として表されることもあります。

図4. 比の例
出典：環境省熱中症予防情報サイト
(http://www.wbgt.env.go.jp/wbgt_lp.php)

[2] 比例・反比例

① 比例
　比例は，伴って変わる2つの数量について，一方の数量が2倍，3倍，4倍，…になれば，それに伴って他方も2倍，3倍，4倍，…になることをいいます。

② 反比例
　反比例は，伴って変わる2つの数量について，一方の数量が2倍，3倍，4倍，…になれば，それに伴って他方も1/2倍，1/3倍，1/4倍，…になることをいいます。

【2】 基礎となる数学

[1] 比

　比 $a:b$ に対して $\dfrac{a}{b}$ を「**比の値**」といいます。比の値は割合で b が基準量です。

[2] 比例・反比例

① 比例
　伴って変わる2つの数量 x, y が比例の関係にあるときその商 $y \div x$ は常に一定の値（「**比例定数**」）になります。
　その値を a とすれば比例の関係を表す式は
　　$y = ax$

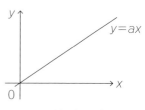

図5. 比例のグラフ

と表すことができ，図5に示すグラフになります。

② 反比例
伴って変わる2つの数量 x, y が反比例の関係にあるとき，その積 $x \times y$ は常に一定の値（比例定数）になります。
その値を a とすれば反比例の関係を表す式は
$$x \times y = a$$
と表すことができ，図6に示すグラフになります。

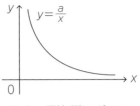

図6. 反比例のグラフ

【3】 指導の方法

[1] 比の3用法（第1用法・第2用法・第3用法）

第5学年で，2つの数量 A と B の割合を表す方法として「どちらか一方を基準量として考える比べ方」を指導します。その理解のもとで，第6学年で「どちらか一方を基準量とすることなく，簡単な整数の組を用いて表す比べ方」である比を指導します。

割合については，2つの数量の関係について，割合が何を意味しているのか，どちらを基準量としてどちらを比較量として捉えているのかなど，子供たちにとって身近な事例を用いながら，丁寧な指導を行うことが大切です。このとき，数直線などを用いて視覚的に指導することも有効です。

比の3用法（第1用法・第2用法・第3用法）

比の第1用法 $P = A \div B$	割合 ＝ 比較量 ÷ 基準量 （比較量と基準量から割合を求める）
	例）5年生の人数は80人で，早生まれの人の数は16人です。5年生の人数をもとにした，早生まれの人数の割合を求めましょう

比の第2用法 $A = B \times P$	比較量 ＝ 基準量 × 割合 （基準量と割合から比較量を求める）
	例）5年生の人数は80人で，そのうち早生まれの人の割合は0.2です。このとき，早生まれの人の数を求めましょう。
比の第3用法 $B = A \div P$	基準量 ＝ 比較量 ÷ 割合 （比較量と割合から基準量を求める）
	例）5年生のうち，早生まれの人は16人で，全体における割合は0.2です。このとき，5年生全員の人数を求めましょう。

[2] 比の指導

　比については，日常生活の様々な場面で用いられていますので，具体的な場面を取り上げながら，比の意味や比の相等を理解させることが大切です。特に比を用いて考えることのよさについては，家庭科の調理実習など，他教科の指導の時期と合わせることにより，子供たちの関心も高まり，よさに自ら気づくことができます。このような数学的な考え方が日常の事象に深く関わり，役立てられていることから，算数への興味・関心が増すことにつながります。また，算数・数学の学習においても比例や反比例，拡大図・縮図，さらに中学校における「数と式」，「関数」領域など，幅広い分野で生かされるためにとても大切です。

[3] 比例・反比例の指導

　第4学年では，伴って変わる2つの数量についての関係について，表や式を用いての表現を通して，変化や対応の特徴を考察して比例・反比例の素地的な学習を行います。その理解をもとに，第5学年では，簡単な比例の関係を指導します。このときは比例の関係をグラフで表現することまでは行いませんが，グラフで表現することの素地的な学習として，正しく表を作れるようにするとともに，変化や対応の特徴について，より簡潔で明瞭で一般化された表現ができるように指導します。

　第6学年では，これまで学習した比例の関係についての理解をより深める

とともに，簡単な場合について，表，グラフなどを用いてその特徴を調べます。また，反比例については，比例についての理解を一層深めることをねらいとして，比例と対比させながら，その意味を指導します。比例のグラフについては，具体的な数量をあてはめながら，直線になること，かつ原点を通ることを指導します。

　小学校では，反比例のグラフについては，いくつかの点をとりながら変化の様子を調べたり比例との違いに気付けるようにしたりする程度であって，双曲線を描くことはしません。

【4】 幼保との関連

[1] 2つの量の関係を説明・聞く経験を積むことが大切

　「りんご2個で100円のとき4個ではいくらか」という問題は，りんごの個数が2倍になると値段も2倍になるという比例関係を用いて4個の値段を求めます。このように比例関係を用いて考えることを「**比例的推論**」といいます。比例的推論は難しそうな言葉ですが，算数を学ぶ場面に限らず，日常生活で問題を解決する場面で使われる考え方です。また，算数教育の視点では，比例的推論は，比，比例，反比例の理解に関わる大切な考え方です。

　比例的推論は幼児期からはじまり長い期間を経て発達を遂げていきます（日野，2003）。幼児期には，日常生活において2つの量の関係を言葉に出して説明したり，聞いたりする経験を積むことが大切です。最初は「たくさん食べたら，大きくなるよ」という単純な因果関係でもいいですし，買い物ごっこの場面で「1つ20円のケーキを2つ買うといくら？」という問いかけなどです（図7）。買い物ごっこは同じものが多く用意されるので，この2つの量の関係（お菓子と値段）を考える良い機会となります。数を使わなくても，2つの数量の関係を考えたり，2つの物事の因果関係を考えたりする機会や経験を与えて，幼児が自分のアイデアを話すという機会を設定することが大切です。

図7．買い物ごっこで幼児が作ったお菓子を売る

[2] 数をまとまりで考える経験をさせることが大切

「ケーキ1個で20円のとき2個ではいくらか」という問題で，「1個」と「20円」の2つの数量を「1個で20円」のようにまとまりとして捉えることを「ユニットを構成する」といいます。日野（1996）は日米の児童の応答を比較した結果，日本の児童がユニットの構成において消極的であることを指摘しています。さらに，比例の学習の中でどのように子供がユニットを構成していくかが重要であることを指摘しています（日野，2003）。

子供がユニットを構成していくために幼児期にできることは，サイコロを使った遊びを取り入れるなど，数量をまとまりとしてみる経験をさせてあげることです。年長児くらいになれば，5個くらいまでの具体物に対しては，数えずにパッとみて答えられる姿が見られます。これはサビタイジング能力といいました。幼児期はサビタイジング能力を育成することが大切なのです。このように，一見，比，比例，反比例に関わりのないように思えることでも，それらを理解する基礎を幼児期につくっている，つまり，種まきをしているということを保育者が知っておくことは大切なことです。

【5】 小中の連携

[1] 中学校では比例定数や変数が負の数まで拡張される

中学校第1学年では小学校における比・比例・反比例の学習の上に立って，比例定数や比例・反比例の変域を負の数にまで拡張して，文字を用いた式で表現します。

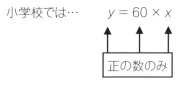

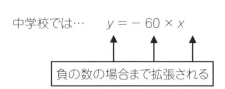

小学校において文字が初めて登場するのは第6学年です。第5学年までの未知数や変数などを□や△などを用いていたことに代わり，a や x が登場します。文字に苦手意識を感じている中学生もいるので，小学校での文字を用いた式の指導は中学校の数学へ接続される大切な内容といえます。

[2] 2乗に比例する関数

中学校第1学年の比例の学習の発展として、第2学年において、1次関数を取り上げ、表、式、グラフを相互に関連づけながら、グラフの特徴や変化の割合など、関数の理解を深めます。さらに第3学年において、2乗に比例する関数を学びます。

表5. 2乗に比例する関数

x	1	2	3	4	…
x^2	1	4	9	16	…
y	3	12	27	48	…

表5をみると、x が2倍、3倍、4倍、…になっても、それにともなって y は2倍、3倍、4倍になっていません。しかし、x^2 が2倍、3倍、4倍、…になると、それにともなって y は2倍、3倍、4倍、…になります。したがって、y は x^2 に比例します。表5から、比例定数は $y \div x^2 = 3$ なので、比例の式は $y = 3x^2$ と表せます。このグラフは右図のような**放物線**です（図8）。このような2乗した値に比例する関数は中学校第3学年において指導します。

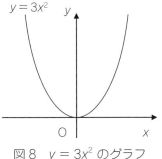

図8 $y = 3x^2$ のグラフ

[3] 座標とグラフ

小学校では第4学年の「変化と関係」の領域において、折れ線グラフを用いて、伴って変わる2つの数量の変化の様子を表したり、変化の特徴を読み取ったりすることを学習します。このことは第3学年の「データの活用」の領域において学習する棒グラフや第4学年の「データの活用」の領域における折れ線グラフなどとも深く関わっています。しかし、これらの扱いは、2つの数の組を用いて、平面上の位置を表すという座標の概念に基づいたものではありません。

中学校では、**座標**を2つの数の組という捉えで理解し、数量の関係を、座標の考え方を用いてグラフに表すことを学習します。座標の考え方を用いるこ

とにより，比例や反比例の式を座標平面上のグラフで表すことができるのです（図9，図10）。

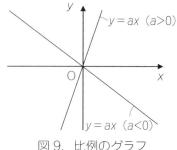

図9．比例のグラフ

　小学校では，比例のグラフが直線になること，原点を通ることを学習します。中学校では，変数や比例定数を負の数への拡張させたうえで，座標平面上の原点を通る直線として比例のグラフをとらえます。小学校では比例定数（きまった数）が正の場合を考えることから「比例は増える」といった誤った理解をしないように，比例定数が負の場合における比例のグラフ（右下がりの直線）も丁寧に扱います。

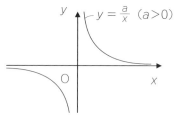

図10．反比例のグラフ

　反比例のグラフについては，小学校では双曲線を描くことはしませんが，中学校では，実際に双曲線を描いて，原点を通らない2本の滑らかな曲線であること，座標軸と交わらないことを指導します。

◆　　課　　題　　◆

【課題7－1】　対応の規則性，変化の規則性がみられる例をそれぞれ1つずつあげて，式で表せる場合は，規則性を式で表してみましょう。

【課題7－2】　2つの数量の関係を捉えるとき，差で捉える方が良い例と，割合で捉える方が良い場合の例をそれぞれ1つずつあげましょう。

【課題7－3】　y は x に比例するとして，$x = 2$ のとき $y = 6$ です。
　　　　　　（1）比例定数を求めてください。
　　　　　　（2）x の値が3増えるとき y の変化量を求めましょう。

◆ 課 題 ◆ 201

【課題7－4】 自然数から自然数への関数で，次の条件をみたす関数をそれぞれ求めましょう。
（1）全単射 　　（2）全射だけど単射ではない

【課題7－5】 比は日常生活や算数以外の教科の学習においても使われています。そこで，比が使われている例を10個あげましょう。

【課題7－6】 比の第1用法から第3用法までの問題を作りましょう。また，それらのうちで，子供にとって理解しにくいと思われるものを1つ取り上げて，その理由を考えてみましょう。

【課題7－7】 幼児が身の回りの生活の中でパターンを感じて楽しむことができる遊びを考えましょう。

【課題7－8】 幼児が2つの量の関係を考える機会を持つことができる園内外での日常生活の想定される場面を挙げましょう。

【課題7－9】 （1）日常の事象の中で，比例の関係となっている例をあげてください。ただし，2つの数量は正の数だけではなく，負の数まで拡張できるような例をあげてください。
（2）比例の関係にある2つの数量を x, y として，本文中の表3（p.180）にならって表をつくりましょう。

【課題7－10】 縦の長さが x cm，横の長さが y cm の長方形があります。この長方形の面積が24 ㎠ のとき x の値をいろいろと変えたときの y の値を求め，グラフに表してみましょう。
（1）x と y の間に成り立つ関係式を求めましょう。
（2）長方形の横の長さ x となり得る値を30個あげて，（1）の結果を利用して，それぞれの値に対応する y の値を求めましょう。必要なら計算機を使ってください。また，小数になる場合は，小数第2位を四捨五入

して小数第1位までの値で答えましょう。

（3）方眼紙を用意して，方眼紙に x 軸と y 軸をかいて，（2）で求めた x と y の組 (x, y) を座標平面上に図示しましょう（30 個の点をうちます）。

（4）（3）で図示した点を滑らかな曲線で結ぶことによってグラフを描きましょう。

第8章　D データの活用

「データの活用」領域の概要

　学習指導要領で新しく「D データの活用」という領域が設定されました。
　平成 20 年改訂の学習指導要領では，統計に関する内容は「数量関係」という領域の一部に含まれていましたが，「データの活用」が 1 つの領域となったことから，これからは統計教育も充実させていこうということがわかります。

【1】　統計教育の必要性

　世の中は統計を用いて得られた情報で溢れています。このことは，朝起きてから夜寝るまでの間に統計的な情報がないかを意識することで実感できると思います。そのような情報を解釈し，自らの生活に活かしていくためには，統計を用いて得られた情報に対して批判的・多面的な考察をすることが必要です。また，現実の世界の問題を統計の問題として捉え，統計的な問題解決や意思決定することも必要になります。そのために統計教育が必要なのです。

【2】　統計教育で求められること

　平成 20 年改訂の学習指導要領において，学習を楽しく充実したものにするために，算数に関わりのある楽しく充実した活動（算数的活動）が必要だとされました。子供が主体的に学べるように算数的活動を通して統計を学ぼうとしたことは大きな前進でした。でも，それだけでは統計を生活や学習に活用できるとは限りません。そこで，平成 29 年告示の学習指導要領では，子供たちが統計で学んだことを生活や学習に活用できるようにしようとして，数学的な見方や考え方を働かせながら，具体的な問題解決（文脈）を通して統計を学ぶことが必要だとされて，次のねらいが示されました。

「D データの活用」領域のねらい

（1）知識及び技能
　　①　目的に応じてデータを集めること

204 　第8章　Ｄデータの活用

　　② 　データを分類整理すること
　　③ 　データを適切なグラフに表すこと
　　④ 　データから代表値などを求めたりすること
　　⑤ 　統計的な問題解決の方法について知ること
（2）　思考力・判断力・表現力
　　⑥ 　データの持つ特徴や傾向を把握すること
　　⑦ 　問題に対して自分なりの結論を出すこと
　　⑧ 　その結論の妥当性について批判的に考察したりすること
（3）学びへ向かう力・人間性等
　　⑨ 　統計的な問題解決のよさに気付くこと
　　⑩ 　データやその分析結果を生活や学習に活用しようとする態度を身
　　　に付けること

文部科学省（2017）を基に作成

　また，統計教育では批判的思考力の育成も目指します。平成29年告示の学習指導要領では，統計的な問題解決や意思決定を扱うことの他にも，統計情報に対する批判的・多面的な考察を行うことが求められています。私たちは日常生活において新聞やニュース，雑誌など，第三者が統計を用いて導いた結論に囲まれています。これらは調査対象が偏っている場合や，読み手に誤解を与えるように作られたグラフが用いられたりする場合もあるため，提示された情報を鵜呑みにすることなく，批判的に考察することが大切です。

【3】　指導内容の系統

　統計教育の指導内容の各論は後述することにして統計教育全体を鳥瞰的にみてみましょう。統計にはすべてのデータを調べる「**記述統計**」と，一部のデータをもとにデータの傾向や特徴を推測する「**推測統計**」があります。推測統計は中学校の3年生で少し触れられる程度で，小学校と中学校では，主に記述統計を学びます。その指導内容の系統を表1に示します。

表1．統計の指導内容の系統

	記述統計		推測統計
	グラフ・図表	代表値	
第1学年	絵グラフ		

第2学年	簡単な表　　簡単なグラフ		
第3学年	表 棒グラフ		
第4学年	2次元の表 折れ線グラフ 適切なグラフの選択		
第5学年	円グラフ 帯グラフ	測定値の平均	
第6学年	柱状グラフ ドットプロット 度数分布	平均値 中央値 最頻値	
中学校	ヒストグラム 箱ひげ図	四分位数	標本と母集団
高校	散布図	分散　標準偏差 相関係数	統計的推定

第1節　代表値 〜 統計データの傾向や特徴を数値で読み取る 〜

【1】　内容の概観

　統計はデータを集めて傾向や特徴を調べます（集めたデータを「統計データ」といいます）。このとき，例えば，ある学校の子供の身長に関するデータを集めても数字だけが並んでいるだけでは傾向や特徴は読めません。そこで，集めたデータの傾向や特徴を読み取るために，統計では集めたデータを分類整理し，結果を適切に処理して，統計データを読み取り，判断します。そのとき，統計データの傾向や特徴を「表やグラフ」のように視覚的に読み取る方法と，「代表値」のように数量で読み取る方法と2つの方法があります。これらの方法は，どちらか一方の方法だけで傾向や特徴を読み取るのではなく，どちらの方法も試すなど，多面的に考察することが必要です。

206　第 8 章　D データの活用

【2】　基礎となる数学

[1]　データの種類

　統計データには身長や名前など色々な種類がありデータの種類によってグラフや分析の仕方が異なります。そこで，分析の方法の違いから，データを質的データ，量的データ，時系列データの 3 種類に分けて考えます（表 2）。

表 2．統計データの分類

1	質的データ	「怪我をした場所」や「好きな食べもの」などの文字情報
2	量的データ	「降水量」や「花びらの枚数」などの数値情報
		・離散量 ⇒ 「花びらの枚数」のようにトビトビの値をとる量 ・連続量 ⇒ 「降水量」のように途切れない値をとる量
3	時系列データ	「教室の温度」などの時間変化に沿って得られるデータ

[2]　代表値と散らばり

　量的データのように数値で与えられるデータは，データの傾向や特徴を計算により把握することができます。ここで，集めたデータの傾向や特徴を把握するために計算する量を代表値（記述統計量や要約統計量，基本統計量などよび方は様々）といいます。表 3 に初等教育と中等教育で学習する主な代表値の意味と求め方を示します。

表 3．主な代表値の意味と求め方など

| 小学校 | 平均値 | 意味 | ①　すべてのデータを「平」（たい）らに「均」（なら）したときの数「値」
②　分布の中心がどのあたりにあるかを示す指標 |
| | | 求め方 | ①　平均値 ＝ データの総和 ÷ データの個数
②　平均値 ＝ 仮平均 ＋ 仮平均との差の平均
③　データの総和 ＝ 平均値 × データの個数 |

第 1 節　代表値 〜 統計データの傾向や特徴を数値で読み取る 〜　　*207*

	中央値	意味	データを小さい順に並べたときに「中央」にくる数「値」
		求め方	データを小さい順に並べる ① データが奇数個の場合： 　中央値 ＝ 真ん中の数値 ② データが偶数個の場合： 　中央値 ＝ 真ん中にある 2 数の平均値
	最頻値	意味	データのうち「最」も現れる「頻」度の高い数「値」
		求め方	① 最頻値 ＝ 度数の最も多いデータの数値 ② 度数分布表の場合： 　最頻値 ＝ 度数の最も高い階級の階級値
中学校	四分位数	意味	① データを小さい順に並べたときに全体をほぼ四等分する数 ② 全体をほぼ二等分する中央値よりも細かく分析できる ③ 中央値まわりのデータの散らばりの程度を調べる ④ 平均値まわりの散らばりの程度を調べる場合は分散・標準偏差
		求め方	 ① データを小さい順に並べる ② 第 2 四分位数（中央値）を求める ③ 第 1 四分位数，第 3 四分位数を求める ④ 範囲 ＝ 最大値 – 最小値 　データの散らばりの程度を手軽に把握できる ⑤ 四分位範囲 ＝ 第 3 四分位数 – 第 1 四分位数 ⑥ ほぼ半分のメインデータの散らばりの程度を把握できる

高　校	分散と標準偏差	意味	①　どちらも平均値まわりのデータの散らばり具合を表す指標 ②　数値が小さいほど平均値まわりにデータが集中している
		求め方	①　平均値を求める ②　偏差を求める。偏差は各データから平均値を引いた値のこと。 ③　偏差平方を求める。偏差平方は偏差を 2 乗した値のこと。 ④　分散は偏差平方の平均値のこと。 ⑤　標準偏差は分散の正の平方根のこと。 　標準偏差 $= \sqrt{分散}$
	相関係数	意味	2 つの変量の相関の度合いを表す指標
		求め方	①　2 つの変量について標準偏差と共分散を求める。 ②　相関係数 　= 共分散 ÷ 一方の標準偏差 ÷ 他方の標準偏差

【3】　指導の方法

［1］　測定値の平均値から量的データの平均値へ

（1）測定値には誤差が伴うことを理解させる

　平均値の学習は第 1 学年から第 3 学年で学習する「C 測定」領域から接続されます。子供は「C 測定」領域において，測定する対象に応じて測定の方法や計器や単位を選択することを学んでいます。第 5 学年では，計器の最小単位では測定できずに目分量で末位を決めたりすることで測定値が近似値になり，真の値との間に誤差が生じることを指導します。例えば右図はものさしでエンピツの長さを測ろうとしている図です。しかし，図 1 のような場合は，本当に本当の長さ（真の測定値）はわかりません。このように測定値には，誤差が伴うことを理解させることが大切です。

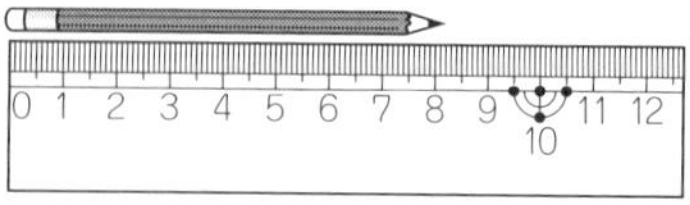

図 1．エンピツの長さを測る

（2）複数の測定値を平均することで真の値に近い値を得ることを理解させる

　測定値には誤差が伴います。図１において，ものさしの目盛を子供に読ませると

7.9　　8.2　　8.0　　8.1　　7.9

といったようにばらつきます。それらは真の値よりも長い場合や短い場合があり，複数の測定値をならすことにより，それらが相殺されて真の値に近い値を得ることを理解させます。

（3）ならす操作としての平均から分布の中心の位置としての平均値へ

　第６学年では量的データの総和をデータの個数でわることにより，散らばりのある分布の中心が　どのあたりにあるかを示す指標としての意味が平均値にあることを理解させます。

（4）平均値の計算

　平均値は形式的な計算で求められればよいというわけではありません。平均値の意味から計算につなげる必要があります。バラつきのあるデータを「ならす」場合，多いところから少ないところへうつして考えます。これは砂場を「ならす」場合に盛り上がったところにある砂を凹んだところに移動させ，平らにするイメージです。

　また，次のように考えると平均値の計算の方法がよくわかります。３人がそれぞれ何個かアメをもっており，それらの平均値を求める場合，３人の持っているアメをすべて集めておいて，それを３等分する（等分除）と考えます。

[2]　各代表値の指導上の留意点

　代表値にはデータの傾向や特徴を１つの数値で読み取ることができるという利点があります。その反面，データのもつ傾向や特徴の１つの側面にしか注目していないことから，データのもつ情報が失われることにもなります。そこで，代表値の指導では，代表値の意味と計算方法だけではなく，その代表値のメリットとデメリットも指導すると，どのような場面で，どの代表値を用いるべきか判断しやすくなります。

（1）平均値と中央値の指導上の留意点

次のＡとＢのデータの平均値を考えます。

A：	23	26	24	25	22	26	27	26	27	24
B：	15	13	20	16	24	14	13	17	20	98

平均値はいずれも 25 です。平均値は同じですが，データの傾向や特徴は同じかといわれると，異なる傾向のデータのようにみえます。実はＢの平均値を上げている原因は「98」です。98 のように極端に大きい値や小さい値を**「外れ値」**ということがあります。外れ値がある場合，平均値は代表値として適切であるとはいえません。そのため，平均値をみるときは，データの中に外れ値が含まれているかどうかをみます。

データの中に外れ値が含まれている場合，例えば，フィギュアスケートが採用している ISU ジャッジングシステムという採点方法では，技術点の要素毎に最高評価と最低評価を除外して，外れ値の影響をなくそうとしています。このように，外れ値があるとき，どのようにすれば代表値として適切かを考えて話し合う授業が考えられます。その結果，データを小さい順に並べたとき，真ん中に位置する値に注目させ，それが中央値であることに気付かせます。

中央値はデータを小さい順に並べて真ん中にあるデータの値に注目するので，外れ値の影響は受けません。このとき，データの個数が偶数個の場合と奇数個の場合で中央値の求め方が少し異なることにも気が付かせることが大切です。

（2）最頻値の指導上の留意点

場面と目的によっては，平均値や中央値では適切ではない場合もあります。例えば，靴のメーカーにおいて，どのサイズの靴を多く製造するかを考えるとき，これまでに売れた靴のサイズの平均値や中央値を求めても，あまり役には立ちません。このときに知りたいことは「どのサイズが最も売れたか」です。最も多く売れたのが 10000 足で，そのサイズが 25 ㎝であるとき，25 ㎝を**「最頻値」**とよびます。売れた個数（度数）は最頻値ではないことも指導する必要があります。

【4】 幼保との関連

[1] 体験しながら話し合うことを学ぶ

　幼児に対しては，生活で統計に関わるインフォーマルな経験を与えることや，何かを考えるときの価値観を大切にしてあげることが大切です。幼児が協力して取り組むことができるインフォーマルな統計的な概念を使うような状況を作り出したり，幼児の価値観が対峙するような問題を与えたりするのがよいでしょう。具体的には，クラスの中で何かをしようというとき（次の音楽会で演奏する曲を決める，担当する楽器を決める，遠足で遊びに行った時やお楽しみ会の遊びを決める，グループに分かれてグループ名を決めるなど）に話し合う際，案をホワイトボードなどに書き出して，自分の賛成する案の方に，自分でシールなどを貼って，その結果を表のようなもので表します。この作業は後述するデータの整理にも役立ちます。みんなの意見を聞きながら，自分の意見を変えても良いようにします。決をとる方法を考えてもよいですし，幼児が納得するのであれば，多数決でもよいかもしれません。全員がある程度のところで納得できるような話し合いを行う経験が大切です。これらの一連の流れによって，幼児たちはデータの整理，数の把握，価値観の醸成，話し合いの重要さ，他者との対話を学びます。話し合う過程の中で，例えば，最頻値（みんながこれを支持しているなど），平均値（大体の中くらいのところ）といった代表値に関わる内容について触れる子供がいるかも知れません。その場合には，保育者はそのことを認め，褒めることが大切です。

　このように，フォーマルな統計的な話をするのではなく，日常生活の話し合いの中で，どのようにものごとを決めるのか，そのプロセスを幼児たちが体験する環境を構成することが大切です。その際は，この一連の流れが代表値の理解だけではなく，統計的な学習内容にも関わってくるということを，保育者がしっかりと理解しておくことも大切です。

【5】 小中の連携

[1] 中央値から四分位数へ

　第6学年で学習する中央値は中学校で学習する四分位数に接続されます。例えば，あるクラスのテスト結果から中央値を求めると，クラスの中における

自分に位置を知るのに役立ちます。つまり，クラスの上位半分にいるか，下位半分にいるかを知ることができるのです。でも，このことを知りたい人は，おそらくクラスの真ん中あたりにいる人でしょう。そこで，クラスの中における自分の位置をより詳しく知るため

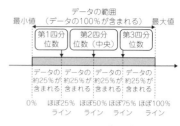

図2．四分位数

に四分位数が導入されます。四分位数によってデータ全体を四つのグループにわけることから，全体の中で「上位25％にいる」といったように，中央値だけの場合よりも詳しくデータの特徴や傾向を求めることができます（図2）。

中央値を指導する場合，単に形式的に中央値を求めるだけではなく，中央値を用いて全体の中での位置を調べる活動を取り入れたいところです。中央値の学習において「中央値によってデータ全体がほぼ二等分される」という表現で理解させておくことで，中学校第2学年で「四分位数」を学習する場合において「四分位数によってデータ全体がほぼ四等分される」ことが理解しやすくなります。

［2］ 散らばりの程度に関する多面的な考察

小学校では「**ドットプロット**」を用いて散らばりの程度を考えたりします。高校では平均値の周辺の散らばりの程度を表す指標として分散や標準偏差を学習します。中学校では中央値の周辺の散らばりの指標として四分位数を学習します。また，もっとも手っ取り早く散らばりの程度を知るために，中学校第1学年で学習する「**範囲**」（最大値と最小値の差）があります。

中学校で学習する「範囲」への接続を考えて散らばりの程度を考える活動として，右図のAとBでは，どちらが散らばっているかを考えさせる活動を取り入れてもいいでしょう。これは幾通りも正解が出る可能性があり，オープンエンドな問題です。例えば，最も離れている2つの点の距離に着目したら，それは中学校で指導する「範囲」の学習の素地となるでしょう。

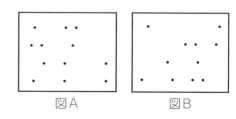

図A　　　　　図B

第 2 節　統計的な表やグラフ　〜統計データの傾向や特徴を表やグラフで読み取る〜　　213

第 2 節　統計的な表やグラフ
〜 統計データの傾向や特徴を表やグラフで読み取る 〜

【1】　内容の概観

　データの特徴や傾向を捉えようとする場合，代表値による方法の他に，グラフで表して視覚的に捉える方法があります。表やグラフは数字や文字ばかりのデータを一目で全体の傾向や特徴を把握できることから，とても大切です。グラフには様々な種類があり，データの種類や目的によって使い分けます。また，データを表に整理してデータの傾向や特徴を読み取ることも大切です。

【2】　基礎となる数学

[1]　絵グラフ，棒グラフ，柱状グラフ（ヒストグラム）：
　　　大小を比較する

　最近，ある小学校では怪我をして保健室を利用する児童が増えているとします。そこで，校内の怪我をしやすい場所に注意喚起のポスターをはることにしました。そのため 1 週間もの間，怪我で保健室を利用した児童に怪我をした場所を聞きました。このように集めたデータの傾向が読みやすいように，表 4 にまとめます。各グループにあるデータの個数を「度数」といいます。例えば，表 4 において，廊下の度数は 6 です。また，各グループの度数を表 4 のように表したものを「度数分布表」とよびます。

　私たちは度数分布表から一目でデータの傾向や特徴を読み取るために，図 3 のような「絵グラフ」で表したり，図 4 のような「棒グラフ」で表します。絵グラフは，記号や絵を並べて，数量の大小を比較しやすくしたグラフで，棒グラフ

表 4．児童が怪我をした場所

怪我をした場所	度数〔人〕
廊　　下	6
校　　庭	3
体育館	3
階　　段	5
その他	3
合　　計	20

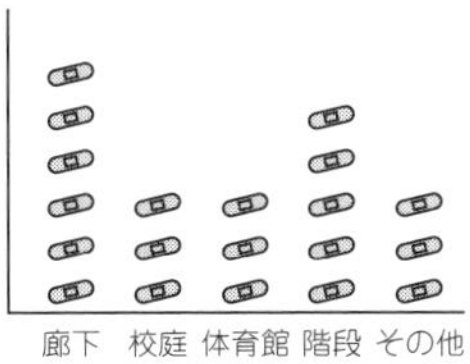

廊下　校庭　体育館　階段　その他

図 3．絵グラフ

は棒の高さで数量の大小を比較しやすくしたグラフです。棒グラフは度数の多い順に並べ替えると大小が比較しやすくなります。

　棒グラフの中でもさらに特別なよび方をするグラフがあります。集めるデータが「好きな食べ物」のような質的データや「腕立て伏せの回数」のように，とびとびの値をとる量的データの場合は，棒と棒の間をあけます。それに対して「中学生の身長」のように連続した量的データの場合は，棒と棒の間をあけません。このような棒グラフを「柱状グラフ」，または「ヒストグラム」といいます（図5）。柱状グラフを使えば，山の形などによりデータの分布の様子を直感的に捉えやすくなります。

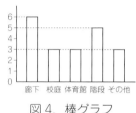

図4．棒グラフ

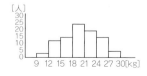

図5．柱状グラフ
（ヒストグラム）

[2] 折れ線グラフ：変化をみる

　「1日の気温の変化」のような変化するものをわかりやすくまとめたものが折れ線グラフです。例えば，図6には「数学のテストの点数」の折れ線グラフがあります。横軸にはテストの種類を書き，縦軸にテストの点数を書き，折れ線グラフを描きます。

　折れ線グラフは変化を大袈裟に見せようとして，軸の途中を省略して折れ線だけをクローズアップさせることがあります（図7）。この場合，縦軸の下の方は「≈」を入れたりします。折れ線グラフをみる場合は，軸の途中が省略されていないかどうかもみる必要があります。

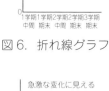

図6．折れ線グラフ

図7．折れ線グラフ

[3] 円グラフ，帯グラフ：割合をみる

　調べたいもの全体の中で，それぞれの項目がどのくらい占めるのか，という割合をみるグラフは図8の「円グラフ」と図9の「帯グラフ」です。

第2節　統計的な表やグラフ　～統計データの傾向や特徴を表やグラフで読み取る～

帯グラフは図9のように並べることで、割合の変化が読み取りやすいという特徴をもっています。

円グラフは、時計の針の12時の位置から時計回りに扇形をかきます。扇形の面積が大きい項目は、全体の中での割合も大きいと判断します。また、扇形をかく場合には、割合の大きい順に項目を並べる場合（図8の①）と、似たような内容が隣り合うように項目を並べる場合（図8の②）があります。また、割合の小さい項目は「その他」としてまとめます。割合を比べる場合、円グラフを並べて比べることもできますが、帯グラフなら形が長方形なので並べることができ、割合の変化が比較しやすくなります。

帯グラフは、同じ長さの棒を並べ、それぞれの棒の中に各項目の割合を示したものです。複数の帯グラフを並べる場合、割合が比較しやすいように、グラフの中に項目は同じ順番にします。帯グラフの注意点は、あくまでの全体の中での割合を表しているのであり、割合が大きくなっても実際の数は小さい場合があります。例えば、図9では、2000年から2010年を比較すると「老年人口の割合」は増えていますが、「老年人口」は減少しています。帯グラフから傾向や特徴を読み取る場合は全体の数にも注意することが必要です。

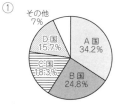

図8．円グラフ

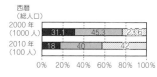

図9．帯グラフ

[4]　ドットプロット

ドットプロットは数直線上に目盛をつけて、該当する数値のところに「●」（ドット）を描き入れた（プロット）ものです。同じ値のデータがあるとドットを上に積み上げていきます。数直線上にドットをプロットするので量的データに対して用いられます。例えば図10は学校周辺のペットボトル拾いのペットボトルの本数をまとめたドットプロットです。一番高く積み上がっている部分のデータである2本が最頻値です。このように、代表値の意味を捉えるこ

とや，データの散らばりの様子を捉えるのに便利です。

[5] 箱ひげ図

中央値まわりのデータの散らばり具合を捉える量として最大値，最小値，

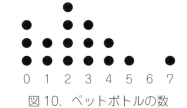
図10. ペットボトルの数

四分位数（第1四分位数，第2四分位数，第3四分位数）がありました。これら5つの数字は5数要約とよばれることがあります。5数要約をグラフで表したものが「箱ひげ図」です（図11）。

箱ひげ図は，第1四分位数と第3四分位数が長方形の端に対応させて長方形をかきます。この長方形の中にはほぼ50パーセントのデータが含まれます。長方形の中に第2四分位数を

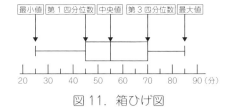
図11. 箱ひげ図

表す線を引きます。第1四分位数と第3四分位数が出ている長方形の辺から，最大値と最小値へ線分を出します。

[6] 散布図（相関図）

テストの点数や身長は，1つの基準で集めたデータです。このようなデータを「1変量データ」とよびます。数学が得意な人は理科も得意かという問題を調べる場合は，数学の点数と理科の点数という2変量データの傾向や特徴を読み取る必要があります。この場合「散布図（相関図）」に表して，2つの変量の関係を調べることがあります。

例えば，数学と理科の点数を収集して散布図に表す場合

座標 (数学の点数 , 理科の点数)

を平面上に図示して傾向や特徴を読み取ります。

図12のように，右上がりの直線状にデータが分布する場合は「正の相関」といい，数学が得意な人は理科も得意な傾向にあると読み取ります。ここで気を付けたいことは，正の相関であっても，数学が得意だから理科も得意であるといった因果関係はあるとは限りません。同じように右下がりの直線状にデータが分布する場合は「負の相関」といいます。

第2節 統計的な表やグラフ ～統計データの傾向や特徴を表やグラフで読み取る～　　217

【3】 指導の方法

グラフの指導は，第1学年で絵グラフ，第2学年で簡単なグラフ，第3学年で棒グラフ，第4学年で折れ線グラフ，第5学年で円グラフや帯グラフ，第6学年で柱状グラフやドットプロットを指導します。

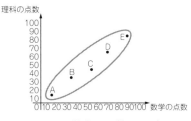

図12. 散布図（相関図）

グラフの指導をする場合は，グラフからデータの特徴や傾向を読み取るだけではなく，データをグラフに表すことも大切なのですが，この部分は慎重に指導しましょう。例として，第1学年で指導する絵グラフをとりあげます。ある小学校の前を5分間に通過した車両の種類を調べたところ，図13のようになったとします。どの車両が一番多いかを比べるために図14のように並べます。

図14のように車両の絵を並べれば絵グラフができますが，どの車両が一番多いかを判断させるとバイクではなくトラックが一番多いと答える児童もいます。グラフの中で一番高くまで積まれているのがトラックなので，トラックが一番多いというわけです。この時大切なのが"揃える"ことです。（図15）考えてみますと数の筆算でも「位を揃える」ことが大切でしたし，測定において2本の鉛筆の長さを比べる場合でも「端を揃える」ことが大切でした。今回も"揃える"ことが大切です。このとき「何を」揃えるかが大切です。の場合で

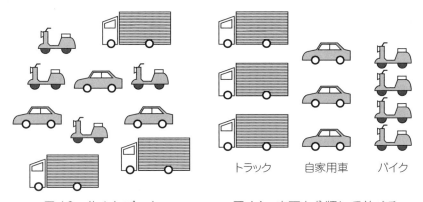

図13. 集めたデータ　　図14. 車両を分類して並べる

いうと，例えば次のような揃え方が考えられます。

① 絵の **間隔** を揃える
② 絵の **大きさ** を揃える

どちらの方法でも一番高いものが多いと判断することができます。このように，グラフで表す場合には，それぞれのデータに応じた方法があることを理解することが，指導上大切といえます。

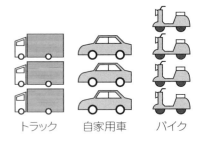

図 15．絵の大きさを揃えた場合

【4】 幼保との関連

[1] グラフや表に触れるような環境づくりが大切

小学校第 1 学年では絵グラフ，第 2 学年では簡単な表を指導します。絵グラフや簡単な表で表したり，逆にそれらから情報を読み取ったりするための素地的な経験ができるように，幼児がグラフや表に触れることのできる環境作りが大切です。例えば，図 16 は「ある時刻にどこに行く」ということを構造化して表に示しています。図 17 は「1 週間の流れ」を表に示しているので，表の見方などを経験的に理解することができます。また，どちらの図も幼児が行き先や行動をイメージできる写真やイラストを用いているので，絵グラフの学習の素地としての経験ができるのです。さらに，このような表を用いることは，幼児たちが見通しを持って行動をすることにも役立ちます。

第2節　統計的な表やグラフ　〜統計データの傾向や特徴を表やグラフで読み取る〜　　219

1じ15ふんまで	じぶんのおへや		
1じ15ふん	どきどきルームきがえ		
1じ30ふん	みずあそび		

図 16．時刻と行動の一覧表

月（げつようび）	火（かようび）	水（すいようび）	木（もくようび）	金（きんようび）

図 17．1 週間の流れの一覧表

[2]　話し合いの中に表を組み込む

　年中児（4 歳 -5 歳児）になると，自分の思いを言語化して伝えられるようになりますが，友達の話を聞いて理解することが難しい場合もあります。そのような時には，保育者の支援によって話し合いの方法を日常生活で学びます。年中児（4 歳 -5 歳児）の場合，大人数での話し合いは難しいですが，年長児（5-6 歳児）になると，大人数での話し合い，クラス全体での話し合いが可能になります。大人数がグループに分かれてグループ名を決め，遠足などのイベントの時にどのような遊びをするのかを決めることができるようになるのです。友達と話し合いながら，数学的な活動を行うことが，思考力や表現力に繋がります。具体的な活動の例を紹介しましょう。

　幼児から，お誕生日会で遊ぶゲームは何が良いかについて案を出してもらい，話し合いや多数決によって，ゲームの内容を決めるという活動です。まず，出してもらった案をホワイトボードに書き出します（図 18）。幼児達に「おはじき」などを持たせ，どの案が良いかを選んでもらいます。選んだ後に，どの内容が一番多いかを調べるために，各内容にある「おはじき」の総数を確かめます。そのために，図 18 の右側のように「おはじき」を整理して並べて，各内容に対する「おはじき」の総数を比べやすくします。さらに，何故そのゲームがよいのかをみんなで話し合います。友達の意見を聞いて，自分の考えを変えたい子は，話し合いの後に自分が置いたおはじきを動かすことができるようにします。最後に，どのゲームにするのか保育者がまとめます。この活動は，自分たちの意見をもとに，データを整理し，表に表し，数を比べる，話し合うなど，数学的な見方・考え方を働かせながら行う数学的活動です。

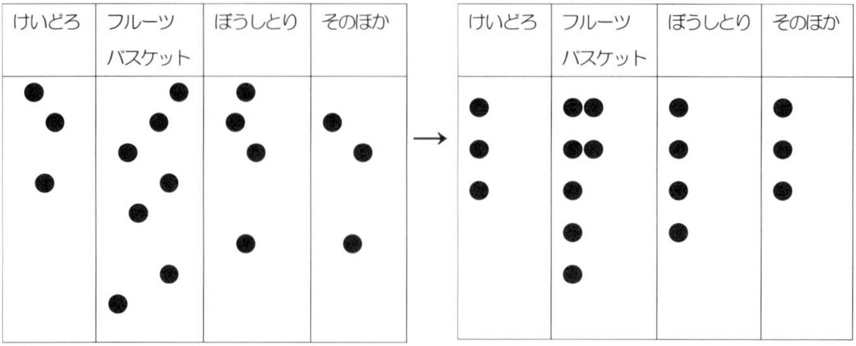

220   第 8 章　D データの活用

図 18. データの整理の一例

　このようにデータの活用に関しては，幼児が身近だと感じる題材での時間を
かけた様々な取り組みや活動例が考えられます。必ずしも数字を使わなくて
も，日常生活のことを具体物の数量を用いて示すこと，具体物の総数が個数を
示していること，表で表すことでわかりやすいことなどを経験的に理解するこ
とができます。

【5】　小中の連携

　中学校では，小学校第 6 学年で指導する「度数分布を表す表」と「柱状グ
ラフ」は「度数分布表」と「ヒストグラム」に名前を変えて，より詳しく学び
ます。

[1]　度数分布表

　小学校で指導する「度数分布を表す表」は，例えば，体重のデータであれ
ば，体重をいくつかの区間（階級といいます）に分けて，それぞれの区間に入
る度数を記入した表のことをいいます。

　中学校では，さらに相対度数や累積度数が指導されます。A 中学校の生徒
200 人と B 中学校の生徒 100 人の体重データを比べる際，体重が 40 キログ
ラム以上 50 キログラム未満の生徒が，A 中学校に 56 人，B 中学校に 20 人
いるとしても，単純に度数（56 人と 20 人）を比較することはできません。
そこで，（相対度数）＝（各階級の度数）÷（総度数）を求め，度数分布表に
記入します。

　相対度数は，各階級の頻度を意味しており，中学校 2 年で学習する確率の

素地的な学習です。

[2] ヒストグラム

　横軸に各階級の幅をとり縦軸に度数とする長方形を並べたグラフが柱状グラフ（またはヒストグラム）です。中学校では階級の幅を変えると山の形が変わることを指導します。例えば，図19と図20は同じデータをもとにかいたヒストグラムです。図19は階級の幅を3キログラムですが，図20は階級の幅は2キログラムです。同じデータでも階級の幅の取り方が異なるだけで，かなり見え方が違うことがわかります。

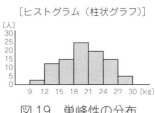

図19. 単峰性の分布

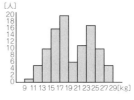

図20. 多峰性の分布

　図19のように山が1つのヒストグラムは「**単峰性の分布**」といい，図20のように山が2つのヒストグラムは「**多峰性の分布**」とよびます。多峰性の分布は種類の異なるデータが混ざっている可能性があります。例えば体重データの場合，男子の体重と女子の体重が混ざっているなどです。

　度数分布表やヒストグラムをかくことは単なる作業にするのではなく，階級の幅をいろいろと変えて分析するという態度を醸成することが批判的思考力の育成につながります。

第3節　起こり得る場合，統計的な問題解決

【1】　内容の概観

[1]　統計的な問題解決

　統計教育では，知識及び技能を問うだけではなく，統計的な問題解決や意思決定を扱うこと，統計情報に対する批判的・多面的な考察を行うことが特徴です。そのような統計的な資質・能力は現実の場面でも使えるように問題解決を

通して育成されることが望まれます。

統計的な問題解決過程（**統計的探究プロセス**）にはワイルド＆プファンクーフ（Wild & Pfannkuch）による「**PPDACサイクル**」があります（図21）。

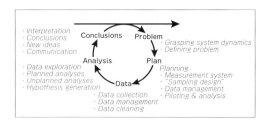

図21. 統計的探究プロセス

これは「問題（Problem）」，「計画（Plan）」，「データ（Data）」，「分析（Analysis）」，「結論（Conclusion）」という5つの場面から構成されています。これら5つの場面は，つねに同じ流れで現れるわけではありませんが，統計的な問題解決において参考になる過程です。

[2] 統計と数学的活動

統計的探究プロセスの第1段階の「問題」は低学年や中学年では難しいことは後述しますが，日常の問題を統計的な方法で解決する数学的活動を学年に応じて組み込むことが考えられます。

例えば，加々美（2018）はテレビドラマの中にも統計教育における数学的活動があることを指摘しています。テレビドラマの内容は，長篠の合戦の論功行賞に手を焼いていた家康に万千代は武功を表に整理することを提案するというものです。これは提出された書状を表に整理して評価・判断するという数学的活動です。加々美（2018）は「この例では時代劇であるので，学習によって獲得された資質・能力ではなく，特別な人間の発想・技能として重視されたが，今日においては，広く誰でもこのような力を必要な場面で発揮できることが求められる。教育への期待は大きい。」と述べています。この例からもわかるように，日常生活の至るところに統計に関わる数学的活動があることがわかります。

[3] 起こり得る場合（場合の数）

思いつくままに調べた場合に落ちや重なりが生じる場合でも，起こり得る場合を図や表などを用いて順序よく整理して調べることが「起こり得る場合」の主な内容です。ここでは，調べる対象に応じて，図や表を適切に使い分けることが大切です。ここでは，単に起こり得る場合の数を数えるというだけではな

第3節　起こり得る場合，統計的な問題解決　　*223*

く，複雑で起こり得る場合の数が数えにくい場合でも，図や表に整理することで，わかりやすくなり，起こり得る場合の数が数えやすくなるという経験を子供たちにしてもらうことが大切です。

【2】　基礎となる数学

[1]　起こり得る場合

　ある場合が何通りの起こり方があるかを調べるときには，起こり得る場合を順序よく整理して調べることが大切です。そうでなければ「落ち（数え漏れ）」や「重複」が起こりやすくなり，場合の数を正確に求めることができなくなるからです。

　　【場合の数の基本】並べるだけの $n!$ ，選んで並べる $_nP_r$ ，選ぶだけの $_nC_r$

【1】階乗：（異なるものを）並べるだけの $n!$
　　異なる n 個のものを1列に並べる方法の総数を「$n!$（通り）」と表します。
$$n! = n \times (n-1) \times (n-2) \times \cdots \times 3 \times 2 \times 1$$
$$= （n \text{以下のすべての自然数のかけ算}）$$

【2】順列：（異なるものから）選んで並べる $_nP_r$
　　異なる n 個のものから r 個を選んで1列に並べる方法の総数を「$_nP_r$（通り）」と表します。
$$_nP_r = n \times (n-1) \times (n-2) \times \cdots \times (n-r+1)$$
$$= （n \text{からはじめて} r \text{個の自然数のかけ算}）$$

【3】組合せ：（異なるものから）選ぶだけの $_nC_r$
異なる n 個のものから r 個を選ぶ方法の総数を「$_nC_r$（通り）」と表します。
$$_nC_r = \frac{n \times (n-1) \times (n-2) \times \cdots \times (n-r+1)}{r \times (r-1) \times (r-2) \times \cdots \times 1}$$
$$= \frac{n \text{からはじめて} r \text{個の自然数のかけ算}}{r \text{以下のすべての自然数のかけ算}}$$

---

[2]　和の法則・積の法則・包除原理

　場合の数を数える場合には，次の3つの法則・原理を用います。

224 第8章 Dデータの活用

【和の法則・積の法則・包除原理】

> A が起こる場合が m 通り，B が起こる場合が n 通り，A と B が同時に起こ
> る場合が k 通りある。
> (1)「A **または** B が起こる場合の数」は
>   ① A と B が同時に起こることがない場合（$k=0$）は   ◁ **和の法則**
> $m+n$［通り］
>   ② A と B が同時に起こることがある場合（$k \neq 0$）は   ◁ **包除原理**
> $m+n-k$［通り］
> (2)「A **かつ** B が起こる場合の数」は $m \times n$［通り］   ◁ **積の法則**

[3]　確率

　中学校では小学校で学習する割合や起こり得る場合などの理解をもとに，確率を用いて不確実な事象の起こりやすさについて考察します。実は確率はいろいろと種類がありますが，学校教育で扱われるのはラプラス（Laplace）による「**数学的確率**」です。数学的確率は次のように定義されます。

　［数学的確率］根元事象がすべて同様に確からしいような試行において，全事象の起こり方が m 通りあり，そのうち事象 A の起こり方が n 通りであるとき，事象 A の確率は

$$P(A)=n \div m$$

　ラプラスによる確率は分母で数えたそれぞれの場合に対して**同じ起こりやすさ（同様に確からしい）**を前提としなければなりません。例えば「宇宙人はいる」と「宇宙人はいない」の2通りがありますが，だからといって「宇宙人がいる確率」が2分の1とはいえません。「宇宙人はいる」ことと「宇宙人はいない」ことが同じ起こりやすさかどうかわからないからです。ミーゼス（Mises）は，このような曖昧な部分を何とかしようと「**統計的確率**」を考えました。これは，ある試行を行う回数を大きくしていくとき，（起こった回数）÷（行った回数）が一定の値に近づいていくとき，その値を確率としようとするものです。行う回数を増やしていったときに，（起こった回数）÷（行った回数）の値は一定な値に近づくという法則（**大数の法則**）もありますが，厳

密ではないため，コルモゴロフ（Kolmogorov）は，数学の他の分野と同様に，公理から出発して曖昧さのないように確率を考えよう（**公理的確率**）としました。

【3】 指導の方法

[1] 統計的探究プロセス（PPDACサイクル）

統計的探究プロセスは，「問題（Problem）」，「計画（Plan）」，「データ（Data）」，「分析（Analysis）」，「結論（Conclusion）」という5つの場面から構成されています。統計を日常の場面で使えるようにするためには，統計を用いて解決する「問題」をみつけなければなりません。それは，表5に示すような「ある町で交通事故が多いことから交通事故を減らしたい」ことを考えるのが統計的探究プロセスにおける「問題」とはいえません。統計的に取り組むことのできるような問題ではないからです。そこで，一歩進めて「町で交通事故の多い場所や時間帯，車両の種類や当事者の年齢，性別などについて何か特徴や傾向はないだろうか？」とすれば，これは統計的探究プロセスにおける「問題」といえます。統計を日常の場面で使えるようにするには，この「問題」段階が大切ですが，これは低学年や中学年では難しいです。そのため統計的探究プロセス全体に対する指導は高学年や中学校以上で行います。

　低学年では「問題」「計画」「結論」はあまり深く扱わず，データを整理しながらデータの特徴を捉えることを中心に学習します。中学年においては「結論」の部分はあまり深く扱わず低学年における学習に，子供の身近な題材から問題を設定すること，どのようなデータを集めるかといったことが追加されます。そして，高学年においては，結論付けや，結論の妥当性の検討，問題解決過程を振り返ることなど，統計的探究プロセスの全体を指導します。指導の際，表6に示すような「統計的問題解決を促進するための問いの例」が参考になります。

226 第 8 章 D データの活用

表 5. PPDAC サイクルの具体例（佐々木・佐々木（2018）をもとに作成）

日常の場面：ある町で交通事故が多いことから交通事故を減らしたい	
問題（Problem）	町で交通事故の多い場所や時間帯，車両の種類や当事者の年齢，性別などについて何か特徴や傾向はないだろうか？
計画（Plan）	収集するデータの種類や収集方法について計画を立てる。
データ（Data）	計画を立てることができたら実際にデータ収集を行い，表に集計するなどを行う。
分析（Analysis）	各々の交通事故の記録が記録された表のままでは傾向や特徴がわかりにくいため，月ごとや場所ごとなどといった観点を定めて交通事故の件数をまとめ，グラフや表に表して傾向や特徴を読み取る。
結論(Conclusion)	収集したデータの特徴や傾向が把握できたら設定した問題に対する結論や解決策などを考える。

表 6. 統計的問題解決を促進するための問いの例（藤原（2018）を改変）

	▼活動を戻すための問い　▲活動を進めるための問い
問題（Problem）	▼：問題を統計的に解決するには，どのように焦点化すればよいか？ ▲：焦点化した問題は本当に統計的に解決できるか？
計画（Plan）	▼：どのようなデータをどのように集めればよいか？ ▼：集めようとしているデータをどのように表したり，そのデータから何を求めたりすればよいか？ ▲：集めようとしているデータで本当に問題を解決できるか？
データ（Data）	▼：データをどのように整理すればよいか？ ▲：集めたデータで本当に問題を解決できるか？ ▲：信頼できないデータは含まれてないか？

分析（Analysis）	▼：集めたデータをどのように表せばよいか？ ▼：集めたデータから何を求めればよいか？ ▲：分析により適切な表・グラフ・図や統計量はないか？
結論（Conclusion）	▼：どんな結論が得られるか？ ▼：結論の根拠として何を用いるとよいか？ ▼：結論とその根拠をどのように説明すればよいか？ ▲：得られた結論とその根拠は妥当か？ ▲：よりよい結論を得るためにはどうすればよいか？

【4】 幼保との関連

[1] 具体的な出来事から経験的に確率を学ぶ

ホドニク＆スクルベク（2011）は，スロベニア（中央ヨーロッパ）の幼児に対して，ある出来事について，「必ず起こる」「起こり得る」「全く起こらない」という区別がついているのかどうかを調査しました。図22は調査に使われた図をもとにしています。質問は「ある箱に車が入っており，この中から1つ選ぶとき，車が入っている可能性は『必ず起こる』『起こり得る』『全く起こらない』のどれですか？」という内容です。それ

図22．調査に使われた図
（ホドニク＆スクルベク，2011）

に対して，幼児達の約8割が正答したそうです。この他にも様々な質問をして分析した結果，保育者が教え込むのではなく，何かの出来事を具体的に挙げて，幼児が経験的に確率を学ぶことや，確率の用語を用いることが大切だということを提言しました。

[2] 考えられる実践例

［1］の内容を踏まえて考えられる実践例を示します。

まず，サイコロで7より大きい数が出るのかどうかを幼児にたずねてみた

り，行事などのイベントで天気を予想させたりします。幼児が経験を通してなんとなくわかっていることを保育者がたずねることで，その理解を深めたり，確かめたりする機会を幼児に与えることができます。天気予報でも「絶対に起こる」「絶対に起こらない」「起こる可能性がある」等の言葉を使って，幼児が確率的な考え方に触れる機会を与えることができます。

次に，幼児が身の回りで確率的なことを学ぶことができるのはじゃんけんをしたり，コインやサイコロを使って遊ぶ場合においてです。じゃんけんの場面で「じゃんけんに強い」とは，勝つ確率が直感的に高いという意味で使われています。この言葉の背景には，相手が何を出すかわからないという不確実な状況があります。不確実な状況だからこそ，どの程度かを見積もる態度につながり，中学校では起こりやすさを数値化することにつながります。表裏のどちらが出るかわからないコイン投げや，どの目が出るかわからないサイコロを振る場面もじゃんけんと同様に不確実な状況が体験できます。

【5】 小中の連携

[1] 記述統計と推測統計

記述統計と推測統計の意味を表7に示します。

例えば，ある学校の児童の身長について傾向や特徴を知りたい場合は，全員のデータを集めて調べることができます（記述統計）。ところが，テレビの視聴率などを知りたい場合は，全世帯のデータを集めることは手間も費用もかかります。そこで，一部のデータから全体がどのような傾向や特徴があるかを調べます（推測統計）。一部から全体を推測するので「断言」はできません。このように不確定な事象を扱う時には「95％の確率で視聴率は17％から23％の間にある」（このような場合「視聴率は20％」とわかりやすく表現します）のように，確率を使って表現します。また，一部から全体を推測するためには，データを偏りのないように集めなければなりません。例えば，大学生の数学の学力を把握しようとする場合に理学部数学科の学生にテストをしても，大学生全体の学力はわかりません。大学生全体の中から偏りのないように無作為に選ぶ必要があります。有名な話ですが，鍋に入った味噌汁の味を知るにはよくかき混ぜればスプーン1杯で知ることができるわけです。

表7. 記述統計と推測統計

1	記述統計	実験などで集めたすべてのデータを整理して全体の傾向や特徴を把握します。 例）日本の人口，学校の身体測定，生産量，GNP など
2	推測統計	実験で得られたデータの背景にある全体像を，確率を使って把握します。 例）選挙予想，市場調査，品質管理，虫の体長など

◆　　課　　題　　◆

【課題8−1】　ある1日を決め，起床から就寝までの間，日常にある統計的な情報や内容を30個あげましょう。

【課題8−2】　日常の問題で統計的な問題がつくれるものをあげ，実際に統計的な問題（統計的探求プロセスにおける問題にあたる部分）を示しましょう。

【課題8−3】　（1）5人が1列に並ぶ方法の総数を求めましょう。
　　　　　　　（2）5人から3人を選んで1列に並ぶ方法の総数を求めましょう。
　　　　　　　（3）5人から3人選ぶ方法の総数を求めましょう。
　　　　　　　（4）男子5人，女子3人から4人を選びます。男子から2人，女子から2人選ぶ場合の総数を求めましょう。

【課題8−4】　ある小学校のある学級は30人です。この中に生まれた月日の同じ人がいる確率を求めましょう。

【課題8−5】　現実の世界における問題を統計的に解決する問題に変えたのち，統計的探究プロセスに沿って問題を解決してみましょう。

230 第8章 Dデータの活用

【課題8-6】 棒グラフで表すとよいデータ，逆に棒グラフで表してはならないデータの例をあげましょう。折れ線グラフ，円グラフ，帯グラフ，柱状グラフのそれぞれに対しても同様に例をあげましょう。

【課題8-7】 表を使って幼児の園の生活において身の回りの情報を整理できることを考えましょう。
実際に表を作って示しましょう。

【課題8-8】 園の行事を思い浮かべながら，ある行事をあげ，その前後に話し合いながら統計的なことを学ぶ活動を設定してみましょう。

【課題8-9】 次のそれぞれのデータについて，四分位数，最大値，最小値，範囲，四分位範囲を求めましょう。
(1) 28 35 29 26 25 30 25 24 21 22 27
(2) 28 35 29 26 25 30 25 24 21

【課題8-10】 6 7 3 5 5 4 の平均値，偏差，偏差平方，分散，標準偏差を求めます。
(1) 平均値を求めましょう。
(2) 偏差を求めましょう。偏差は各データから平均値を引いた6個の値です。
(3) 偏差の平均値を求めましょう。また，得られた値になる理由を述べましょう。
(4) 偏差平方を求めましょう。偏差平方は偏差を2乗した値です。
(5) 分散を求めましょう。分散は偏差平方の平均値です。
(6) 計算機を用いて標準偏差を求めましょう。ただし，小数点以下第2位を四捨五入して，小数点以下第1位までの概数で答えてください。

第3部
算数科の授業づくり

第9章　安心して学べる学級づくり

第1節　学級づくりを行う際の教師の姿勢

【1】　学級経営の意味と重要性

　学級経営とは「学級の教育活動を有効適切に行うように学級内の諸事を運営すること（広辞苑第七版）」です。学級を運営することを**「学級をつくる（学級づくり）」**といい，それは担任の役目です。

　子供は，1日のうちで寝ている時間を除けば，在宅時間より学校にいる時間の方が長いことから，学級経営の成否は，子供の生活そのものが充実するかどうかと言っても過言ではありません。授業もその一部です。思いやりの溢れる学級の中でこそ，子供は健やかに成長し，自分自身を伸ばしていけるのです。

　この重要性をみなさんが認識しているからこそ，学級経営に関する書物はたくさん出版され，多くの教員が買い求めています。学級内で教師が行う諸事いわゆる各種指導（給食指導，清掃指導等）や環境づくり（教室整備，掲示物等）などの留意点やノウハウを記した本です。

　ここでは，そのような留意点やノウハウではなく，学級経営を行う際の教師の姿勢について述べます。教師がもつべき視点と言ってもよいと思います。この姿勢（視点）があるからこそ，子供は教師を信頼し，安心して自分の居場所を作り，学ぶことができるのです。すべての基本の部分です。

【2】　教師がもつべき「3つの視点（目）」

[1]　教師の目

　この「目」は，各種研修会や自己研修なども含め，日常の業務で見えてきます。

> これからの社会を生きるために，子供に必要な力はついているか

234　第9章　安心して学べる学級づくり

世の中の動きに合わせて，その中において，子供が生き抜くために，必要な力が身に付いたかどうか評価する目です。学習指導要領の目標に照らして，その達成状況を評価する目は，この目です。十分達成できているか，あるいは不十分であるかなどを見抜く目です。

また，評価が目標に照らし合わせての達成状況（絶対評価）であったとしても，全体指導や小集団指導の質を高めるために，全体における個人の位置を正しく把握（相対評価）することは重要です。他の子供に比べて，優れている点や劣っている点を判断する目です。

[2]　親の目

この「目」は，親（保護者）の立場になることで見えてきます。

> 以前に比べ，できるようになったことは何か

以前とは，半年前でも1年前でも構いません。あるいは，10年前のことや生まれた時のことかも知れません。親（保護者）は，我が子をみる際，「○○ができるようになった」（例：寝返りができるようになった，歩けるようになったなど）というように，できるようになったことに視点をあてます。

ところが教師（教師の目）は，子供を到達目標や他者と比べることが多いため，子供をみる際，「△△ができない」（例：かけ算九九をまだ覚えていない，逆上がりができないなど）というように，できていないことに視点をあてがちです。

保護者から信頼される教師は，親（保護者）の目をもっている教師です。子供の伸びた面を認められる教師と出会ったとき，保護者は「この先生に任せよう，この先生についていこう」と思うのです。

[3]　子供の目

この「目」は，子供の気持ちになることで見えてきます。

> 子供にとって価値ある（嬉しい）ことは何か

　子供と教師が一緒に学級をつくっていくのですから，両者の喜びは一致していることが重要です。しかし，子供にとって嬉しいことと教師にとって嬉しいことが，いつも同じとは限りません。教師にとって嬉しいことでも，子供にとったら何でもないことかも知れませんし，その逆かも知れません。

　この程度ならよいですが，両者の喜びと悲しみ（ちょっと大げさな表現ですが）が，逆だったら大変です。でも，実際，次のようなことがありました。

　在籍が81人の学年は，40人学級制（1学級40人を超えたら学級を増やす制度）ならば，3学級です。この場合，81÷3で27人の学級が3つとなります。この学年が進級した際に，1人が転校してしまい，在籍が80人となりました。すると，40人学級制では2学級です。80÷2で40人の学級が2つです。3月31日まで3学級だった学年が，4月1日から2学級になりました。

　教師にとって，27人の学級を受け持つことと40人の学級を受け持つことでは，あらゆる業務が1．5倍（40÷27＝1．48・・・）になるということです。親（保護者）も，先生の目が我が子に行き届きづらくなるという意味で，27人の学級の方が良いと考えます。

　ところが，40人でスタートした新年度初日の教室には，驚きの事実がありました。教室内は予想通り騒がしく，27人だった学級が急に40人になったのですから当然です。でも，よく見てみると騒がしかった理由が，思いもよらないことでした。子供たちは「一緒に勉強する友だちが増えて嬉しい」と喜んでいたのです。日常の業務の煩瑣ばかりに目が向き，子供の心を失っていたことに気づかされました。

第2節　学級担任制と教科担任制

【1】　内容の概観

　「**学級担任制**」とは，学級担任がほぼすべての教科を受け持つ制度のことで

236　第9章　安心して学べる学級づくり

す。我が国では，古くから小学校で取り入れられています。また，**「教科担任制」**とは，教科ごとに担当する教師が異なる制度のことです。我が国では，古くから中学校以上の校種で取り入れられています。それぞれの制度の長所を表1にまとめます。

表1. 学級担任制と教科担任制の長所

	学級担任制	教科担任制
学習指導面	・教科横断的な指導を行うことができる。	・自分の専門としている教科であるため，より深く指導できる。
生徒指導面	・子供との接触時間が長いため，より深く児童理解ができる。	・1人の子供を多くの教員が見るため，多角的な見方ができる。
運用面	・時間割の変更など授業時間が弾力的に設定できる。	・1人の教員が不在でも，自習が集中しない。

　近年では，「小学校は学級担任制で，中学校から教科担任制」という固定的な考え方ではありません。どちらの制度も，よい学級をつくる，よい学習指導を行うという目的に変わりはないので，それぞれの制度や最近の動向を知ることは，その目的を達成するために重要なことです。

【2】　教科担任制に似た小学校の制度

[1]　専科の先生

　小学校の中学年（3，4年生）以降になると，音楽だけ担任の先生ではなく，音楽室に移動して音楽の専門の先生が指導を行うことが多くあります。1年生や2年生の時は，音楽の授業は他の教科と同様教室で行います。1年生や2年生の教室にだけオルガンが置いてあるのは，このためです。中学年以降になると，音楽の専門性が強くなり，音楽の専門の先生でなければ，教えることが難しくなるからです。この形態については，教科担任制とは言わず，「音楽の授業は，専科の先生が受け持つ」と表現します。

　音楽は，このような専科の先生が受け持つ場合が多く，どこの小学校にも大抵「音楽専科の先生」がいます。また，理科も「理科専科の先生」がいる場合

があります。音楽と同じように，専門性が高いという理由ですが，それに加えて，理科の場合，実験などの準備に時間がかかるということが挙げられます。この場合，子供たちは理科室に移動して授業を受けます。

[2]　交換授業

例えば5年1組の先生は社会が得意で，5年2組の先生は体育が得意だとします。この得意教科を生かして，5年1組の先生が1組と2組の両方のクラスの社会を，5年2組の先生が両方のクラスの体育を受け持つという方法です。互いに受け持つ授業を交換つまりギブアンドテイク，取引のようなものです。得意な先生が教えるのですから，子供にとったらよい影響が出るでしょうが，交換する教科の週あたりの時数が同じでない場合は，受け持つ時数に増減が出てしまうので交換ができません。あるいは，教師の得意教科やクラス数によって，交換することが難しい場合もあります。このように，教師側の都合で交換ができたりできなかったりするのは，よいことではありませんので，交換授業は一部の教師だけで決めるのではなく，学校全体で計画的に考えることが大切です。

【3】　年々進む小学校の教科担任制

低学年では，学級担任の先生が教科指導のみならず生活指導などあらゆる場面において，子供と関わることで，子供の安心感が生まれることから，学級担任制が定着しています。

逆に，高学年では，次のような理由から，少しずつ教科担任制を取り入れていくべきだという考えが，最近増えています。

> 高学年の指導内容は専門性が増してくるので，指導者もそのことに対応するべきである。小学校教諭免許状はすべての小学校科目に対応できるという意味合いを持ってはいるが，教師自身にも得意不得意がある。また，教科名の記載がある中学校及び高等学校教諭免許状をもっている教師もいる。

> 高学年は多感な時期であるので，いろいろな大人（教師）と接するべきである。多くの目で多角的に子供を見ることは，その子供のよさを発見することにつながる。そのことで，問題行動の未然防止という積極的な生徒指導につなげることができる。

238　第9章　安心して学べる学級づくり

> 高学年は中学校への橋渡しの時期であるので，スムースな進級に備えるべきである。環境の変化で中学校への新たな生活がスタートできない，いわゆる中1ギャップという問題がある。教科によって指導者が変わるというのも1つの環境の変化であり，その変化を少なくすることができる。

　教科担任制を取り入れるには，教員の数というハードルがあります。教科担任制では，各教科に対応するため，多くの教員が必要になりますが，それだけの数が小学校に配置されません。それでも，わずかずつですが，法律が整備され，決められた数より多い教員（加配といいます）が，以前より配置されるようになり，少しずつ教科担任制を取り入れる学校が増えてきています。学級担任制から教科担任制への円滑な移行に向けて，1年目を準備期，2年目を充実期，3年目を発展期としての取組をまとめた実証的な研究（西谷泉・土屋修，2015）をはじめ，実践例も増えてきました。このことは，小学校に，教科担任制のメリットが，求められるようになってきたことを意味しています。

第3節　ユニバーサルデザインと合理的配慮

【1】　内容の概観

　平成24年12月，文部科学省は「通常の学級に在籍する発達障害の可能性のある特別な教育的支援を必要とする児童生徒に関する調査」の調査結果を公表しました。それによると，そのような児童生徒の在籍率は6.5％でした。これは，あらかじめ決められた「困難の状況」について，担任教師が記入したもので，医師の診断ではありませんが，日頃から身近で，子供たちの生活の様子に触れている担任教師の見立てには，高い信憑性があります。このような状況下において，最近，見聞きする「**ユニバーサルデザイン**」と「**合理的配慮**」について，学級づくりの視点で考えます。

【2】　ユニバーサルデザイン

　「ユニバーサルデザイン」とは，「すべての人が同じように」をコンセプトとして，1990年代に登場した概念です。バリアフリーと似ていますが，バリアフリーを「障壁を取り除く」とするなら，ユニバーサルデザインは「障壁が

第3節　ユニバーサルデザインと合理的配慮　239

はじめからない」と捉えると違いが分かります。

　2020年の東京オリンピック・パラリンピックに向け，平成29年に「ユニバーサルデザイン2020関係閣僚会議」が開催され，「ユニバーサルデザイン2020行動計画」が策定されました。このように，国を挙げて取り組んでいる中，教育の分野で何ができるかを考えてみます。

　学校においては，すべての子供にとって，学習であれば「より分かりやすく」，生活であれば「より居心地よく」，そんな教室でなくてはいけません。そのような視点で，教室の中を見渡してみると，いろいろなものがあります。

　例えば，図1は，小学1年生の教室に貼られたものです。「ろっかー」の整理の仕方について，説明してあります。これならすべてのひらがなを習う前であっても，実物の写真を用いて分かりやすく示されていますので，子供たちも迷うことはないでしょう。

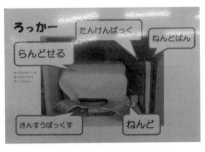

図1．教室に貼られた
　　「ロッカーの整理の仕方」

　図2は1日の予定表です。ホワイトボードの右側に，1週間の予定表が貼ってありますが，変更になることもあるので，毎朝，今日の予定を確認して，マグネットで示しています。教室の中には，急な予定変更に戸惑う子供もいます。このような予定表を示すことで，見通しを立てることができるため，子供たちは安心して落ち着いた学校生活を送ることができます。

　これらは，ほんの一例です。教室内外を問わず，ユニバーサルデザインの考え方で環境整備されたものは，人的，物的等さまざまな方面に

図2．教室に貼られた
　　「今日の予定」

および，たくさんあることに気付かされるとともに，特別支援教育の視点が生かされていることが分かります。

このようにして環境整備の質を上げるとともに，障害のある子供が，他の子供たちと平等に分かる教育と楽しい生活を享受できるために，さらに必要となるものが，次に挙げる合理的配慮です。

【3】 合理的配慮

「**合理的配慮**」とは，「障害者が他の者との平等を基盤として全ての人権及び基本的自由を享有し，又は行使することを確保するための必要かつ適当な変更及び調整であって，特定の場合において必要とされるものであり，かつ，均衡を失した又は過度の負担を課さないもの。」と定義されています。（障害者の権利に関する条約　2014）国内においては，障害者差別解消法（正式名称は「障害を理由とする差別の解消の推進に関する法律」平成25年公布，28年施行）により，障害のある方への「合理的配慮」が求められています。

「ユニバーサルデザイン」が「すべての人が同じように」という考え方で生まれた概念に対して，「合理的配慮」は「障害者が他の者と平等に」という考え方をしている点において違いはありますが，共生社会の実現を目指すという目標は共通です。「ユニバーサルデザイン」同様，国を挙げて取り組んでいる中，教育の分野で何ができるかを考えてみます。

[1]　就学前からの情報共有

障害のある子供にとって必要な配慮は入学以前からあるはずです。配慮を必要とする子供が入学してきてから対応を考えるのでは，それこそ配慮が足りません。夢と希望に満ちあふれて入学してくる新1年生が，入学した第1日目から自分の力を最大限発揮できるように，受け入れる小学校側は，保育園や幼稚園等と，現在どのような配慮が行われているのか，入学後はどのような配慮が必要になるのかを，しっかりと話し合い情報共有をしておく必要があります。

[2]　全校をあげての取組

（1）校内委員会の設置

障害のある子供の学習上や生活上の困難さは，一人ひとりによって異なるこ

とから，個々の障害の状況等に応じた指導内容や指導方法の工夫を検討しなければ，適切な指導はできません。そのために管理職，特別支援教育コーディネーター，特別支援学級担任，養護教諭，該当する子供の学年主任や担任など，必要と思われる職員で校内委員会を開催します。校内委員会で協議されたことに対して，学校の全職員で共通理解の上，全職員で問題解決に取り組むことが重要です。当該児童の担任が1人で問題解決に取り組むのでは，適切な指導はできません。この委員会の設置義務は学校長にあります。

（2）特別支援教育コーディネーターの指名

　各学校には，特別支援教育コーディネーターという分掌（担当）があります。これは，校内の職員のうちから校長が指名し，校長のリーダーシップのもと，校内委員会の企画・運営，関係諸機関・学校（園）との連絡・調整，保護者からの相談窓口などの役割を担います。先ほどの保育園や幼稚園等との情報共有やそのための園訪問等は，校長の指導のもと，特別支援教育コーディネーターが中心になって実施されます。このコーディネーターの指名義務も学校長にあります。

　このような就学以降の全校あげての対応の充実については，学習指導要領にも，その必要性が明記されています。また，「合理的配慮」は，障害の特性や具体的な場面や状況によって対応が異なるため，個別性が高く柔軟性も求められます。国レベルにおいても，多くの情報や事例を集めることで，その充実に迫ろうと内閣府のホームページでも事例集を公開しています。

　学級担任としては，「ユニバーサルデザイン」や「合理的配慮」の考え方や取組を，昨今の流れであるから，あるいは法律で条文化されたからと，教室に持ち込むというよりも，学級担任として経験がある人なら，これらの考え方や取組については，「ユニバーサルデザイン」や「合理的配慮」という言葉が生まれる以前から，このような考え方や取組を大切にした学級経営を行ってきたはずです。

　教育は人が人を導く営みです。多くの環境に囲まれている子供にとって，最も影響を及ぼす重要な環境は，教師自身です。教師自身がすべての子供を大切にする学級経営を行うことで，その場所にいる子供たちに思いやりの心が育まれ，共生社会の実現へと近づきます。すべての子供を大切にする学級経営，そ

242　第9章　安心して学べる学級づくり

れこそが「ユニバーサルデザイン」や「合理的配慮」，そのものです。

◆　　課　題　　◆

【課題9－1】　あなたにとって，小学校において楽しかった学級は，どのような学級だったか思い出しまとめてみましょう。

【課題9－2】　先生の目線と子供の目線が異なっていると思われる事例を見つけ，どのように違うのかまとめてみましょう。

【課題9－3】　小学校における学級担任制の是非について，あなたの考えをまとめてみましょう。

【課題9－4】　小学校における教科担任制の是非について，あなたの考えをまとめてみましょう。

【課題9－5】　あなたの身の回りにあるユニバーサルデザインを2つ挙げ，どのようなところが配慮されているかまとめてみましょう。

【課題9－6】　あなたの身の回りにある合理的配慮を2つ挙げ，どのようなところが配慮されているかまとめてみましょう。

第10章　授業づくりの考え方

第1節　今日，求められている学力

【1】　学力の定義

　授業は，子供たちに学力を身に付けさせるための教師による意図的な営みです。したがって，授業づくりを考えるときには，まずは「子供たちに身に付けさせるべき学力」について，明らかにしておく必要があります。

　「学力」が何を指しているのかが特に騒がれるようになったのは，平成10年（1998）の学習指導要領のころからです。その学習指導要領の売り文句であったはずの「ゆとり教育」が，学力論争（学力低下論争）の格好の材料となったことが契機となりました。しかし，当時はまだ「学力」が何を指しているのか，はっきりしていなかったことを考えると，この論争はゴールがどこにあるのかわからないサッカーの試合を続けているようなものでした。このゴールを明らかにしたのが，平成19年（2007）に改正された学校教育法です。

> **学校教育法　第三十条2**　生涯にわたり学習する基盤が培われるよう，<u>基礎的な知識・技能</u>を習得させるとともに，これらを活用して課題を解決するために必要な<u>思考力・判断力・表現力その他の能力</u>をはぐくみ，<u>主体的に学習に取り組む態度</u>を養うことに，特に意を用いなければならない。（下線は筆者による）

【2】　生きる力

　学力論争の発端となった平成10年（1998）の学習指導要領では，変化の激しい社会となるであろう21世紀の到来を見据え，完全学校週5日制の下，問題解決能力（のちの「確かな学力」），豊かな人間性，健康・体力をバランスよく備えた「生きる力」を育成することが基本的なねらいとされました。

244　第10章　授業づくりの考え方

そして，平成20年（2008）の学習指導要領では，教育基本法の改正によって明確になった教育の目的や目標を踏まえ，「生きる力」が一層重要視されました。学校教育法で規定された学力の要素である「基礎的な知識・技能」，「思考力・判断力・表現力等の能力」，「主体的に学習に取り組む態度」は，この「生きる力」の知の側面です。

【3】　3つの資質・能力

　このような社会の変化に対応した不断の取組が着実に成果を上げる一方，得られた情報を根拠にして説明することや筋道を立てて証明することなどに課題がありました。また，国際的な比較調査では，自尊感情が低く，社会との関わりが薄いという課題も明らかになりました。そこで，平成29年（2017）の学習指導要領では，子供たちにどのような力を育むべきであるかについて明らかにした上で，その力の育成に向けた各教科の在り方を示すという学習指導要領の構造的な見直しが行われました。先の「基礎的な知識・技能」「思考力・判断力・表現力等の能力」「主体的に学習に取り組む態度」といった学力の3要素は，その議論の出発点となり，その結果，育成を目指す資質・能力は次の3つにまとめられました。

> ○　何を知っているか，何ができるか（個別の知識・技能）
> ○　知っていること・できることをどう使うか（思考力・判断力・表現力等）
> ○　どのように社会・世界と関わり，よりよい人生を送るか（学びに向かう力，人間性等）

　この育成すべき3つの資質・能力に沿って，算数科として目指すべき具体的な姿が，算数科の目標です。その目標の総括部分にあるように，この資質・能力を子供たちに身に付けさせる上で，重要な働きをするものが，第2章で述べた「数学的な見方・考え方」や「数学的活動」です。

第2節　算数科における主体的・対話的で深い学び　*245*

第2節　算数科における主体的・対話的で深い学び

【1】　授業改善の視点

　平成29年（2017）の学習指導要領が目指したのは，学習の内容と方法の質的な高まりです。特に，方法については，これまでの学習指導要領では多くは触れられなかった部分です。しかし，方法についての記載がなくても，我が国の先生方は指導方法の研究（授業研究）に余念なく取り組んできました。それが現在の我が国の高い学力を支えていると言っても過言ではないでしょう。

　今回の学習指導要領の「主体的・対話的で深い学び」といった方法論の記載は，これまでの我が国の先生方が培ってきた指導方法や指導技術を画一化したり，ましてや否定したりするものではありません。3つの資質・能力の育成に向けた授業改善の視点ととらえるべきものです。これまでの授業研究の議論をさらに質的に高いものとすべく，焦点化するための具体的な姿を設けたわけです。

　算数科における「主体的な学び」，「対話的な学び」，「深い学び」のそれぞれについての具体的な姿は，学習指導要領解説に次のように示されています。

主体的な学び	対話的な学び	深い学び
見通しをもつ 粘り強く取り組む 過程を振り返る よりよく解決する 新たな問題を見いだす	数学的に柔軟に表現する 筋道を立てて説明し合う よさや本質を話し合う よりよい考えに高める 自他の考えを広げ深める	よりよい解決法を見いだす 意味の理解を深め概念を形成する 知識・技能を見いだす 知識・技能を統合する 思考や態度が変容する

　これらの具体的な姿を目指して授業を見直したり，授業研究に取り組んだりすることで，先に記した「3つの資質・能力」を身に付けさせるための指導方法の質的な高まりが期待できます。もちろんこのことは，評価にも関係してくることです。中央教育審議会教育課程部会の報告には次のような記述がありま

246　第10章　授業づくりの考え方

す。

> それぞれの観点別学習状況の評価を行っていく上では，児童生徒の学習状況を適切に評価することができるよう授業デザインを考えていくことは不可欠である。（中略）「主体的・対話的で深い学び」の視点からの授業改善を図る中で，適切に評価できるようにしていくことが重要である。

　このように，「主体的・対話的で深い学び」は，授業全体を通して考えるべき視点です。その時に，大切になってくることは，それらについてしっかりと定義しておくことです。この部分をきちんとしておかないと，授業改善の議論の段階において，Ａ先生の捉える「主体的・対話的で深い学び」と，Ｂ先生の「主体的・対話的で深い学び」が異なり，冒頭に記したようなゴールを決めていないサッカーの試合となってしまいます。この定義は難しくする必要はなく，各先生方が目指す「主体的・対話的で深い学び」について，目の前の子供を見ながら，文部科学省の示した姿よりもさらに具体的で分かりやすい姿を定め，共有しておきます。例えば，第14章で示した「＜主体的・対話的で深い学び＞の視点から観た子供の姿」，「＜主体的・対話的で深い学び＞の視点から観た教師の姿」などです。これまで積み上げてきた多くの実践を，共通理解をした具体的な姿というフィルターを通しながら授業改善を進めるというイメージです。

　次に，これらの具体的な姿を目指した授業づくりを行う際，授業レベルにおいて大切にすべきことについて，それぞれの「学び」で考えてみます。

【2】　「主体的な学び」を目指した授業づくり

　文部科学省が挙げた主体的な学びの具体的な姿をよく見てみると，「見通しをもつ」から始まっているそれらは，一単位時間の学習の過程に沿った流れになっています。つまり主体的な学びというのは，これから始まる学習に前向きに取り組もうとしている態度という意味ではなく（もちろんそれも含まれるでしょうが），瞬間的なものではない持続的な子供の内なるエネルギーであると捉えるべきです。そして，子供が主体的になるよう「知的好奇心をゆさぶる発

問をする」「興味関心を高める導入や展開にする」「体験や日常生活と関連づける」など，先ほども述べたように我が国の先生方は，指導方法の研究（授業研究）に取り組んできました。

　このような取組が，子供の内なるエネルギーを刺激し，学びに向かう力となるには，授業レベルにおいて「基礎・基本の定着」が大切です。基礎・基本は，すべての教科で大切ですが，とりわけ系統性の強い算数では重要です。

　基礎・基本の定着の重要性は昔から言われていますが，その定着のさせ方について，改めて考えてみます。基礎・基本を定着させるために，ドリル等に繰り返し取り組ませることがありますが，すでにその時点において，過去の学年の学習内容を習得することができず，つまずいていたとしたらどうでしょうか。例えば，第2学年で「かけ算九九」につまずいた子供が，第3学年になってから"かけ算は分からなかったけど，わり算はがんばろう"と意を決して取り組もうとしても，それは無理な話です。つまり，何も手を打たなければ，一度つまずいてしまうと，それをずっと引きずらなければならないということになってしまいます。学年が上がるにつれ，算数が苦手になる子供が増えることはあっても減ることがない所以です。これでは，基礎・基本も定着しません。

　ここでのポイントは，「回復する機会を持つ」ことです。成功例として領域を特化した回復ドリルを作成し取り組ませた実践があります。領域を特化するのは系統立てて並べることができるからです。1つの領域を学習しているときに，他の領域が混ざると系統性が崩れ「できた！解った！」が連続しなくなってしまいます。基礎・基本の定着には，「できた！解った！」を連続させることが重要です。

　この成功例では，第3学年のときに分数が理解できず，やる気もなくし，そのつまずきを3年間背負い，ずっと算数が苦手で嫌いだった第6学年の子供が，この回復ドリルで「今なら分数ができる！解る！」という感覚を得て，4年5年の算数も見事に理解できるようになりました。このような子供がたくさんいます。

　このような下学年の内容にまで戻って取り組ませるという実践は，問題の型分けという指導方法（遠山啓　1962）の考え方を取り入れながら，同じ領域に絞って問題を系統立てて並べるという作業に加え，それに取り組ませるための時間と場を確保するという指導者側の努力と工夫が必要ですが，大きな効果

が期待できます。

　学習した当時（第３学年の時）は理解できなくても，「今ならできる！解る！」ということが，算数の世界ではあります。学習内容を受け入れる準備ができていない時（思考の段階）に学習しても，その内容の理解ができないのは，冬に夏野菜の種子を畑に蒔いても，発芽温度に達していないために芽を出さない，というのと同じです。分数という概念を受け入れることができない時（気温が低い季節）に，分数を習った（種を蒔いた）けれど，その意味がわからなかった（発芽しなかった）。しかし，第６学年になって分数という概念を受け入れることができるようになった時（気温が高くなった季節）に，分数を習った（種を蒔いた）ら，その意味が理解できた（発芽した）ということです。

　回復の機会によって学習内容の基礎・基本を身に付けた子供は，主体的に動くようになります。

【3】　「対話的な学び」を目指した授業づくり

　文部科学省が挙げた対話的な学びの具体的な姿「数学的に柔軟に表現する」等は，子供相互の活動の姿及びその前後における姿です。そのためには「自分の考え」と「表現の手立て」を子供が身に付けていることが必須です。

　そして，子供が対話的になるよう「ペアで学習する」「グループで相談する」「クラス全体で協議する」など，これも先ほど述べたように我が国の先生方は指導方法の研究（授業研究）に取り組んできました。

　このような取組が，子供の「自分の考え」と「表現の手立て」を持つことへとつながるには，授業レベルにおいて「発言の機会の保障」が大切です。一人ひとりの子供に発言の機会を与えようと取り入れている班やグループ活動であっても，いつも決まった子供が発言し，決まった子供が聞いているとしたら，自身の考えを持ち，それを説明できるようにはなりません。

　ここでのポイントは，「話し合い活動を見直し，次の手を打つ」ことです。特定の子供だけが発表しているという事態を防ぐために「ペアでの学習→グループでの相談→クラス全体での協議」という流れの中で，ひと工夫を加えた次のような実践があります。

問題を2種類(問題1・問題2)準備します。問題1が解ければ,問題2も同様な方法で解くことが可能な問題にします。逆も同様です。

手順1:ACEGの列には問題1を,BDFHの列には問題2を配ります。これで,隣の人どうしは違う問題になります。まずは,自力解決に取り組みます。

手順2:一定の時間が経過した後,BとC,FとGの列の人が入れ替わります。これで隣の人と同じ問題になりました。答え合わせをしながら,自分の意見や考えを裏付けます。隣の人と協働して他者(席を戻したあとの元の隣の人)に説明をする準備をします。

手順3:席を元に戻し,隣の人に説明します。ここから,グループやクラス全体の話し合い活動へとつなげます。

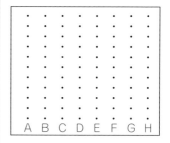

この取組を連続させることによって,子供に自分の考えを持つことのイメージとともに,説明のスキルと自信がつきます。

学習者同士が協力し合い,教え合いながら学習を進めていく学習方法では,アメリカの社会心理学者であるエリオット・アロンソン(Eliot Aronson)が提唱したジグソー法が最近注目を集め,国内でも数学授業の実践例もあります(飯窪真也 2017)。

手順(1)～(3)は,ジグソー法とまではいきませんが,これまでの流れに少し工夫を加えた点では,その入り口のようなものです。このような実践が生まれる背景には,日頃の実践に対して,子供が自分自身の意見を持つようになっているか,他者に説明ができるようになっているかなど,ペアやグループなどの集団の活動が目的を達するものになっているかについて,教師が課題意識を持つ必要があります。話し合い活動を見直し,ちょっとした取組の連続によって,子供の対話が活発になります。

【4】 「深い学び」を目指した授業づくり

文部科学省が挙げた深い学びの具体的な姿「よりよい解決法を見いだす」等

250 第10章 授業づくりの考え方

については，文字通り算数数学の奥深さです。その奥深さにたどり着くのは，学びながらの時もあるでしょうし，あるいは学んだあと，さらには，まだ学習していない，その先にある場合もあります。授業を，山の頂上に子供を導くものと例えれば，先に述べたように，主体的とは子供自身の体力です。そして，対話的とは頂上に着くまでの子供たち同士の知恵の出し合いです。途中に大きな岩があったらどのように乗り越えようか，川があればどのように渡ろうかということです。この繰り返しによって，頂上に近づいていくわけで，これが深い学びです。この繰り返しを実現するには，授業レベルにおいて「主体的な学びと対話的学びの連続性」が大切です。

　ここでのポイントは，「指導者自身が算数数学（学習内容）の奥深さを知っている」ことです。言い換えれば，教材研究の深さです。先ほどの山登りに例えれば，学習内容の奥深さとは，頂上の場所だけでなく，頂上から見える素晴らしい景色のことでもあるでしょうし，いろいろある登山道だけでなく，そこに咲く草花ということもあるでしょう。それらを知っていることで，山を登ること（授業）の楽しさを，子供たちに感じさせることができます。

　トピック的ですが，実践例を紹介します。「変化と関係」の領域で学習する「伴って変わる2つの量」の内容です。6年生では，比例や反比例を中心に扱いますが，その発展的な内容です。ハノイの塔という名称で古くから遊ばれているものです。塔をお皿に代えて，左のテーブルから右のテーブルに次のような3つのルールに従って移動させます。予備のテーブルを使っても構いません。

左のテーブル	予備のテーブル	右のテーブル

ルール1：1回に動かせるお皿は1枚だけ。

ルール2：大きいお皿の上に小さいお皿を重ねることはできるが，その逆はできない。

ルール3：1つのテーブルに2箇所置くことはできない。重ねてあれば1箇所と見なす。

第2節　算数科における主体的・対話的で深い学び　　*251*

　これを実際に行うと「お皿の枚数」と「移動のための手数」は，表1のようになります。

表1.「お皿の枚数」と「移動のための手数」の関係

お皿の数	1	2	3	4	5	・・・
移動のための手数	1	3	7			・・・

　表1をみると，比例や反比例の関係にはなっていませんが，増え方にはきまりがあることに気がつきます。そして，そのきまりを使えば，お皿の数が4枚のときや5枚の場合でも「移動のための手数」が予想できます。お皿が4枚の場合になると，子供たちからは，次の2つの増え方のきまりに着目した意見が出てくるでしょう。

> 意見1：「2，4」と増えているので，次は「6」増える。
> 　　　　だから，4枚の時の手数は13になる。
> 意見2：「2，4」と増えているので，次は「8」増える。
> 　　　　だから，4枚の時の手数は15になる。

　そこで，正解を求めるために実際に取り組んでみます。すると，どうしても13手ではできません。結論としては15手，「2，4，8」と増えそうだということになります。2倍，2倍と増えているから，次は「16」増えるだろうと，その次まで予想する子供もでてきます。さらには，15手になる理由を次のように気付く子供がでてきます。

> お皿が3枚で7手なのだから，4枚の場合，1番大きい
> お皿以外のお皿3枚を動かすのに7手，次に1番大きい
> お皿を動かすので1手，そして，1番大きいお皿はその
> ままにして，そこに3枚を乗せていくと考えて7手，
> つまり，（前の手数）＋1＋（前の手数）で求められます。

　でも，ここまでは，表の数値を横に見た「変化」です。

252　第10章　授業づくりの考え方

　これでは，お皿の数が10枚の手数を求めるには，4枚，5枚，6枚・・・と順に調べていかなくてはなりません。表の数値を縦に見た「対応」がわかれば，お皿の数が10枚のときの手数が一瞬にわかります。「変化」だけでは不十分であることを子供に気付かせることができれば，算数数学の奥深さ，すなわち深い学びにつながります。

　ここで取り上げた内容は高校数学の範囲ですが，指導者の深い教材研究によって，たとえ高校数学を小学生には教えなくても，また，「変化」や「対応」という場面でなくても，すでにもっている概念よりも高次の概念を理解するために，定義ではなく適切な範例の集合を示すことで，その概念を得ることができます（スケンプ，1973）。新たな概念（知識）を得ることは，それと同時に次の疑問の出発点となり，それを解決することで，また新たな知識を得，そのことの連続が，より深い知識を導くという算数数学の奥深さを子供たちに感じさせることができます。

　これまで，それぞれの「学び」を独立させて記述しましたが，それぞれが単独に存在しているという意味ではありません。第2章で述べた数学的な見方や考え方，数学的活動ともまた深く関わりあっています。

第3節　校種内及び校種間の学びのつながり

【1】　幼保との関連

　平成29年告示の幼稚園教育要領，保育所保育指針，幼保連携型認定こども園教育・保育要領で，「幼児期の終わりまでに育ってほしい姿」として10の具体的な姿が示されました。その1つに「数量や図形，標識や文字などへの関心・感覚」が挙げられ，次のように述べられています。

> 　遊びや生活の中で，数量や図形，標識や文字などに親しむ体験を重ねたり，標識や文字の役割に気付いたりし，自らの必要感に基づきこれらを活用し，興味や関心，感覚をもつようになる。

　領域「環境」における「数量や図形への関心」に加えての今回の記述は，こ

こに記述されたように興味や関心，感覚が，いかに子供たちの成長の姿を考えるにあたり重要であるか，そして，小学校への繋がりを考える上において重要であるかということを，今まで以上に保育者や教育者をはじめとした子供の成長に関わる人たちに意識することの必要性を意味しているものです。あわせて，平成29年告示の小学校学習指導要領の「指導計画の作成と内容の取扱い」において，次のような記述があります。

> 　低学年においては，（中略）幼稚園教育要領等に示す幼児期の終わりまでに育ってほしい姿との関連を考慮すること。特に，小学校入学当初においては，生活科を中心とした合科的・関連的な指導や，弾力的な時間割の設定を行うなどの工夫をすること。

　これは，小学校側から，今まで以上に幼保小の連携が重要であるということを述べたものです。これまでも行われていた小学校入学の前後に互いの情報を交換したり，互いの保育や教育の現場を見学したりという取組の充実が，今まで以上に求められています。

　そのための一助が本書です。各領域の各内容に対して，「幼保との関連」を記述しています。幼児の保育や教育に携わる人にとって，目の前の幼児の活動がどのような数学的な意味と価値を持っているのか，そして，その活動を数学的に高め発展させるために保育者はどのような心構えを持ち，援助を行えば良いのかがわかります。また，小学校教育に携わる人にとっては，児童の思考や活動のバックボーンが何であるのかを知る重要な手がかりとなり，一人ひとりの児童に対して適切な指導を行うことができます。なお，章や項立てが小学校の学習指導要領に拠っていますが，これはどちらかがどちらかに合わせるという考え方を示しているものではありません。

【2】　小学6年間の連続性

　平成10年（1998）の小学校学習指導要領で登場した「算数的活動」は，「生きる力」の育成を算数科の面からねらったものでした。そして，平成20年（2008）の小学校学習指導要領では，その意味の規定がされるとともに，各学年の内容に算数的活動の具体例が示されました。平成29年（2017）の

小学校学習指導要領では，問題解決の過程における「数学的な見方・考え方」に焦点を当てながら，算数科における児童の活動をより充実するために，「数学的な活動」と名称を改め，その趣旨を一層徹底しました。第1学年において，幼児期の終わりまでに育ってほしい姿との関連を図っているのもその流れです。

　これらを小学生の発達段階をピアジェの発達の4段階に照らし合わせて言えば，前操作期を終え具体的操作期です。直感的思考から具体物を必要とはしますが論理的思考が可能になる時期です。具体物や日常の事象は，子供が算数を学ぶにあたり，興味関心惹くという以上に，学習内容を理解する上で必要不可欠です。

　どのような発達段階にあっても，留意しなければならないことは個人の発達の状況です。基礎・基本の定着について述べた「3年生の時に理解できなかったことが6年生で理解できたという現象」が起こるのは，このためです。6年間の連続性を考える際には，指導者は子供一人ひとりの発達の様子を考慮しながら，「行きつ戻りつ」の指導を根気強く行うことが重要です。

【3】　小中の連携

　小学校の低学年が，「幼児期の終わりまでに育ってほしい姿」からの引き継ぎを重要視していることと同様に，平成29年（2017）の小学校学習指導要領では，中学校への繋がりも重要視しています。その例として，領域の組み替えがあります。小学校の新しい4つの領域は，中学校の4つの領域を強く意識したもので，系統性がこれまで以上に分かりやすく示されたとともに，連携の充実も求められています。

　そのための一助が本書です。幼保との関連と同様，各領域の各内容に対して，「小中の連携」を記述しています。小学校教育に携わる人にとって，教室の児童の意見や考え，あるいは活動がどのような数学的な意味と価値を持っているのか，そして，そのことが今後どのような数学的な内容に発展するのか，そのことを理解することで，指導者はその児童に対して発展性のある指導を行うことができます。1人の児童に対するだけでなく，授業に対する心構えも変わってきます。また，中学校数学に携わる指導者にとっては，生徒がどのような道筋で現在に至っているのかを知る重要な手がかりとなり，中学校において

◆　課　題　◆　255

も，一人ひとりの生徒に対して，適切な指導を行うことができます。

　小学生から中学生になるとは，単なる体の成長だけではありません。今まで以上に指導者は，子供の思考過程を考える上で，子供の内面に目を向ける必要があります。平成 29 年（2017）の小学校学習指導要領解説に示されている「算数・数学の学習過程のイメージ」において，問題解決の過程を「日常生活や社会の現象」と「数学の現象」という 2 つの流れに分けて示しているのも，このことを踏まえたものです。

◆　　課　　題　　◆

【課題 10 − 1】　平成 10 年（1998）の学習指導要領で唱われた「生きる力」とはどのようなことか，時代背景を踏まえながらまとめてみましょう。

【課題 10 − 2】　平成 19 年（2007）に改正された学校教育法について，その改正の要点をまとめましょう。

【課題 10 − 3】　自分自身の経験（学生時代あるいは教育実習等）から，「深い学び」を促すような実践例を書き出してみましょう。

【課題 10 − 4】　幼児の活動と小学校の学習内容の繋がりの中で，あなたが印象的に残ったものを抜き出しまとめてみましょう。その繋がりは本書の中のものであっても，あなた自身の経験の中からでも，どちらでも構いません。

【課題 10 − 5】　自分自身の経験から，その時は理解できなかったけれど，数年あとになって理解ができたという事例を探してみましょう。また，そのことについて，友人と議論し，その内容をまとめてみましょう。

【課題10－6】　小学校で学習した内容が，再び中学校で学習するものがあります。その具体例を探し，取り扱い方（指導方法等）の違いなどをまとめてみましょう。

第11章　授業づくりの進め方

第1節　目標設定

　授業づくりを始めるにあたって，まず考えなければならないことは，単元や本時の目標を設定することです。なぜなら，授業は教師の意図的・計画的な営みであり，学習指導要領で示された資質・能力を児童に育成することが求められているからです。そして，目標を設定することは児童の学習を評価するためにも重要です。実際，目標がなければ児童の学びを適切に判断することができなくなります。

　また，設定した本時の目標はその授業の成功を判断する規準としても用いられます。児童の意見が活発に出され，今日の授業は上手くいったと手応えを感じたとしても，設定した目標に沿って授業を振り返ると，身につけさせるべき資質・能力が全然育成できていなかったということもありえます。では，目標設定にはどのようなものがあるのでしょうか。ここでは，3つの水準の目標について触れます。

> ① 達成的目標：明確な手段により，そのことが達成されたか
> ② 向上的目標：ある方向へ向かい向上したり，思考を深化したりすることができたか
> ③ 体験的目標：体験を通して感動や満足感を得ることができたか

　この中でも学習指導案の本時の目標では，達成的目標の形で書くことが望ましいとされています。それは，達成した児童の姿を具体的に捉えることができるからです。例えば，2年生の学習内容には，図1のように三角形の中から二等辺三角形を弁別するものがあります。

図 1．二等辺三角形を弁別する問題

　この授業は，初めて二等辺三角形を一般の三角形とは区別して捉えることになるので，本時の目標として「二等辺三角形について理解できる」というような設定をすることがあります。ただ，児童が理解しているかどうかを見とるのは簡単なことではなく，このままでは評価しにくいものになります。しかしこれを，「二等辺三角形を他の三角形との違いを明確にして説明できる」とすればどうでしょう。児童の目標を達成した姿が明確になり，達成的目標として示すことができるのです。このように，本時の目標を児童の達成した姿として記述することで，達成されたかどうかが明確になるため，評価を行う際のことを考えて設定することも大切です。

第 2 節　教材研究

　教材研究とは，教師が授業をするにあたってあらかじめ指導内容についての理解を深め，指導方法について検討するための作業のことを言います。しかしながら，実際に教材研究をしようとする際，何をどうしてよいのかわからないことがあります。また，教材研究は海外でも kyozai-kenkyu とそのまま用いられる等，注目されている日本の教育文化の 1 つですが，実際に何をすることなのか上手く伝えられていないようです。

　教材研究は字面通り，教材（教える内容）について研究することですが，具体的に何をすることなのでしょうか。ここでは大きく 2 つのことを挙げていきます。

　1 つ目は教える内容を深く理解するということです。算数ではよくありがちですが，問題を解くことができればそれを教えられると考えている人がいます。例えば，分数÷分数の問題について教えるとします。この問題の場合，逆数をかけることで計算できるので，問題を解決することはそう難しくはありません。しかしながら，その意味を理解させることはとても難しいことでしょう。このように児童に理解させるためには，教師自身がその内容について深く

理解していなくてはならないのです。

　2つ目には指導の方法について検討することです。ここでは次のような点について検討することが求められます。

> ・問題，課題
> ・教材，教具（具体物，資料，ワークシート等）
> ・提示の仕方（コンピュータ，実物投影機，ホワイトボード等）
> ・学習形態（ペア・グループ活動，習熟度別，少人数）
> ・数学的活動

　これら一つひとつに対して，教材のもつ特性と指導する児童の実態から検討していくことが求められます。また，そこでは，カリキュラムや学習の系統性についても理解しておくことが重要です。前の単元や前時にはどのような学習をしたのか，次の単元や次時にはどのような学習をするのかを把握していなければ効果的な指導方法を考えることができません。

　では，このような教材研究はどのように行えば良いのでしょうか。ここでは2つの代表的な方法について紹介します。

　1つ目は，教科書会社が出版する教師用指導書（通称，赤刷り）やその研究編，解説編などを参考にするという方法です。特に赤刷りは，教科書を教えるための具体的な指導の方法が書かれており，大いに参考になります。しかし，赤刷りをそっくりそのまま教科書をなぞるように教えていては，深い学びにつながりません。他方で研究編や解説編などには，教材の本質的な理解を促す内容が記載されているものがあります。そのようなものを用いて教材についての理解を深め，教科書を開かせないで授業を進めるなど，教科書で教えることを目指したいものです。

　2つ目は，教科書を比較することで教材研究をする方法です。我が国では現在6社から小学校算数の教科書が出版されています。それぞれの教科書には特色があり，単元の配列や問題の内容，指導の順番も少しずつ異なっています。そこで，それらが異なっている理由について教科書を比較しながら検討することで教材研究が充実していきます。また，指導する児童の実態にあった問題はどれかなどを他社の教科書を比較することで考えていくこともできます。

260   第11章　授業づくりの進め方

　教材研究は他にも，学習指導要領解説や全国学力・学習状況調査報告書，学会誌等の論文や学習指導案がまとめられた研究紀要，市販されている教育書等を参考に進めていくこともできます。教材研究に終わりはなく，やろうと思えばどこまでも追求していくことができます。教職が限られた内容を対象とする職業ではなく，生涯学び続けることが求められている専門職とされる所以でしょう。

第3節　児童の実態把握

　授業は教師が主役ではなく，児童が主役です。そのため，授業をつくる際には児童の実態を把握することが必要になります。同じ学習指導案を用いて授業を行ったとしても授業を受ける児童が異なると全く別の授業になることがよくあります。まずは，授業の主体者である児童のレディネスを日常的な観察やテスト等で捉えることから授業づくりを進めることが求められます。

　算数の授業を行うにあたって現職教師が最も苦労している問題点の1つに「学力差への対応」があります。特に算数の授業は，既習事項や数学的な見方，考え方を用いて本時の問題解決をしていくことが多いため，児童間の学力差への対応が必要不可欠となります。算数は系統的な学習内容となっているため，前時までの学習内容が十分に理解できていない児童に対しては，授業中でも支援をする必要があります。例えば，自力解決の段階でそのような児童は，全く考えることができずに固まってしまっている場合があります。教師はそのような児童のために，事前に与えるヒントを用意しておくなど，一人ひとりの確かな学習を促す手立てを考えておくことが求められているのです。

　一方，学力が高い児童や作業の早い児童への対応も同時に考えておく必要があります。そのような児童は，特別な指示を出しておかないとあっという間に本時の課題を解決してしまい時間を持て余すことになります。1つの解法だけではなく複数の解法を探求させる，考えた解法をわかりやすく説明するために図や表，グラフを用いて準備させるなどが挙げられます。こうすることによって，学力が高い児童も授業に退屈することなく思考力や表現力を伸ばすことにつながります。

　また，全体交流の場面等では，児童間の発表意欲の差から，発表する児童が

第4節 指導計画の立案　*261*

限定され，多くの児童が受け身になってしまうこともよく指摘されています。このような問題に対しては，発表計画を設定して指名制にする，1人の児童にすべてを説明させない，「方法」と「結果」を分けて発表させる，問い返しの発問をする，算数の言葉に変換させる等の方法が取られています。

　小学校では，一斉授業を行うことがほとんどですが，上記のように児童間の差による不都合を解消するために，算数では少人数指導や習熟度別指導などが広く行われています。対応できる教師が複数いる場合は指導の充実を考え，検討する余地があります。

第4節　指導計画の立案

　本章でここまで見てきたように，授業づくりには，目標設定や教材研究，児童の実態把握が必要です。それらを基に，実際の指導計画を立てていくわけですが，指導計画には年間指導計画，単元指導計画，そして本時の指導計画があります。

【1】　年間指導計画

　算数は学習内容の系統性がはっきりしているので，他の教科と比べると年間の指導計画を変更する余地はあまりないのが実情です。しかし，それでも児童の実態や他教科との関連性から単元を入れ替えることは可能であり，カリキュラム・マネジメントの充実の観点からも今後より一層行っていくことが求められています。なぜそのようなことが求められているかというと，知識偏重の弊害を軽減できるという点が挙げられます。算数の学習で培った知識を算数の中だけで留めておくよりも日常生活や他教科の学習において生きて働く知識にすることが求められているのです。

　また，そのような関連性を意識した指導計画を組み立てると楽しい授業になりやすく，児童の興味関心を高めることができると考えられています。表1は，他教科との関連が図れる内容として学習指導要領解説に示されている学習内容をまとめたものです。

262　第11章　授業づくりの進め方

表1．平成29年（2017）の学習指導要領解説算数編に示された他教科との関連

学年	単元	関連教科	学習内容
第1学年	絵や図を用いた数量の表現	生活科	あさがおの咲いている状況を絵グラフに表す
第2学年	まとめて数えたり，分類して数えたりすること	生活科	育てたひまわりの種を数えることや，木の実を拾った数を数えることなど
第3学年	万の単位	社会科	地域のことを調べていく過程で見付けることのできる数について，その大きさをつかんだり読んだりすること
第4学年	面積の単位（cm²，m²，km²）と測定	社会科	田や畑などの面積を表す場合に平方メートル（m²）を単位とすると数値が大きくなるので，アール（a），ヘクタール（ha）の単位を使う
第5学年	平均の意味	理科	測定値を平均すること，平均の考え
第6学年	縮図や拡大図	国語　総合的な学習の時間	パンフレットやリーフレットに縮図を用いて挿絵をかく

【2】　単元指導計画

　算数の学習内容は単元毎に数時間から十数時間のまとまりで構成されています。これについても年間指導計画と同様に，算数の学習内容の系統性からあまり融通が効きません。しかしながら，単元構成を確認して，導入段階で日常生活の場面を取り入れて時間をかけたり，習熟を充実させたりするような軽重をつけることはできます。一単位時間でできる活動は限られていますので，単元を通してどのような指導をしていくのか，どのように資質・能力を高めていくのかを考えていくことが求められます。

第5節　展開の構想

　単元の指導計画が決まったらいよいよ本時の授業を考えることになります。ここでは，本章の冒頭で取り上げた本時の目標設定が重要になります。授業後の具体的な児童の姿がイメージできていればいるほど良い授業がつくれるため，どのような資質・能力を身につけさせるのかを十分に考えることが求められます。

　授業展開を構想する際，その授業の進行順に最初の問題設定から考えることが一般的です。しかしながら，図2のように，本時の目標を設定し，終末における児童の姿を思い描いているわけですから，逆算してそこにどのように辿り着くのかを考えながら構想していく下の過程を経た方が授業展開のブレが小さくなります。

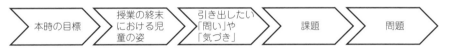

図2．授業展開の構想過程

　そこでは，既習事項をもとに児童に考えさせたいこと，気づかせたいことを意識して，引き出したい「問い」や「気づき」を明確にしながら課題設定を考えていくと良いでしょう。そして，大切にしたいのは，課題設定までの授業展開です。「授業は最初の3分で決まる」と言われているように導入段階は児童の学習意欲を高める上でとても重要です。そこでは次のような点を確認していくと良いでしょう。

　　○　児童を授業に引き込むことができているか
　　○　児童の自然な思考の流れに沿っているか
　　○　児童の中に「問い」が生まれるような発問になっているか
　　○　児童の言葉が，授業における「課題」に生かされるか

「この発問をしたらあの子だったらどう考えるだろうか」，「このヒントを与

264　第 11 章　授業づくりの進め方

えたらあの子はこうに考えてくれるのではないか」など，具体的に特定の児童
の反応を考えながら授業をつくることが大切です。そのためには，先ほど示し
たように児童の実態把握が求められます。このように，学習者とのやり取りを
仮想的に行いながら授業展開を考えていくことで，実際の授業において余裕を
持って児童に対応することができます。

　そして授業展開が概ね定まった際には，45 分間の時間の中ですべての活動
が終えられるかを判断しましょう。算数の授業時間は，考えたり話し合った
り，数学的活動を入れたりすると時間が足りなくなってしまうことがよくあり
ます。まとめや習熟を予定していたのに時間がなくてできないということにな
らないよう，各授業過程の時間の見積もりをしておくことが大切です。

第 6 節　評価

　授業はやって終わりではなく，児童にどのような資質・能力が身についたの
かを適切に評価することが求められます。評価はその行う時期によって大きく
次の 3 つに分けられます。

診断的評価（単元前）	学習前の習熟度を把握し，授業計画に生かすため
形成的評価（授業中）	授業中に児童の学習状況を見とり，指導に生かすため
総括的評価（単元後）	単元終了後に児童の学習到達度を把握するため

　一昔前までの評価は，評定のために行う価値判断としての側面が強くあり，
総括的評価が中心でした。しかし，最近では，指導と評価の一体化が言われ，
授業中に児童の学習状況を見とり，指導に生かす形成的評価が重視されるよう
になりました。そのため教師には，指導−評価−指導…という連続的な問題解
決が求められていると言えます。

　それでは，実際に教師が授業中に児童の学習状況を見とる評価方法にはどの
ようなものがあるでしょうか。授業中に教師が評価できる方法は限られてお

◆ 課 題 ◆ *265*

り，観察，発言，ワークシート，ノート等から見とるしかありません。児童が授業を通して資質・能力を高めていくためには，このような評価方法を授業づくりの際から意識していく必要があるのです。

◆　課　題　◆

【課題 11 － 1】　達成的目標を設定するためには，授業後の達成した児童の姿を具体的に捉えることができるようにすることが必要です。そこで，どのような姿なら具体的に捉えることができるのか考えてまとめてみましょう。

【課題 11 － 2】　教材研究をするために活用できる資料には他にどのようなものがあるか，考えてまとめてみましょう。

【課題 11 － 3】　学力差に対応するための指導方法の工夫として，どのようなことが考えられるかまとめてみましょう。

【課題 11 － 4】　算数科において教科横断的なカリキュラム・マネジメントを行う際には，他教科とどのように関連させられるか，例を挙げてみましょう。

【課題 11 － 5】　算数科における「問題」と「課題」はどのように区別して用いているかまとめてみましょう。

【課題 11 － 6】　児童の学習状況を見とる評価方法には他にどのようなことがあるかまとめてみましょう。

第12章　学習指導案の書き方

第1節　学習指導案の様式と種類

【1】　様式

　学習指導案に "これでなくてはいけない" という，決められた様式はありません。しかし，次節で示しますが，学習指導案の役割（書く目的）を考えたとき，授業者によって異なった様式ではなく，ある程度定められた様式があれば，授業を行う者も，また，授業を観る者も，共通した観点を持てるため，その後の授業研究会が焦点化されるというよさがあります。したがって，多くの場合，教科の違いはありますが，同じ教科であれば，学校内で統一していたり，自治体内で統一していたりします。

　このように学校ごとにあるいは地域ごとに様式が異なっているため，学生であれば，教育実習先の学校の学習指導案が，大学の講義で習った学習指導案と異なった様式だったり，現職の先生であれば，勤務先が変わると異なった様式になったりするでしょう。しかし，学習指導案に記述されるべき大切な内容（項目）は同じですので，第3節で示す例を参考にしながら学習指導案を書く練習をしてください。良い学習指導案を書けるようになることは，良い授業を行えるようになる最初の一歩です。

【2】　種類

　正式な名称ではありませんが，学習指導案には一般的に，細案と略案があります。それぞれの内容と使用場面を表1に示します。

表 1．細案と略案の内容と使用場面

	内　　容	使　用　場　面
細案	第3節【1】で示す例のように，必要な項目をすべて含んだ学習指導案です。ページ数に規定はありませんが，すべての項目について記述しているため，5〜6ページくらいが一般的です。細かく記述すれば，さらにページ数が増えます。第3節の学習指導案は一部省略前は10ページでした。	学校全体で校内の課題を追究（校内研修）するような研究授業で用いられます。校内の職員で設定した共通な課題に対し，その課題解決のための手立て（仮説）を検証します。研修は，学校以外の研究グループで行う場合もあります。また，個人で研究テーマを設けて，検証を行う場合もあります。
略案	第3節【2】で示す例のように，【1】で示した細案の項目のうち，一部分のみで構成された学習指導案です。本時の展開の部分を中心に記述します。ページ数に規定はありませんが，一部の項目のみとなりますので，1〜2ページくらいが一般的です。	細案と同じように，校内研修で用います。代表の先生数人が，細案を作成して，研究授業を行い，他の先生は略案を作成して，仮説の検証を行うという場合が一般的です。また，互いの指導力を高めることを目的に日頃行っている授業を，教員同士で見合う時も簡単な略案を作成することがあります。

第2節　学習指導案の役割

【1】　内容の概観

　学習指導案の役割を説明する際，家を建てるときの設計図のようなものと，例えることがあります。それは，家を建てるには，基礎をうち，その上に柱を立て，最後に屋根をのせていきますが（実際にはこんなに簡単ではないでしょうが），それぞれの工程を無計画に行き当たりばったりやっていたのでは，思うような家が出来上がらないからでしょう。

　このような例えは，とても分かりやすいと思います。しかし，授業と家屋に

268　第 12 章　学習指導案の書き方

は大きな違いがあります。それは，授業は "生きている" という点です。（木造家屋は木が生きている，とは意味が違います。）

　この大きく違う "生きている" 部分が，学習指導案の役割の重要な部分であることから，この部分に焦点を当てます。"生きている" とは，学習指導案の役割が刻々（授業前・授業中・授業後）と変化しているということです。

　学習指導案は，"案" ですから，授業前に作成することに大きな意義があります。しかし，授業中，授業後にも，授業前に劣らない意義があります。

【2】　授業前の学習指導案の役割

（1）教材理解が深まる

　授業は，学習指導要領に記載された目標にせまること，児童をその姿にすることです。そして，教材とは，そのために準備された材料です。道具的な材料という意味合いよりも，学習する内容（単元）をさします。

　この学習内容である教材を，教師自身がしっかりと理解する必要があります。しっかり理解するとは，今なぜこの時期にこの内容を教える必要があるのか，子供たちにとってどのような利益が享受されるのか，つまり，教わることの "意義" や "よさ" です。そのためには，教師自身が教材の "価値" を深く理解しておく必要があります。

　こんな例があります。小学校の先生になるには，小学校の教員免許状を有している必要があります。この小学校の教員免許状があれば，小学校教育課程のすべての教科等を児童に教えることができます。しかし，先生にも得意不得意な教科があります。あるいは，教員免許状を大学等で取得した場合は，一緒に中学校の教員免許状を取得している場合があります。中学校の教員免許状は教科ごとです。この場合，その教科は，自分の得意な教科でしょう。

　筆者が小学校教諭だった時のことです。筆者は，数学は得意でしたが，社会が苦手でした。そのため，小学校の算数を教える際，あれもこれもと関連した内容について話が始まってしまいます。関連はしているものの，横道に逸れてばかりいて，なかなか授業が進みませんでした。しかし，筆者は社会についてはあまり深い知識がないため，社会の授業はどんどん進みました。子供たちにしてみれば，先生は，算数は教科書にないことまで，いろいろなことを教えてくれたけど，社会は教科書以外のことは教えてくれないつまらない授業だった

と感じていたことでしょう。筆者と得意教科と不得意教科が逆の先生は，その逆ではないでしょうか。つまり，学習内容である教材について深い知識をもっていることで，興味深い楽しい授業ができるのです。

学習指導案を書くとき，教師は改めて，教材について深く調べたり学習したりします。そのことで，教材に対する知識がさらに増え，理解がより深まります。

（2）児童理解が深まる

学習指導案の中の欠かせない項目に「児童の実態」があります。この場合，実態とは，単に“元気なクラス”だとか“男子が女子より○人多い”などというようなことではありません。これから指導しようとする内容に対しての児童のレディネス，学習のための準備の状況です。

このことを記述するには，それなりの調査やテストが必要です。この調査やテストによって，ただ漠然と捉えていた児童の実態が，細かなところまで明らかになります。

これら以外にも，学習指導案を書くことによって，明らかになることはたくさんあります。そのように考えると，他の人が授業を参観しているとかしていないとかは関係なく，書くこと自体が，指導者の教材理解や児童理解を深めることになり，指導力の向上につながります。

【3】 授業中の学習指導案の役割

（1）展開の道標

学習指導案は，目標にせまるために，授業者が一生懸命書いた設計図です。したがって，調べたことや考えたことなどを，しっかりと授業に反映させることが大切です。だからと言って，学習指導案を見ながら授業をするのは，褒められたものではありません。自分が精魂込めて作成した学習指導案はしっかりと読み込んで，授業中は，学習指導案ではなく，子供の目を見て授業を行いましょう。

授業は，この設計図にしたがって進めるわけですが，思い描いた筋書き通りに授業が進まないこともあります。筋書きは，予想される児童の反応をもとに

270   第12章　学習指導案の書き方

作成されているわけですから，筋書き通りに進まなかったのは，教師が予想していた反応と異なった反応を子供がしたためです。このとき，予想しきれなかったのは，教師の子供を観察する眼が不十分だったわけですから，教師は反省をしなければなりません。しかし，どんなに観察眼を極めても，予想以上の反応を子供がすることがあります。そんなときは，子供の予想以上の成長を喜ぶべきです。それが授業の醍醐味です。このような際に，もっとも教師がしてはいけないことは，授業を無理矢理に学習指導案通りに進めてしまうことです。授業のために学習指導案があるのであって，学習指導案のために授業があるのではありません。

（2）指導と評価の一体化

　学習指導案には，観点ごとの評価規準が設定されています。評価規準とは到達目標のことであり，学習指導要領等の目標に照らして設定された観点ごとに，目指す目標を具体的な子供の姿として記述したものです。

　指導によって，子供がどの程度変容したかを見取るのは，評価の目的の一面ですが，評価にはもう1つ重要な目的があります。子供の変容の状況によって，指導の有り様を逐次望ましいものへと変えていくことです。これを指導と評価の一体化と言います。

　このようなことを念頭に置いて学習指導案を作成することによって，授業は子供の変容を促すより質の高いものへと進化することができます。

【4】　授業後の学習指導案の役割

（1）教材理解と児童理解等の検証

　教材理解の検証には，次の2つの意味があります。

　1つ目の意味は，目標を達成するために準備された教材は，適切であったかということです。教材とは，教えるために，つまり，子供を目標としている姿に近づけるために準備されたものであり，教材そのものが目標ではありません。このことを取り違えると，準備されたものはきちんと教えたが，子供に身に付けさせるべき力を，付けさせることができなかった，ということになってしまいます。

　2つ目の意味は，指導者が教材を正しく捉えていたかどうかということで

す。どんなに意義のある教材であっても，その教材の価値を指導者がしっかりと捉えていなければ，まさに，宝の持ち腐れです。そのために大切なことは，指導者の教材研究をする能力です。この能力を身に付けるには，経験も重要ですが，新たな知識を獲得することも重要です。指導者にこそ，たゆまない学ぶ姿勢が求められます。

　これら２つのことをしっかりと分けて検証することが大切です。

　次に，児童理解の検証です。

　指導内容に対する児童のレディネスを，日頃の観察に加えて，調査やテストを実施することで調べます。それらをもとにして，児童の反応を予想したり，授業の組み立てを考えたりしますが，児童理解が正しく行われなかったら，これらの反応の予想も授業の組み立てもうまくいきません。

　うまくいかなかったのは，指導力の問題ということもありますが，その前に，まずは，児童の現状の姿を正しく捉えていたかどうかを検証することが大切です。

（2）指導方法等の検証

　授業を参観する目的は，指導者に助言して，さらに指導力を高めてもらうということもあるでしょうが，多くの場合は，授業を観て，あるいは，その後の授業研究会に参加して，様々な考えを聞いたり議論したりすることで，自分自身の指導力を高めることです。

　充実した授業研究会を行うには，議論の方向性が一致していることが必要です。この方向性を授業前に参観者に知らせるのが「参観の視点（授業の仮説）」です。具体的には『どのような場面で，どのような手立てを行うことで，どのような姿（目標とする姿）になったか』と提示します。目標とする姿にせまるために，指導者がとった方法（場面と手立て）は適切であったかどうかということです。このことに関連した授業の見方については，第14章で述べます。

　以上が学習指導案の役割です。学習指導案は，指導者及び参観者の双方に，効果をもたらします。

　学習指導案を書くことは，相当の労力を要しますが，書いた人（指導者）に

272 第12章 学習指導案の書き方

は，教材を解釈する力，児童を理解する力をはじめ，学習指導を行う上で必要とされる多くの力が身に付きます。そのためにも，機会を見つけて学習指導案を書いてみることが大切です。たくさん書けば書くほど，書き方も身に付きます。その努力によって，本章の冒頭で述べた「良い学習指導案を書けるようになることは，良い授業を行えるようになる最初の一歩」に繋がります。

第3節　学習指導案の実際

【1】　細案を書く

　算数科の学習では，日常生活や社会の事象さらには学習過程や結果から導かれる数学的な事象と数学的表現方法を関連づけながら，数学的な処理の方法の能力を高めていくことが重要です。

　ここでは，第3学年の「あまりのあるわり算」の単元を例にして，学習指導案の細案を書いてみます。子供たちの間で流行っているハンドベースボールを題材に取り上げ，そのチーム分けを単元の導入として扱うことで，子供たちの興味関心を高めます。

　次ページからの学習指導案を見ると，それぞれの項目とも細部にわたって記述しています。そのため，一般的な学習指導案（細案）に比べても，ページ数も多くなっています。それぞれの項目のうち，要点を抜粋したり重点部分をまとめたりすることで，一般的な学習指導案（細案）の分量5～6ページほどになります。

　ハンドベースボールのチーム分けを行う授業ですが，教室の子供たちは，算数科の授業とは知らされていません。どの子供も，ハンドベースボールをやりたくて，何とかチーム分けができないか，みんなで考えています。あと10分ほどで授業時間の終了を迎えるころ，授業を受けていた1人の子供が，ふと『算数の勉強みたい』とつぶやいたのが印象的でした。

　実際に授業を行った学習指導案ですので，学習指導案の本文と，欄外の吹き出しで示した注意書きを参考にして，まずは，自分なりに学習指導案を書いてみましょう。

第3節　学習指導案の実際　*273*

算 数 科 学 習 指 導 案

○○年○○月○○日（○）第○校時

3年△組（男子△△名　女子△△名）

指 導 者　□□　□□

1　単 元 名　　あまりのあるわり算

2　単元の目標

　　わり切れない場合の除法について理解し、それを用いることができるようにする。

3　単元の評価規準

知識・技能	思考・判断・表現	主体的に学習に取り組む態度
余りの意味や余りと除数の大小関係を知り、わり切れない場合の除法について理解し、商や余りを求めることができる。	わり切れる場合とわり切れない場合の除法を統合的にとらえ、その意味や計算の仕方を具体物や図、式を用いて表現することができる。	わり切れない場合の除法の意味や計算の仕方について、わり切れる場合の除法をもとにして、乗法との関連や具体物の操作などからとらえようとしている。

4　単元の考察

(1) 教材観

　　本単元は、学習指導要領第3学年の内容A(4)ア「除法の意味について理解し、それが用いられる場合について知ること。また、余りについて知ること。」を受けている。

　　児童はほぼ一ヶ月前に除法に初めて触れたが、日常生活においてはそれ以前から友だち同士で何かを同じ数ずつ分けたり（等分除）、同じ人数のグループを作ったり（包含除）という経験をしてきている。つまり、「分ける」という操作は経験的にできている。しかし、その分け方は次に示すようにさまざまである。

　　例えば12個のクッキーを3人の兄弟で同じ数ずつ分ける場合

　○1個ずつ配っていく。

　○3個ずつ取ってもあまりそうなので、とりあえず3個ずつ取ってから、残りを分ける。

　○4個なら4×3＝12だから、4個ずつ配る。

　等の方法がある。

　　これまで、単に「物を分けるときは・・・の方法で計算する。」といった形式優先の指導ではなく、いくつかずつ、あるいはいくつかに分ける操作について、上のような子供たちの考えやひらめきを除法に結びつけながら、子供たちの知的好奇心をゆさぶる指導を行ってきた。実生活に結びついた経験を大切にするのは、演算に数をあてはめていくという受け身的な学習でなく、この場面に自分から入り込んでいくという主体的な学習を目指すためである。自分から入り込んでいくという主体性が「12個でなかったらどうする」という次の課題の発見へとつながる。

　　　　　　　　　　　学習指導案（1／9）

右側の吹き出し:

単元とは、学習内容のまとまりです。
　教科書を用いて授業を行うのであれば、教科書の単元名でよいでしょう。

学習活動を通して、児童に身につけさせたい力を、一文程度で書きます。
　学習指導要領の目標に準拠させます。

児童がどのような学習状況であれば、単元の目標が達成できたと判断するのかを観点別に書きます。
　評価に関しての文部科学省の通知やそれを受けて出されている国立教育政策所等の資料を参考にします。

下部の吹き出し:

教材観は少し長いので、細分化して、説明します。
　最初に、学習指導要領のどの部分を受けているかについて、記述します。

児童のこれまでの学習経験や生活経験を記述します。現段階での児童の力を分析することは、学習目標や学習計画を立てる上で重要です。

274 第12章 学習指導案の書き方

　本単元では、（あまりのない）わり算の発展として、かけ算九九を1回適用してできる除法であまりのある場合の計算方法を学習する。初めて除法を扱ったときに求答方法として用いたかけ算九九を、あまりの意味も含めながら確かめ方として発展的に理解する。また、あまりのあるわり算については、図等による分ける活動を通して、あまりの大きさが、1回に取り除く数（わる数）より小さくなった時に取り除く操作をやめるという事実に気付かせる。このことで「あまる」を特殊化させることなく、既習のわり算と結び付けて一般化させて、関数的な考え方の素地を培うことにつなげる。さらに、ここでの学習内容の定着によって、あまりが出たらもっと細かく分ける、つまり、わり進むという新たな学習すべき事柄の発見へと進んでいくことになる。

　このように、子供が自分で課題を見つけ考えを進める学習は、変化の激しい予測が困難なこれからの時代を生きる児童生徒に身に付けさせるべき資質や能力の育成に欠かせないという意味において、本単元の学習は重要な意義を持つ。

　また、本単元が3年生に位置付けられているのは、この時期の子供の遊び方によるところが大きい。これまで、たし算、ひき算、かけ算で構成されていた遊びから、3年生なって友だち同士の行動が増え、仲間分けという事象からわり算が必要となってくる。そこでこのような経験や体験を繰り返すことにより、わり算を理解するための基礎が身に付いていくと考えられる。

　式表現の視点では、例えば7このあめを3人で同じ数ずつ分ける場合
①1人1個ずつにして4個残す。
②1人2個ずつにして1個残す。
等が考えられる。しかし、ひとたび数学的な表現（式）の「7÷3」となれば除数よりあまりの大きい①は切り捨てられる。このように式の意味を読み取ることを含んだ本単元は、表現力の育成という点でも重要な意義を持つ。式は数学的表現の最高点であり、そのような方法を身に付けることで、実物から始まる多くの事象を統括的に見ることができるようになる。式としての四則が出揃い、日常生活の事象のほとんどを処理することを可能にした本単元は、子供たちの算数をはじめとした知的好奇心をさらに高め、今後の学習に対する内発的動機付けとなる。

　さらに、ここでの学習の1つに前学年で完結したかけ算九九の復習がある。この復習は児童の基礎基本の定着はもちろん、見通す能力の育成につながる。例えば、62枚の色紙を1人に8枚ずつ配った場合、その分けられる人数の求め方は、8×□≦62＜8×（□＋1）の□に入る数をかけ算九九の中から見つけることである。これを「はちいちがはち、はちにじゅうろく・・・」と唱えていたのでは、いくらかけ算九九を利用してわり算の答えを求めたと言っても、本当にかけ算九九を理解しているとは言えない。かけ算の性質（増え方や減り方）を理解していれば、そのことを、仮商を立てる際に活用できるはずである。これはかけた数が多いかけ算で顕著となる。一定の割合で増えたり減ったりするという関数的な見方や考え方を活用して、おおよその商を見積もれる能力は、重要な数学的な見方・考え方であり、そのことによって答えを見通すことができる。本単元は、そのような見方・考え方の育成にもつながる。

　以上のように、算数が日常生活で使えることをより意識させる取組によって、事象を数理的に捉え、数学の問題を見いだし、問題を自立的、協働的に解決することができるようになることで、わかるという喜びだけでなく、子供たち一人ひとりの生活そのものが楽しく豊かで有意義なものになるという意味において、本単元を学習することには、大きな意義がある。

学習指導案（2／9）

さらに、単元の目標にせまるために、どのような学習活動をどのような流れで行うのか概略を書きます。
ここでは、児童生徒に身に付けさせるべき資質・能力にも触れています。

また、本単元が、3年生という学齢に位置づけられている理由についても述べています。

日常生活や社会の事象さらには学習過程や結果から導かれる数学的な事象と数学的表現方法を関連づけながら、数学的な処理の方法の能力を高めていくことの重要性を述べています。

数学的な見方や考え方は算数・数学科の根幹です。
どのような見方や考え方を身に付けさせるのか、しっかり捉えることが重要です。

まとめです。教材観では、そこでの学習内容を子供たちに教えることの意義や意味をいろいろな角度から述べます。そのために重要なのが教材研究です。

第３節　学習指導案の実際　275

(2)教材の系統

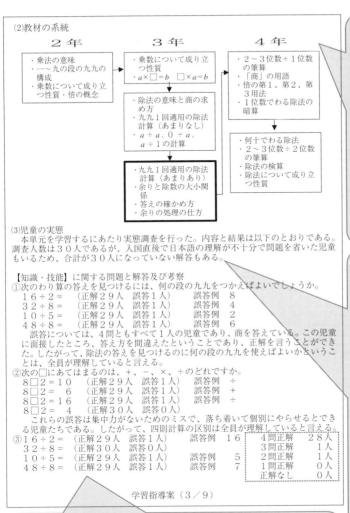

本単元を学習するにあたり、これまでどのような学習をしてきたのか、また、今後どのような学習につながっていくのかについて、図や表などを用いて分かりやすく記述します。

(3)児童の実態
　本単元を学習するにあたり実態調査を行った。内容と結果は以下のとおりである。調査人数は３０人であるが、入国直後で日本語の理解が不十分で問題を省いた児童もいるため、合計が３０人になっていない解答もある。

【知識・技能】に関する問題と解答及び考察
①次のわり算の答えを見つけるには、何の段の九九をつかえばよいでしょうか。
　１６÷２＝　　（正解２９人　誤答１人）　誤答例　８
　３２÷８＝　　（正解２９人　誤答１人）　誤答例　４
　１０÷５＝　　（正解２９人　誤答１人）　誤答例　２
　４８÷８＝　　（正解２９人　誤答１人）　誤答例　６
　誤答については、４問ともすべて１人の児童であり、商を答えている。この児童に面接したところ、答え方を間違えたということであり、正解を言うことができた。したがって、除法の答えを見つけるのに何の段の九九を使えばよいかということは、全員が理解していると言える。
②次の□にあてはまるのは、＋、－、×、÷のどれですか。
　８□２＝１０　　（正解２９人　誤答１人）　誤答例　÷
　８□２＝　６　　（正解２９人　誤答１人）　誤答例　＋
　８□２＝１６　　（正解２９人　誤答１人）　誤答例　＋
　８□２＝　４　　（正解３０人　誤答０人）
　これらの誤答は集中力がないためのミスで、落ち着いて個別にやらせるとできる児童たちである。したがって、四則計算の区別は全員が理解していると言える。
③１６÷２＝　　（正解２９人　誤答１人）　誤答例　１６
　３２÷８＝　　（正解３０人　誤答０人）
　１０÷５＝　　（正解２９人　誤答１人）　誤答例　５
　４８÷８＝　　（正解２９人　誤答１人）　誤答例　７

　　４問正解　　２８人
　　３問正解　　　１人
　　２問正解　　　１人
　　１問正解　　　０人
　　正解なし　　　０人

学習指導案（３／９）

児童の実態について、記述します。
　ここでの実態とは、元気がよいなどという一般的なことではなく、本単元に関わる実態です。
　多角的に分析することで、より実態を深く捉えることができることから、観点別に問題を解答させたり、面接を実施したりして分析します。

【知識・技能】に関する実態です。
　乗法と除法の関係は、すべての児童が理解しています。また、式を解く問題、等分除の問題文から立式し解答を求める問題、包含除での同様な問題、それらについて、正答は導けています。しかし、正答を導くまでの手順に課題があることが明らかになりました。

276　第12章　学習指導案の書き方

④色紙が２４枚あります。これを８人で同じ数ずつ分けると、１人分は何枚になります
　か。
　　式　　２４÷８＝　　（正解２９人　誤答０人）
　　答え　３枚　　　　（正解２８人　誤答１人）　　誤答例　２４÷４＝４
⑤花が３５本あります。これを５本ずつのたばにします。たばはいくつできますか。
　　式　　３５÷５＝　　（正解２９人　誤答０人）
　　答え　７つ　　　　（正解２９人　誤答０人）
　　④・⑤の誤答は別々の児童であり、それぞれの誤答以外は正解である。誤答した
　児童と面接をしたところ、今回の誤答は不注意なミスであることを確認した。この
　ことから、実態調査を行った児童は全員除法の計算ができると言える。しかし、答
　えを見つけている様子を観察すると、正解を求めるまでに時間のかかる児童もい
　る。そのような児童は、１６÷２の答えを探すのに２×１＝２から順番にかけ算九
　九を唱えていた。

【思考・判断・表現】に関する問題と解答及び考察
⑥つぎのア～ウのもんだいにあう図は、下のА、Вのどちらでしょう。
　ア　１人に６こずつあめをくばります。２４このあめは、何人に分けることができ
　　ますか。　　　　　　　　　　　　　　　　正解は　Ｂ（包含除）
　イ　２４このボールを６人に同じ数ずつくばります。　１人ぶんは何こになります
　　か。　　　　　　　　　　　　　　　　　　正解は　Ａ（等分除）
　ウ　リレーをするのに６人で１チームをつくります。２４人では何チームできるで
　　しょうか。
　　　　　Ａ　　　　　　　Ｂ　　　　　　　正解は　Ｂ（包含除）

　　　　　　　　　　　　　　　　　┌─────────────┐
　　　　　　　　　　　　　　　　　│３問とも正解　　１８人│
　　　　　　　　　　　　　　　　　│２問正解　　　　　８人│
　　　　　　　　　　　　　　　　　│１問正解　　　　　３人│
　　　　　　　　　　　　　　　　　│正解なし　　　　　１人│
　　　　　　　　　　　　　　　　　└─────────────┘

この結果から、児童は除法には２種類の分け方があることを理解し（等分除と包含
除）、ほぼその区別がつくようになっている。ただ、誤答はウが最も多く（６人）、
問題文の意味を読み取る力と関係していると思われる。
⑦クッキーが１２こあります。３人で同じ数ずつ分けると、１人分は何こになります
　か。
　　このもんだいをいろいろな方法で答えてみてください。思いつくものぜんぶ答
　えてください。
　・１こずつ分ける方法
　　人の絵を３つかく　袋の絵を３つかく　アレイ図で表す　１列に○を並べる
　　　　１１人　　　　　５人　　　　　　１７人　　　　　２人
　・答えの予想を立ててから、まとめて配る方法
　　　最初に２つずつ配る　　最初に３つずつ配る　　最初から４つずつ配る
　　　　　１人　　　　　　　　４人　　　　　　　　１２人
　・乗法を使って考える方法
　　　４×３＝１２　　（２人）　　　┌─────────────┐
　・減法を使って考える方法　　　　　│１種類の考え方　　　９人│
　　　１２－３＝９　┐　　　　　　　│２種類の考え方　　１２人│
　　　　９－３＝６　│　　　　　　　│３種類の考え方　　　８人│
　　　　６－３＝３　│（３人）　　　│４種類の考え方　　　１人│
　　　　３－３＝０　┘　　　　　　　└─────────────┘
　　　　　　　　　　　学習指導案（４／９）

【思考・判
断・表現】に
関する実態で
す。
　本単元では
わり切れる場
合とわり切れ
ない場合の除
法を統合的に
とらえさせる
必要がありま
す。そのた
め、児童が除
法の意味をど
の程度理解で
きているかを
確認します。
　等分除と包
含除につい
て、おおむね
理解はできて
いますが、や
や不安定なよ
うです。
　与えられた
問題の場面
を、図や絵等
で表現できる
ように指導す
ることが大切
になります。

　わりきれる除法とわりきれない除法を統合的に捉え、わりきれない除法の解決に進む
ために、既習であるわりきれる除法計算の仕方について、具体物や図、式を用いて表現
できるかどうかを確認します。
　どの児童も自分なりの方法で説明ができるようになりつつあります。自分なりの考え
を持つことは、対話による学び合いを成り立たせる上で欠かせません。

第3節　学習指導案の実際　*277*

　12÷3の解き方は、約3分の2の児童が複数の考え方で表せたが、中でもアレイ図をつかったものが最も多い結果となった。これは、今までにお互いの考え方を発表し合う中から、簡潔・明瞭・正確に表現できる方法として、アレイ図のよさが実感できているからだと思われる。また、商の大きさを予想してまとめて配る考え方をした児童が約半数おり、見通しを立てて解決に当たる態度が身につき始めているようである。なお、細かい分け方の種類については、面接によって調査した。

⑧わり算のもんだいを2つ自分で作って、自分で答えてください。また、わり算のもんだいの中には、答えがでないときがあると思いますか。
　前半の設問の解答
　・等分除と等分除の問題（16人）
　・等分除と包含除の問題（9人）
　・包分除と包含除の問題（3人）
　・等分除の問題と無答（1人）
　後半の設問の解答
　・いつもわり算で答えがでると思う。（10人）
　・答えがでないときがあると思う。（18人）
　・無答（1人）
　・無答（1人）
　　自分でわり算の問題を作らせ立式させたところ、大部分の児童がわりきれる数値を用いていた。後半の設問で半数以上の児童が「答えがでないときがある」と考えており、その理由として「かけ算の答えがない」「われないときがある」「数が多いとき」と答えているところから、意識的にわりきれる問題を作ったと言える。

【主体的に学習に取り組む態度】に関する問題と解答及び考察
⑨わり算の勉強はおもしろかったですか。
　ア　とてもおもしろかった（24）┐かけ算をつかうから　　簡単
　イ　まあまあおもしろかった（2）┘楽しい　いろいろな考え方がある
　ウ　ふつうだった（2）　　　　　　図や絵をかく
　エ　あまりおもしろくなかった（1）┐
　オ　とてもつまらなかった（1）　┘難しい
⑩わり算はふだんの生活で役に立つと思いますか。
　ア　とても思う（4）──┐ものを分けるときにつかう
　イ　少し思う（2）　　┘
　ウ　ふつう（16）　　　┌あまりつかわない　意味がない
　エ　あまり思わない（6）┤かけ算をつかうほうが多い
　オ　まったく思わない（2）┘買い物をしない

　このことから、児童はわり算ではいろいろな考え方が可能であることにおもしろさを感じ、乗法を用いて答えを求めることにもそれほど抵抗感はないようである。
　しかし、それを実際の生活の場面においてみると、「役に立たない」と考える児童も多かった。実際にものを分ける経験はあるものの、既習の加法・減法・乗法に比べ、学習したばかりの除法はまだ普段の生活の中で使っているという意識は低いようである。

学習指導案（5／9）

　以上で、観点別の実態調査は終了です。今回は、単元の性質上、「思考・判断・表現」に重点を置きました。このように学習内容によって重点の置き方を考えることも大切です。
　日頃の観察に加え、このような調査を実施することで、細かな実態を捉えることができます。

　除法の問題づくりを通して、その際の数値の設定についての意識を確認します。
　そのことで、わりきれない除法がわりきれる除法の延長上にあるという指導が可能になります。

【主体的に学習に取り組む態度】に関する実態です。
　本単元に関わる実態として、既習内容の『わり算』について聞いています。
　関心は高いようですが、実生活との結びつきがまだ弱いようでした。興味や関心の分析は、本単元の導入等を考える上で非常に重要です。

(4)指導方針

①知識・技能の面から

ア除数とあまりの大きさを比較させることによって、あまりのある場合とない場合を関連づけ、除法として統一的に捉えることができるようにする。

イ具体的操作活動や図などと関連させることにより、立式の仕方や答えの確かめ方などを理解させる。

ウ除数とあまりの大きさとの関係を理解させるため、板書計画を立て、系統立てたノート作りができるようにする。

エ実態から見て、答えを求めるときにかけ算九九を1から順に唱えていく児童が約2割いる。これらの児童は、まだかけ算九九が完全に定着し使いこなせるようになっていないと考えられる。本単元ではかけ算九九の表にない数字を探していくので、一つひとつ順に検討していたのではさらに時間がかかる。したがってある程度商の大きさを予想し、かけ算九九の近いところから探していける力が必要となってくる。そのため、かけ算九九の答えがどこからでもすぐ言えるように、ドリル学習などで習熟を図っていく。

オ繰り上がりのある加法や繰り下がりのある減法、かけ算九九の暗唱がまだ定着していない児童については、実態に応じた継続的な個別指導を行っていく。

②思考・判断・表現の面から

ア実態調査から既習の除法では答えが出ないときがある、と気付いている児童が半数以上いるので、本単元で扱うあまりのある場合とない場合とを対比させ、どういうときに答えが出ないかを考えさせる。その際、かけ算九九の答えと被除数との関係が捉えやすいように、具体的動的活動や、絵や図などによる表現活動を取り入れ、思考の活性化を図る。

イ数学的な場面での「わる(÷)」には、「等しく分ける」「残らないように分ける」という意味が含まれていることを大部分の児童は理解している。この考えを「あまり」に当てはめ、除数との大小関係を正しく理解させる。

ウ実態調査から、児童は等分除と包含除の違いをほぼ理解しており、本単元ではどちらから導入してもそれほど問題はないと思われる。しかし、児童にとって身近なのは等分除の方であり、被除数を分離量である人数にすることにより割り進む心配もないことから、本単元では体育の時間に児童が意欲的に取り組んでいるハンドベースボールのチーム分けを導入とする。

エ課題解決にあたっては、既習の考え方を生かすとともに、見当をつけてから調べる習慣をさらに定着させる。

オなぜ自分がそう考えたのか他の人にも分かるようにするため、ノートに考え方の根拠(理由)を書かせ、順序立てて説明できるようにさせる。また、友達の考えを聞きながらそのよさを理解し、自分の考えと比較したり、さらによい方法を考えたりすることができるように、発表を聞くときの観点を示す。

③主体的に学習に取り組む態度の面から

ア実態調査の結果から、わり算は楽しいと感じていても、実際の場面での有用性には気づいていない児童もいたので、児童の身近なものや興味を引きやすいものを学習課題として設定し、意欲的な取り組みを促すとともに、生活にいかせるようにする。

イ児童は自分の答えが合っていたときに授業が楽しいと感じるので、適度な難しさのあるような学習課題を設定し、自分の力で解決できたときの成就感・満足感を味わわせる。

ウ自分の考えを発表したいという意欲を大切にし、一人ひとりの考え方のよさを認め、称賛する場を工夫することにより、多様な考え方を引き出し新たな課題解決への意欲を促す。

学習指導案 (6/9)

実態を受けて指導方針を立てます。

授業者の授業に対する思いが出るところです。

【知識・技能】に関する指導方針として、わりきれる場合とわりきれない場合について、系統的な指導を行うことで統一的な捉えができるようにします。基礎基本の定着も重要です。

【主体的に学習に取り組む態度】に関する指導方針として、子供たちの興味関心のある事象を用いて、本単元の導入を図ることが重要であると述べています。

【思考・判断・表現】に関する指導方針として、日常生活や社会の事象を数理的に捉え、数学的に処理し、問題解決に結びつけられるようにします。そのことによって、主体的・対話的で深い学びが実現されます。授業改善の視点から、本単元において、最も重点を置くところです。

5　指導及び評価計画（全8時間）

時	指導内容	主な学習活動	知識・技能	思考・判断・表現	主体的に学習に取り組む態度
1本時・2	あまりのあるわり算の存在とその解法 あまりの意味 乗法九九を1回適用してできるあまりのある場合の除法	男子18人と女子14人をチーム分けし、各チームの男女がそれぞれ同数になるようにするには、どのように分ければよいか考える。（等分除） チーム分けの問題の解決を図る。	被除数と除数からわりきれない場合の除法とその式の意味を理解している。（ノート・発表） わりきれない場合の除法計算を式に表すことができる。（ノート・発表）	わりきれない場合の除法計算を、既習のわりきれる場合と結びつけて考えている。（観察・ノート）	チーム作りを、既習の除法計算を用いて考えようとしている。（観察）
3・4・5・6	あまりと除数の関係 あまりのある場合の除法	「わりきれない」「わりきれる」の意味を知る。 問①～問④の問題を考える。 23枚の色紙を6人で等分すると、1人分は何枚になるかを考える（等分除）。	あまりと除数の大小関係、「わりきれない」の意味を理解している。（観察・ノート） あまりのある除法の答えを乗法九九を使って求めることができる。（ノート・発表）	あまりのある除法の答えを、既習のあまりのでない除法と結びつけて考えている。（観察・ノート）	あまりのある除法を、既習の除法計算を使って考えようとしている。（観察）
7	学習内容の適用と習熟。	「れんしゅう」をする。			
8	学習成果の評価	「まとめ」をする。			

6　本時の学習

(1)　目標

　　被除数と除数からあまりのある場合のわり算の存在を知り、計算を進める際に生じるあまりの意味について理解する。

(2)　校内研修との関連

　　本校では、学び方を思考・判断・表現の総合力と捉え、それを児童に身に付けさせるために、次の①～⑥に示す6つの手立てを設定し、実践的研究に取り組んでいる。①内発的動機付け、②学習方法の選択肢の拡大、③夢中になる場の設定、④次の課題発見や見通しにつなげるための考える過程の工夫、⑤考えの多様さ、異同、そして空白への気づき、⑥算数数学科における表現様式の習熟　＜以下略＞

学習指導案（7／9）

単元の目標を達成するための指導内容を順に簡潔に書きます。

指導内容に対する具体的な学習活動について、児童の立場から記述します。

先に示した単元の評価規準について、それぞれの指導内容に即して記述します。
　児童がどのような状況になれば、その時間の目標が達成できたと判断するのか、その姿を具体的に記述します。

本時の目標を具体的に記述します。単元全体の指導及び評価計画との整合性に留意します。

学校全体で課題追究（校内研修）に取り組んでいる場合は、研究の方向性を確認することを目的として、このような項目がある場合があります。全職員が共通の目的に向かって授業を行ったり参観したりできるため有益です。
　教育実習では、この項目は設定されないでしょう。

280　第12章　学習指導案の書き方

(3) 授業仮説
　　問題の提示において、児童に身近な題材を与えることによって、児童はわり算を使うと日常生活が便利になるということに気付くだろう。

(4) 準備　ワークシート、マグネット、

(5) 展開

過程	学習活動及び・予想される児童の反応	時間	○指導上の留意点	評価　◎十分満足　●要努力への手立て
つかむ・見通す	1.　学習課題を知る			（主）チーム作りを、既習の除法計算を用いて考えようとしている。＜観察＞
	男女一緒でハンドベースボールをするときの、チーム分けを考えよう。			
	・強いチームと弱いチームの力の差がなるべくない方がいい。		○男女混合のチームでの試合は、各チーム間の男女の人数を同じにすれば力が互角になるということを説明する。（指導方針③ア）	
	・全部で何チーム作るの？			◎除数をいろいろ試しながらあてはめ除法を用いようとしている。
	・1チーム何人ずつにするの？		○児童から多くの質問が出ることが多様な考え方につながることから、児童の反応を捉えながら一緒に考える。（指導方針②ウ）	
	・男子は何人ずつ？女子は何人ずつにするの？	10		
	・このクラスは全員で何人いるの？		○「チーム数」と「1チームあたりの人数」の両方を同時に考えていたのでは、考えづらいことを知らせる。〈指導方針②ウ〉	●被除数、除数の数値を簡単にしたチーム分けを提示して考えさせる。
	・男子は何人いるの？女子は何人いるの？			
	・男子と女子の組み合わせはどうするの？		○人数決めになりそうだったら、1チーム内の男子と女子の人数を同じにするのではなく、各チーム間の男女のそれぞれの人数をそろえることから、チーム数を考えた方がよいことを提案する。（指導方針②ウ）	
自力解決	2.　チーム数に着目して考える			
	・2チームにすると男子が9人女子は7人ずつに分かれる		○児童の考えを細かく拾い、共有する。（指導方針③イ・ウ）	
	・9＋7で1チーム16人じゃ多すぎるよ		○思いついた考えをメモさせる。〈指導方針②エ〉	
	・じゃ3チームにしよう	10		
	3.　班の友達と考える。・何チームにすればいいのかな		○メモが発表しやすいものとなるように、個別あるいは班別に指導する。〈指導方針②オ〉	
	・図をかいてみよう			
	・なかなかうまくいかない			

学習指導案（8／9）

第3節　学習指導案の実際

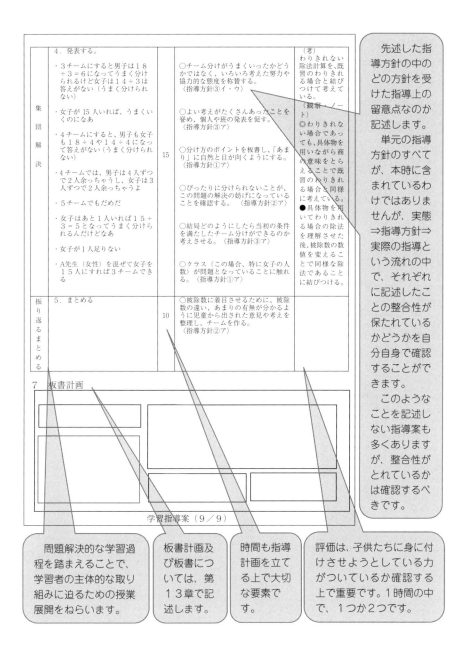

282　第12章　学習指導案の書き方

【2】　略案を書く

　細案も略案も決められた様式はありません。下のような項目は一例です。この項目は，先に記した細案と同じですが，少ないページ数に収めるには，項目を減らす方法もあります。授業の目的を鑑み，どの項目で略案を作成するか協議することも，授業づくりに関係しています。

算数科学習指導案

　　　　　　　　○○年○○月○○日（○）第○校時
　　　　　　3年△組（男子△△名　女子△△名）
　　　　　　　　　　　　指導者　□□　□□

1　単　元　名　　　あまりのあるわり算
2　単元の目標
　　　わり切れない場合の除法について理解し、それを用いることができるようにする。
3　単元の評価規準

4　単元の考察
　(1) 教材観

　(2) 教材の系統

　(3) 児童の実態

　(4) 指導方針

5　指導及び評価計画（全8時間）
　　第1時（本時）
　　第2時
　　　：
　　第8時

6　本時の学習
　(1) 目標
　　　被除数と除数からあまりのある場合のわり算の存在を知り、計算を進める際に生じるあまりの意味について理解する。
　(2) 校内研修との関連

　(3) 授業仮説

　(4) 準備　ワークシート、マグネット、
　(5) 展開

7　評価

◆　課　題　◆

【課題 12 － 1】　同じ単元を扱った指導案の細案を 3 つ探し，その様式を比べて同じ部分と異なっている部分をまとめてみましょう。

【課題 12 － 2】　同じ単元を扱った指導案の略案を 3 つ探し，その様式を比べて同じ部分と異なっている部分をまとめてみましょう。

【課題 12 － 3】　学習指導案の役割を，授業前，授業中，授業後に分けて，まとめてみましょう。

【課題 12 － 4】　指導と評価の一体化とは，どのようなことか，まとめてみましょう。

【課題 12 － 5】　児童用教科書の中から単元を 1 つ選んで，"第 3 節【1】細案を書く"を参考にしながら，学習指導案の「教材の考察」の部分を書いてみましょう。

【課題 12 － 6】　児童用教科書の中から単元を 1 つ選んで，"第 3 節【1】細案を書く"を参考にしながら，学習指導案の「本時の学習　展開」の部分を書いてみましょう。

第 13 章　学習指導の技術

第 1 節　板書

【1】　板書の意義

「**板書**」とは，黒板に文字や図や絵などを書き記すことです。何もないところから，授業の進行とともに書かれていく板書は，少しずつ量を増やし，授業終了時に完成します。このように，板書は授業の軌跡ですから学習指導案を家の設計図と例えれば，板書は本時の組立説明図のようなものです。

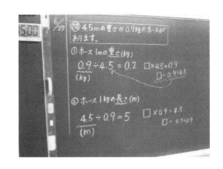

本時の組立説明図が分かりやすいものであれば，本時のねらいは達成しやすくなります。黒板は，日本の近代教育が始まったときには，すでに教室に設置され材質や構造等の進化を遂げながらも長い年月にわたり存在し続けてきたことからも，板書の教育効果は疑う余地もありません。したがって，板書に係る研究は，教育効果を上げる点において，十分な意義があります。

板書は，教科によって内容や方法などの活用法が異なります。また，同じ算数科の授業であっても，「かけ算の仕方を考える授業」と「かけ算の習熟を図る授業」というように，目的や場面等が異なれば，活用法も異なります。だからと言って毎時間ごとに板書の活用法が変わっていて困るのは子供たちですし，当然指導の効果（子供にとったら学習効果）は上がりません。

【2】 板書の実際

　ここでは，算数科の授業でよく行われる問題解決的な授業の展開をもとに，より良い板書の仕方について，第12章の細案で示した授業を例にして，考えていきます。第12章の細案の本時展開部分と照らし合わせながら，順を追って確認してみてください。ただし，これは一例ですので，参考にしながらも，目の前の子供たちにとって，見やすく分かりやすい板書を創り上げることが大切です。

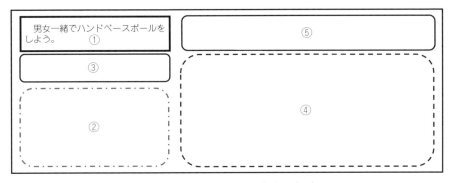

図1．見やすくわかりやすい板書

①：本時の学習内容を書きます。
②：学習内容の意味を確認するために，ポイントとなることがらを書きます。
　　展開部分の「つかむ・見通す」の場面です。ポイントとなることがらとは，指導上の留意点に記載されているような内容です。また，ここには，本時で必要となる既習事項を書いておくのも効果的です。本時であれば，「あまりのないわり算」の計算の仕方などです。
③：本時のめあてを書きます。
　　学ぶ対象や目的を明らかにしておくことは，見通しを立てる上で重要です。めあてというカードを貼り，視覚的に意識づけるという取組も多くあります。この授業では「チーム分けを考えよう」です。① から生じた ③ によって，それが本時の学習課題となります。② や ③ を頼りにして，子供たちは，このあと「自力解決」へと進みます。

④：自力解決の時間の後，子供たちの考えを書きます。

子供自身に書かせることも大切です。どの子供の考えを，どのような順番に取り上げていくかは教師の腕の見せ所ですが，教師にとって都合のよい考えだけをつまみ食いするような取り上げ方はよくありません。子供たちの考えを大切にするとともに，どのような考えが出てきても大丈夫なように，教師は教材研究を充実させておく必要があります。それが，第10章で述べた深い学びにつながるからです。展開部分の「集団解決」の場面です。

⑤：まとめを書きます。

まとめは，③のめあてと対になります。本時であれば，あまりのあるわり算の導入であり，本時のねらいは「被除数と除数からあまりのある場合のわり算の存在を知り，計算を進める際に生じるあまりの意味について理解する」ですから，まとめは，「わられる数やわる数によって，うまくわりきれずに，あまりが出てしまうときがある」です。展開部分の「振り返る・まとめる」の場面です。

【3】 板書の注意点

子供は環境に影響を受けます。教師の言葉遣いが粗暴であれば，その教室で学ぶ子供たちの言葉遣いも粗暴になります。教師の書く文字が乱雑であれば，子供も字を乱雑に書くようになります。教師が，黒板が汚いことに無頓着であれば，子供もノートをきれいには使いません。これらのことはとても基本的で重要なことです。これら以外にも，いくつか注意点があります。

① 書いたものは，消さない

板書の実際で，順を追って述べた中に，「消す」という行為がありませんでした。子供にとって，板書はいつも自分を助けてくれる存在です。子供が，数分前の学習内容を振り返りたいときに，黒板のその箇所を見れば，そこに書き残っていることが必要です。板書の流れが，本時の子供の思考の流れですから，その途中を消すことは，つながっている思考を切り離してしまうことになります。

② 色は効果的に利用するが，頼りすぎは禁物

　小学校は基本的には学級担任制です。つまり，「○色は重要なところ，□色は間違いやすいところ」などというように，一旦色分けのルールを決めてしまえば，国語でも算数でも通用するため，子供も学習しやすくなります。この点をうまく使えば，指導の成果も上がります。

　しかし，教室には様々なハンディキャップの子供がいることを忘れてはいけません。色覚が弱い子供にとって，区別しづらい色があります。板書の際には，色だけの区分に頼らず，２本線や波線で区分するなどという配慮が大切です。同様に，視覚が弱い子供に対しても，配慮が必要です。すべての子供にとって板書が見やすくなっているか，教師は，子供のいる位置で，子供の目の高さで，常に確認をすることが大切です。これらは，第９章安心して学べる学級づくりで述べたユニバーサルデザインや合理的配慮の考え方です。

③ ノートの仕上がりを考える

　教室にある一般的な黒板の大きさは，縦１m20㎝，横３m60㎝ほどです。横を３分割すると，１辺が１m20㎝の正方形が３つということになります。それに対して，子供のノートは，小学１年生の横長のノートを除けば，縦が横のおよそ1.4倍である縦長の形をしています。このように，先生が書く場所は正方形が３つ，子供が書く場所は縦長の長方形が２つというように，教師と子供の書き記す場所の形は，異なっています。正方形３つをうまく利用して整っている板書が，そのまま子供にとって，ノートに書き写しやすい板書になっているとは限らないということです。このことを，教師は気に留めておく必要があります。

　もう１つ気に留めておきたいことがあります。高学年や中学生ならば，臨機応変に対応できても，小学校の低学年や中学年では，子供のノートのマス目を意識した板書を行う必要があります。教師は延々と横に続けて書いていても，子供は10〜12文字（ノートによって異なります）ごとに改行しなければなりません。子供は，大人が想像する以上に困っていることがあります。

　教師は，授業前に，これら２つのことをあらかじめ考えて，板書の計画を立てることが大切です。また，授業中は，子供がノートにどの程度書き写し終えているかということを，常に気にかけながら，授業を進めることが大切で

す．
　次のノート指導のところで記述しますが，自らの板書でどのようなノートが仕上がるのか，教師自身が事前に実際に書いて確認してみると，自分の板書が子供にとってノートに書き写しやすいものかどうかがはっきり分かります．

第2節　ノート指導

【1】　ノート指導の意義

　ノート指導とは，子供が良いノートをとれるように指導することです．良いノートがとれるようになれば，授業中の学習効果が上がるとともに，家庭学習などでノートを振り返り学習の拠り所として活用することができるようになり，子供の学力向上につながります．

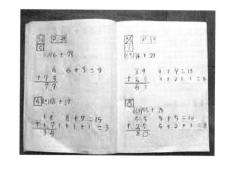

　これが，ノートの役目であり，ノートのとりかたを指導する意義です．
　また，ノートは子供と教師をつなぐ架け橋の役割もします．子供の良いところを認め励ますことで，子供の自己有能感や自己存在感を高め，子供の学校生活の充実や望ましい学級づくりにも繋がります．

【2】　ノート指導の実際

① ノートをとる目的を教える

　授業の進行とともに書き加えられていく板書は，授業のねらいに向かう軌跡です．それらは，限られたスペースに書かれているため，重要なものばかりです．このような内容をノートに書き写す際には，その内容を読み，そして解決しながら書くので，写す行為自体も，考える行為になっています．子供は，考えながら書き，書きながら考えています．これは，ノートをとる目的の最も基本的な部分です．この基本的な部分を踏まえた上で，板書されなかった先生の説明や友だちの発言などを書き加えることができれば，学習効果をさら上げることができます．

さらに，ノートには，家庭学習における振り返りに活用するという目的もあります。ノートを開いて，今日学習したことを読み返すだけでも，学習内容の定着につながります。これらのノートをとる目的を，子供たちに教えることが，ノート指導の第一歩です。

② どのようなノートが良いノートなのかを教える

型にはめこむことに難色を示す人もいますが，どのようなスポーツでも創意工夫は，しっかりと型を身に付けたところから生まれます。勉強も同じで，まず，ノートの基本的なとりかたを教えます。めあてやまとめがはっきりとしていて学習した軌跡が分かるノート，自分の考えや友だちの考えがしっかり書かれているノート，大切なところが強調されているノートなど，多くのポイントがあるでしょうが，授業を受けた後にどのようなノートが良いノートなのか，実物，例えば教師が事前に作ったお手本のノートを見せることは効果的です。「百聞は一見にしかず」です。

ところが，教師の指導したことを守って，一生懸命にノートをとっていたとしても，教師が求める良いノートになっていないことがあります。そのようなときの原因として，子供自身は「自分は良いノートをとっている」，「ノートをきれいにとっている」と思い込んでいる場合があります。良いノート，きれいで見やすいノートとはどのようなノートなのかを，さらに子供に教える必要があります。友だちどうしでノートを見せ合う「ノート展覧会」などが効果的です。友だちのノートを見たあと，自己流から脱して，急にノートの質を上げたということがよくあります。

③ 認め賞賛する

ノートを集めてノート指導を行うことは，直接的な指導であるため効果的です。ノートをとる目的の１つが家庭学習における振り返りですから，家庭学習の習慣づくりに影響のないよう，頃合いをうまく見計らったり，なるべく早く返却したりすることを心がけます。そして，子供のノートに，教師が目を通し，一人ひとりのノートの良いところを認め励ますことで，子供は学習への意欲を増します。

また，教師が子供のノートを見ることは，教師自身が自分の授業の評価を行

うことにもなります。子供にとって，ノートをとりやすい板書なっているのか，もっと広く考えれば，分かりやすい授業ができているかが，子供のノートから読み取ることができます。

　さらに，子供のノートを見ることで，子供の心の変化にも気付くことができます。算数の学習内容と関係なくても，子供の悩みや不安に気づき，子供の心に寄り添える優しさは，教師として持っていなければならない基本的で大切な資質です。

【3】　ノート指導の注意点

①　授業に使えるノートにする

　児童用教科書を見ると，ページの途中から新しい単元になっているものはありません。新しい単元は見開きで始まり，左上からです。これは，学習内容を分かりやすく示すためでしょう。（一部には，次の学習内容が見えてしまうことを避けるために，故意に見開きではないものもあります。）このように見やすさ使いやすさということを考えれば，ノートもそのようにするべきです。

　また，教師は既習事項を授業内で振り返ったり用いたりする際に，「教科書の○○ページを開いて」と子供に指示をして，そのページを開かせることがあります。ノートで同様なことをしようとしても，ノートにはページがありません。あったとしても，人によって書いてあるページが異なります。そこで，毎時間の授業の最初に，見開きで開いた左上に「第○○回」と記述します。毎時間記述するので，年間の算数の標準時数が 175 時間の小学 6 年生では，少なくともそこまで達します。これによって，既習事項を振り返りたいときや過去に記述した部分を見たいときは，「ノートの第○○回を開いて」と指示すれば，みんな同じ場所を開くことができます。教師自身がノートを振り返りなどの材料として活用することで，子供は，ノートをとることの大切さを感じるとともに，きれいに書き留めることにも心がけるようになります。

②　家庭学習に使えるノートにする

　家庭学習の振り返りに活用するというのも，ノートをとる目的です。振り返りがしやすいようなノートにすることが大切です。例えば，1 時間の授業の最後となる見開きの右下に，家庭で学習したことが記録できるような振り返りの

欄を設け，教師が確認します。教師が確認するという取組は，最初は大変ですが，慣れてしまえば，子供は振り返ることが当たり前になり習慣になります。慣れるまでが勝負です。子供の根気と教師の根気のがまんくらべのようなものです。

③　授業前に教師がノート計画を立てる

　授業や家庭学習で使えるノートは，見開きで左1ページ右1ページが1時間あたりの分量として適当です。そうすれば，次の時間も，また左上から始めることができます。この分量を考えながら，教師は板書を行います。そのためには，教師は，板書計画と同じように，ノート計画も作る必要があります。1時間（小学校は45分）の授業を受けた後，子供はどのようなノートが出来上がっていれば良いのかを，教師自らが事前にノートを作って，見通しを立てておきます。

第3節　発問

【1】　発問の意義

　発問とは「教師が子供に対して問うもの」です。この「問う」は，質問するということですが，一般的な質問とは少し意味が異なります。「先生，質問があります。」というときは，子供が解らないことを，そのことが解っている教師に教えてもうために聞きます。しかし，授業中の発問は，「問う」と言っても，教師が解らないから子供に聞くのではありません。では，教師が「問う」ことを発問というかというと，そうではありません。教師が子供に「あなたの家はどこですか」と聞けば，これは解らないから聞いているのであって，さきほどの子供の質問と同じです。ですから，誰が発するかではなく，次のように捉えると分かりやすくなります。

発問	：	解っている人が，解っていない人に聞く問い
質問	：	解っていない人が，解っている人に聞く問い

　教師は，なぜ発問をするのか。それは，解答のみを直接教えるのではなく，

292　第13章　学習指導の技術

子供に様々なことを尋ねる行為を繰り返すことによって，子供自身に解答を導く力を付けるためです。そのことによって，今回の問題だけでなく，今後の様々な問題に対して，自ら解決する力を付けようとしているのです。

　発問については，子供の内面にせまる働きかけ「ゆさぶり」という概念として捉えられ，教育学・心理学の双方から，長年にわたり研究の対象とされ，関係する文献（斎藤喜博　1969，吉田章宏　1975）も数多くあります。

【2】　発問の実際

① 閉じた発問

　子供が反応しやすく，答えやすい発問を「**閉じた発問**」といいます。答えやすいとは，問う内容が安易という意味ではなく，「Yes，No」で答えられたり，答えが限られていたりするものです。

> 「閉じた発問」の例・・・四角形の4つの角の大きさを全部たすと何度ですか。

　授業のはじめに，既習事項を確認するときなどは，この発問です。また，授業中，子供の理解度を確認するときなどにも，理解できているどうかを判断しやすいため使われます。しかし，子供たちにとって，簡潔で答えやすいというメリットはありますが，このような発問ばかりでは，授業は単調となり，子供の考える力が育ちません。

② 開いた発問

　「閉じた発問」に対して，多様な子供の意見や考えを求める発問を「**開いた発問**」といいます。この発問に対しては，答えが「Yes，No」や限られた単語や文章等では答えられません。

> 「開いた発問」の例・・・四角形の4つの角の大きさの和が360°になるのはなぜですか。

　授業の中で，子供たちの様々な意見や考えを聞き出すときなどは，この発問

です。いろいろな意見や考えが出てきますので，授業者はそれらをどのように
つなぎあわせるか，あるいはまとめるかなどの対応をしっかりと考えておく必
要があります。同時に，意見や考えを出せない子供もいますので，その子供へ
の対応も考えておくことが必要です。

③　さらに開いた発問

　「開いた発問」よりも，さらに子供たちの意見や考えは，多様になります。
先ほどの「開いた発問」では，いろいろな意見や考えは出てくるでしょうが，
すべて角度に関することです。それは，角度という考える観点を指定している
からです。「さらに開いた発問」では，そのような観点も定めません。

> 「さらに開いた発問」の例・・・四角形には，どのような性質が
> ありますか。

　単元のはじめなどで，子供たちの自由な意見や考えを聞き出すときなどに用
いる発問です。観点を定めないということは，子供は，自分が最も興味や関心
があることを答えるでしょう。角度の大きさに関心を寄せる子，辺の長さに関
心を寄せる子，あるいは広さや形に関心を寄せる子などなど，子供たちは，自
分が最も興味を持ったことを発表します。子供が発表した興味や関心を持って
いる内容と，これから学ぶ学習内容をつなぎ合わせることができれば，学習に
対する子供たちの意欲は増します。授業の冒頭に子供たちの知的好奇心を掻き
立てることができれば，子供の学習活動が誘発されることになります（波多野
誼余夫他　1973）。授業は盛り上がりますが，教師の授業をコントロールす
る力が必要になります。

　授業は，場面や内容に応じて，目的を持った発問を繰り返しながら進められ
れ，子供が自ら課題を見つけ，それを解決していくことを通して，本時のねら
いに近づいていきます。

【3】　発問の注意点

①　明瞭な発問

　発問は，簡潔で分かりやすいものでなくてはなりません。発問Ａの意味や

内容が分からず，子供が聞き返すと，発問Aを補足しようと，教師はいくつかの説明a，説明bを行う場合があります。教師にとっては，説明a，説明bは発問Aを補足するもの，つまり，発問A（説明a，説明b）という認識です。しかし，子供にとっては，教師から新たに発せられたものは，みんな発問A，発問a，発問bというように捉えてしまいます。子供にとったら，3つの発問が，一気に浴びせられたようなものです。したがって，発問を考える際には，その「問い方」で子供が理解できるかどうかを，十分吟味し，補足する必要がないようにすることが重要です。

補足をしなくても子供が十分理解できるように吟味しておけば，1時間（45分）の授業の中で，発問は，開いた発問ならば1つか2つ，閉じた発問ならば3つか4つです。どこで，どのような発問をするか，教師は念入りに準備をし計画を立てておくことが大切です。

よく発問が錬られていない授業では，補足説明が多く教師が話している時間が多くなります。ビデオで映像を撮って，自分自身の授業を検証することも大切ですが，あえて映像がないテープレコーダーで45分間を録音してみると，自分（教師）の発言の量がとてもよく分かります。

② 子供の反応を待つ

発問後，教師は子供からの回答をどのくらいの時間待っているでしょうか。子供から反応がないと，発問の意味が分からなかったのだろうかと，すぐさま先に記したような補足をすることはないでしょうか。また，誰かが正答を言うと，すぐさまそれに飛びついて授業を進めることはないでしょうか。発問後の待ち時間は，発問の難易度など，いろいろなことが関係していますので，1問〇〇秒のような決め方はできませんが，しっかり待つことのできる教師は，言い換えれば，子供にしっかり考える時間を与えることのできる教師です。しっかり待つことのできる教師に教えられた子供は，学力の面においても良い結果を残しているという報告もあります（辰野千寿　1992）。

③ 予想される児童の反応とその対応

発問を考える際には，それに対する子供の反応も考えておく必要があります。その反応を考えることによって，教師はさらに次の手を考えます。

特に，開いた発問であれば，授業の進行に合わせて，子供たちの思考は拡がっていきます。教師は，この拡がった思考を収束させて，本時のねらいに近づけていきます。そのために，子供の多様な思考がどのような関連や序列を持っているかを教師は見抜き，子供たちに観点や方向性などを示しながら，授業を進めます。そのためには，十分な教材研究を行い，子供の実態をとらえておく必要があります。

しかし，どのように深く教材研究を行い，子供の実態を考え抜いたとしても，そこには，予想を超える子供の反応があります。第12章にも記しましたが，熱心な教師であればあるほど，それを子供の成長として喜び，授業の醍醐味と感じているはずです。だからこそ，授業研究が必要であるし重要なのです。そして，授業は面白いのです。このことについては，第14章にも関係してきます。

第4節　教育の情報化

【1】　教育の情報化の意義

今の子供たちは，ICT が当たり前に生活の中にある環境に育っています。子供たちは，就学前から，インターネット，スマートフォンなど日常の生活で慣れ親しみ，情報収集やコミュニケーションの手段として活用しています。

このような時代に育った子供たちには，ICT を授業に取り入れることが，教育の効果を上げるうえで必要不可欠なものであると考えられます。

ICT の特徴は，時間的・空間的制約を超えること，双方向性を有すること，カスタマイズが容易であること，多様かつ大量の情報の蓄積・共有・分析が可能であることなどがあげられます。以前は，コンピュータが得意な先生しか活用できないソフトウェアなどが中心でしたが，今では，だれでも簡単に使える教具・教材が中心となっています。

算数の授業においては，タブレット PC や大型画面，デジタル教材などを効果的に活用することにより，次のような効果が期待できます。

＜期待される効果＞
- 画面の拡大，動画等の機能を活用し，学習内容を分かりやすく説明することにより，児童生徒の興味・関心を高められる。
- 情報端末，デジタル教科書などを活用し，子供が自ら繰り返し学習を行ったり，自分に合った進度で学習したりするなど，一人ひとりの能力や特性に応じた学習を実現できる。
- 情報端末，大型画面を活用し，子供同士がお互い考え方について意見交換や発表を行うなど，教え合い学び合う協働的な学びを通して，思考力，判断力，表現力等を育成できる。

第4節　教育の情報化　　297

　このように，ICTの特長を生かし，効果的に活用した指導を行うことにより，子供たちが分かりやすい授業を実現するとともに，これまでの一斉学習に加えて，子供たち一人ひとりの能力や特性に応じた個別学習，子供たち同士が教え合い学び合う協働学習など，新たな学びにつながること可能性があります。また，子供たちの学習の状態をデジタルデータにより取得することにより，教師の事務的な仕事を減らし，業務の軽減も期待できます。

【2】　授業で活用できるICT

　学校や地域によって，ICT機器の整備状況には差があります。転勤先の学校では，前の学校にあった設備がないというケースもあります。大切なのは，今，学校にある設備を授業の目的に合わせて，どのように活用するかです。ここでは，授業で簡単に使えるICT機器を紹介します。

〇大きく映すICT機器

　大きく映すには，備え付け大型テレビが使いやすいと思います。また，タブレットパソコンと無線接続ができる機種なら接続の心配もなくなります。

　しかし，プロジェクタとスクリーンがあれば，同じことができます。スクリーンがなければ模造紙でも代用できます。

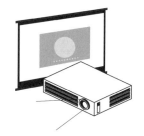

　　　＜大型テレビ＞　　　　　　＜プロジェクタ＋スクリーン＞

〇手元のものを映すICT機器

　算数の授業で最も便利なのは，実物投影機です。教科書を大きく映せば，子供が画面を見ながら確認できます。また，子供のノートや学習プリントを全員に紹介することもできます。実物投影機がなければ，フレキシブルアーム，三脚とタブレットPC，デジタルカメラなどを合わせて使ってみましょう。安価

に実物投影機の代用をさせることができます。

＜実物投影機＞　　＜フレキシブルアーム・三脚＋タブレットPC・デジタルカメラ＞

○動画コンテンツ

教師用のデジタル教科書が普及し始めました。デジタル教科書は，授業にはとても便利な教材です。特に図形やグラフの変化など動画コンテンツは効果的です。動画を活用してデジタル教科書の同等の効果を狙うには，インターネット上の画像を利用するのが便利です。教科書の出版社のホームページで授業に最適な動画を提供している場合もあるので確認してみましょう。

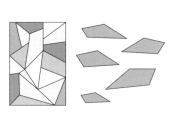

＜デジタル教科書（教師用）＞　　＜インターネット上の動画＞

第4節 教育の情報化　299

【3】 ICT を活用した学習場面

　ここでは，文部科学省によって示された「学びのイノベーション事業」の一斉学習，個別学習，協働学習の3つの ICT 活用場面に分類して，ねらい・活用場面・活用のポイントを算数の授業を想定して示します。

A　一斉学習
○ねらい
　一斉学習では，図やグラフ等を拡大・縮小，画面への書き込み，動画等を活用して分かりやすく説明することにより，子供たちの興味・関心を高めます。

○活用場面
A1：教員による教材の提示（大型画面を用いた分かりやすい課題の提示）
　　画像の拡大提示や書き込み，音声，動画などの視覚的で分かりやすい教材を活用して，学習課題を提示・説明します。

＜活用のポイント＞
　・大型画面や子供たちのタブレット PC などに，画像，動画などを拡大し書き込みながら提示することにより，提示内容を視覚的に分かりやすく伝えます。
　・大型画面や子供たちのタブレット PC を用いて，作業方法や実演の映像を提示することにより，学習活動を焦点化し，子供たちの学習課題への理解を深めます。

B　個別学習
○ねらい
　個別学習では，デジタル教材を活用し，習熟度に応じた学習を行い，知識・技能の確実な習得を目指します。

○活用場面
B1：個に応じる学習（一人ひとりの習熟の程度などに応じた学習）
　　タブレット PC などを用いて，一人ひとりの習熟の程度に応じて，知識・

技能の習得を目的とした，個別学習を行います。

<活用のポイント>
・eラーニングや計算ソフトウェアなどを用いることにより，各自の習熟度に合わせた学習を行います。

B2：調査活動（インターネット等による調査）
　インターネットやデジタル教材を用いた情報収集，観察における写真や動画等による記録など，学習課題に関する調査を行います。

<活用のポイント>
・インターネットやデジタル教材等を用いて，生活の中で使われている算数について情報収集を行うことにより，子供たちの興味・関心を高めます。

B3：思考を深める学習（シミュレーション等を用いた考えを深める学習）
　図形やグラフの軌跡のシミュレーションなどのデジタル教材を用いた試行により，考えを深める学習を行います。

<活用のポイント>
・図形やグラフに関するデジタルコンテンツやソフトウェアを用いて，学習課題の試行を容易に繰り返すことにより，学習課題への関心が高まり，理解を深めます。
・児童にとってイメージしにくい立体図形を回転させたり，グラフの軌跡をアニメーションで見せたりすることにより，理解を高めます。

B4：表現・制作（マルチメディアによる表現・制作）
　画像，動画等のマルチメディアを複合して多様な表現を取り入れた資料を制作します。

＜活用のポイント＞
・画像・動画等のマルチメディアを用いた資料を作成することにより，子供たちの興味・関心を高めます。
・個別に制作した資料等を保存・共有することにより，資料を通した活発な意見交流につなげます。

B5：家庭学習（タブレットPC等の持ち帰りやインターネットを利用した家庭学習）
　タブレットPC等家庭に持ち帰り，授業に関連したデジタル教材や，インターネットを利用した学習を行います。
＜活用のポイント＞
1. 情報端末を持ち帰り，動画やデジタル教材などを用いて授業の予習・復習を行うことにより，各自のペースで継続的に学習に取り組みます。
2. 情報端末を使ってインターネットを通じた意見交流に参加することにより，学校内だけでは得ることができない様々な意見に触れることができます。

C　協働学習
〇ねらい
　協働学習ではタブレットPCや大型画面を活用し，教室内の授業や他地域・海外の学校との交流学習において子供同士による意見交換，発表などお互いを高めあう学びを通じて，思考力，判断力，表現力などを育成します。

〇活用場面
　C1：発表や話合い（考えや作品を提示・交換しての発表や話合い）
　　学習課題に対する自分の考えを，大型画面を用いてグループや学級全体に分かりやすく提示して，発表・話合いを行います。
＜活用のポイント＞
・タブレットPCや大型画面を用いて，個人の考えを整理して伝えることに

より，思考力や表現力を培ったり，多角的な見方・考え方に触れたりします。

・タブレットPCを使って表現や考えを記録・共有し，何度も見直しながら話し合うことにより，新たな表現や考えへの気づきを得ます。

C2：協働での意見整理（複数の意見や考えを議論して整理）

　　タブレットPCを用いてグループ内で複数の意見・考えを共有し，話合いを通じて思考を深めながら協働で意見整理を行います。
＜活用のポイント＞

・タブレットPCを用いて，学習課題に対する互いの進捗状況を把握しながら作業することにより，意見交流が活発になり，学習内容への思考を深めます。
・タブレットPCを用いて，互いの考えを視覚的に共有することにより，グループ内の議論を深め，学習課題に対する意見整理を円滑に進めることが可能となります。

C3：協働制作（グループでの分担や協力による資料の制作）

　　タブレットPCを活用して，資料製作を，グループで分担し手行い，協働で作業しながら制作します。
＜活用のポイント＞

・タブレットPCを活用して，写真や図を用いた資料を，グループで分担し，協働制作します。

C4：学校の壁を越えた学習（遠隔地の学校等との交流）

　　コミュニケーションツールを活用し，遠隔地の学校，学校外の専門家等との意見交換や

情報発信などを行います。

　現在，少子化により児童数が大幅に減少する傾向にあります。このような中，学校の壁を越えた学習は，少ない人数でも多くの意見に触れる機会を提供できます。

＜活用のポイント＞
　・コミュニケーションツールを用いて算数について他校の子供たちや地域の人々と交流し，多様なものの見方に触れます。
　・コミュニケーションツールを用いて，大学や研究機関などの専門家と交流して，通常では体験できない専門的な内容を聞くことにより，子供たちの学習内容への関心を高めます。

【4】　「黒板」と「大型画面」の使い分け

　ICT環境の整った教室では，子供たちへの情報を提示する場所が「黒板」と「大型画面」の2つになります。この2つの画面は提示する内容が変わってきます。

　「黒板」には，授業全体を通して子供たちが確認することを提示します。「大型画面」には，授業の中での作業を中心に提示します。「大型画面」は，説明に適していますが，記録が残らないため作業的な内容を提示します。このように「黒板」，「大型画面」で提示する内容を明確に分けて授業をすることが大切です。

	黒板	大型画面
提示する内容	・授業のめあて ・公式など確実に身に付けてほしい内容	・計算の方法 ・定規の使い方

【5】 簡単にできて効果的な「フラッシュ型教材」

フラッシュ型教材は，フラッシュカードをデジタル化した教材です。

フラッシュカードは，単語や数字，絵を書いたカードのことで，児童に短時間見せて，反応速度を向上させる効果があります。課題を瞬時に次々と提示することによって，ゲーム感覚の楽しさを味合わせることができます。また，短い時間で反復練習することによって，子供たちが集中し，基礎・基本の知識を確実に定着させる効果が期待できます。

フラシュカードをデジタル化することで，製作，保存，編集が簡単にできます。また，学校内でデータを共有することで学校全体での基礎力向上にもつなげることができます。

フラッシュ型教材は，大型画面とコンピュータやデジタルカメラがあればだれにも簡単につくることができます。そして，効果的な教材です。ぜひ，授業で活用してみましょう。

〇フラッシュ型教材に適した学習

フラシュ型教材は，簡単に何回も繰返すことができます。「答えが1つしかない」，「瞬時に判断が可能な内容」には適していると考えられます。算数で考えると簡単な計算，図形，単位，公式など1年生から6年生の基礎的な学習内容に適しています。

また，フラシュ型教材は，短時間で行うことができます。授業のはじめの「前時の復習」やおわりの「学習内容のまとめ」で短い時間で実施するのが適しています。

〇フラッシュ型教材の作り方

フラッシュ型教材は，市販されてたり，インターネットで公開されたりしているものもあります。しかし，すぐに購入したり，インターネットでねらいにあったものを探したりするのはなかなかできないものです。ここでは，簡単にフラシュ型教材を作る方法を2つ紹介します。

＜PCを使わない方法＞

　もっとも簡単にフラッシュ型教材をつくる方法です。コンピュータがなくても簡単にできます。今，使っているフラッシュカードがあれば，そのカードも簡単にフラッシュ型教材にすることができます。

　・用意するもの　紙　太いペン　デジタルカメラ（スマートフォンも可）
　・作成方法

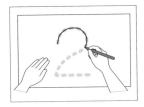
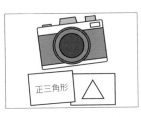

1　紙に太いペンで問題と解答を書く
2　デジタルカメラにとる
3　大型画面にカードを映す

＜PCを使った方法＞

　PCを使ってフラッシュ型教材を作成すると編集が簡単にでき，フォーマットをつくっておけば問題を変えていくだけで，たくさんの種類のフラッシュ型教材を短時間でつくることができます。また，PDFデータに変換すればパソコンがなくても大型画面だけで掲示することができます。なお，（株）チエルの運営するeTeachersのホームページからは，全国の教育関係者がつくったフラッシュ型教材がダウンロードできます。

　・用意するもの　PC　プレゼンテーションソフト
　・作成方法

1　PCで問題を作成する
2　データを保存する
3　大型画面にカードを映す

306　第13章　学習指導の技術

○フラッシュ型教材を活用した授業の５つのポイント

　フラシュ型教材は、「短い時間、テンポよく、楽しく、ほめて、日常的に」
という５つのポイントを守ることで有効に活用することができます。５つのポ
イントとその意義を理解しておきましょう。

＜ポイント１＞短い時間

　授業の「はじめ」と「おわり」に短い時間で行いましょう。10問程度で十
分です。うまくできなかったら、同じ教材をくりかえしておこないましょう。
１回目より２回目、２回目より３回目の方が自信をもってこたえられるはず
です。

＜ポイント２＞テンポよく

　テンポよく行うと緊張感が生まれ集中力がつきます。

＜ポイント３＞楽しく

　先生も笑顔でたのしく授業をしましょう。先生が楽しそうだと授業も楽しく
なってきます。

＜ポイント４＞ほめて

　回答はひとつしかない、シンプルな問題ですが、できたらほめてあげましょ
う。ほめられるとうれしいものです。喜びは、自信になり、算数へ興味をもつ
ようになります。そして、自主的な学習につながっていきます。

＜ポイント５＞日常的に

　フラシュ型教材は継続的に行うことで、基礎学力が定着してきます。算数は
積み重ねが大切な教科です。ひとつ理解できないことが原因で算数が苦手に
なってしまう子供もいます。計画的にフラシュ型教材を算数の授業に入れてい
きましょう。

【6】　ICT活用の注意点

　ICTは、授業において、便利で効果的であるが、以下の３つを考えて使う
必要があります。

○ICTを過信しすぎない

　プレゼンテーションや動画を使うと理解しやすくなります。しかし、ICTを

過信し，1時間の授業すべてを ICT に頼るのは逆効果です。ICT はあくまでも授業を補助する手段であり，ICT を使うことが目的ではありません。授業のはじめ，まとめでフラッシュ型教材を使ったり，説明の時に動画を用いたりするなど授業の一部で使うのが適切です。

○情報セキュリティを確保する

　子供たちの成績や作品をデジタル化して保存することは，仕事の効率化に欠かせないことです。しかし，最近はインターネットを介してデジタルデータが漏洩する事故が学校でも起きています。インターネットで公開された情報は世界中に一瞬で広がり，回収することは不可能です。そして，そのデータを悪意のもった人が入手した場合は，子供が被害者になってしまうことがあります。このようなことのないように以下の4つのポイントを守るようにしましょう。
＜情報セキュリティを確保する4つのポイント＞
　　・各学校のデジタルデータの扱いに関するルール（「情報セキュリティポリシー）を遵守しましょう。
　　・インターネットに情報端末がつながっている場合は，ウイルス対策ソフトウェアを入れパソコンに入っているソフトウェアを常に更新しましょう。
　　・子供の成績に関するデータは，必ずパスワードを設定し，暗号化しましょう。
　　・USB メモリ，ポータブルハードディスクなどの外部媒体で情報を学校外に持ち出すことは最小限にしましょう。

○著作権を保護する

　学校の授業で著作物を扱うことは，著作権法第35条により一部特別に認められています。しかし，市販の問題集を無断でコピーし，授業で利用することなどは認められていません。授業は，先生，生徒でだけは成立せず，教材をつくる人がいて初めて成り立ちます。教材をつくる人は，教材を考え，作成し，それを販売して生活しています。教材などの著作物をつくるには，たくさんの時間，人，お金がかかるものです。ICT の発達により，デジタル化が簡単になり，著作物の複製は技術的に簡単になりましたが，だからといって，無断で複製を続けると，著作物をつくる人の生活がなりたたなくなり，新たな教材が開

発されなくなってしまうかもしれません。著作権を守ることで、著作者の利益を確保します。そして、そのことで著作者は新たな教材をつくりだします。そして、この循環は最終的に、授業を通して、子供たちに還元されることになります。

【7】 これからの学習 ～AI技術(人工知能)を活用した学習～

子供の学習の状況を的確に見取り、適切な学習を提供することは、教師に必要な能力であると考えます。この能力を身につけるには長年の経験が必要です。しかし、AI技術を活用することで経験の少ない教師でもベテラン教師と同じことができるような見取りになるかもしれません。

最近、「MSU－AI（メディアファイブ）」をはじめとしたAI技術を活用した教材が開発され、学校で利用されはじめています。AI技術を活用した教材は、子供一人ひとりの能力を探知して適切な問題を作成してくれます。さらに、その学習の状態から、ビックデータの情報を解析し、新たな問題提供します。この学習の循環を繰り返し、一人ひとりにあった学習を可能にします。学習した成績は、デジタルデータとして提供され、成績処理などに活用できます。

これからは、ノートや筆記用具のように、タブレットPCを個人で所有し、授業で利用していくようになります。今後、AI技術を活用した教材は学校の中心となっていくと思われます。

◆　　課　題　　◆

【課題13－1】　第12章の細案の本時の展開部分をみて、その時間の板書計画を作ってみましょう。

【課題13－2】　第12章の細案の本時の展開部分をみて、その時間のノート計画を作ってみましょう。

【課題 13 − 3】 第 12 章の細案の本時の展開部分をみて，その時間の中心となる「開いた発問」と，その解答例を作ってみましょう。

【課題 13 − 4】 教育の情報化で期待される効果を 3 つ答えましょう。

【課題 13 − 5】 ICT を活用した学習場面を 3 つ答えましょう。

【課題 13 − 6】 ICT 活用の注意点を 3 つ答えましょう。

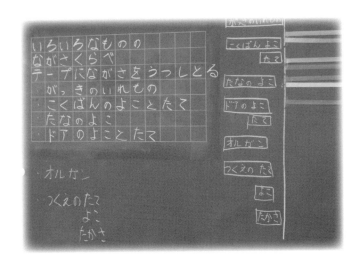

第14章　授業の見方

　本書の最終章となりました。これまで算数科教育について，教科としての目的，内容と指導方法，授業づくり等，基礎的な内容をわかりやすく学んできました。特に第3部では，算数科の授業づくりについて，学級経営の基礎・基本から授業づくりの考え方，進め方，学習指導案の書き方，学習指導の技術まで，具体的な実践に触れながら学びました。そこで本章では，よりよい授業実践者になるために，授業を参観する側に立って学びます。

第1節　授業の視点

【1】　授業の主役は子供たち

　授業の主役は子供たちです。子供たちにとって，授業は毎時間が一度しかないかけがえのない時間です。この学年のこの時期に，各教科の年間指導計画に基づいた授業が展開されるわけです。子供たちは，1時間の授業の中で新たなことに気づき，その気づきから更に興味関心を持ち，もっと知りたいという思いが，主体的な学びにつながり，成長していくのです。この気づきを促すのが教師であり，教師の最も大切な仕事であるといえるでしょう。

　では，実際に観る場面を想定してみましょう。まず心がけたいのは，授業の主役である子供の邪魔にならないことです。子供たちは教師の説明に集中し，友達の発言に耳を傾け，友達同士の話し合いやグループ活動を行い，ノートをとり，真剣に考える等授業の中でたくさんの活動を行っています。仮に周囲の参観者の動きに，子供が敏感に反応してしまうようでは，指導する教師の授業そのものに課題があるといえるかもしれません。

【2】 授業は何のために観るのか

　授業を観ることは，誰が観るかによって全く違ってきます。一般的に「授業参観」というと保護者が自分の子供が受ける授業を観ることが多いでしょう。ここでは，もちろん教師の立場で観ることとします。

　例えば，参観者は，教育実習生や初任者のような教職経験の浅い人から指導主事や校長，教頭のような管理職といった経験豊富な人まで挙げられます。それぞれの立場で授業を参観する場合に，よく見られがちな傾向や参観の目的についてまとめました。

---

［1］初任者が観る場合：
観る視点が漠然としていて，全体の印象で観てしまうことが多い。よく手を挙げて発言する子供や行動が活発な子に目が留まりがちです。教師の発問や指示，また子供の活動においても目立つ行動に気がとられ，授業のねらいとの関連で観るという視点が弱くなります。
［2］中堅教員が観る場合：
研究授業や公開授業等，自分が参加する研修会の視点に沿った観点で観る場合が多い。授業者としての自分自身の実践と比較しながら観ることができます。授業を参観することで，教師としての資質向上につなげようと意識できます。
［3］管理職等が観る場合：
指導的な立場で観ることが多く，授業者の資質向上のため，授業の良い点や問題点などを指摘し，授業者や研究会参加者の授業力向上に生かすことを目的とする場合が多いです。

　このような傾向からも，経験の浅い若い教師の場合，授業を観る際には明確な視点を持ち，ただ漫然と授業を参観しないことが重要です。そこで，先輩教員のように自分自身の授業力を向上させるために，どんな視点を持って授業を観ることが大切か3点に絞って示します。

312 第14章 授業の見方

---

[1] 授業の主役である子供を観る：
　（1）どんな表情で，どんな態度で授業を受けているかクラス全体の様子を観ましょう。
　（2）「算数っておもしろいな」「算数の問題を考えるのが好き」「みんなで考えるとできそうだな」，こんなつぶやきが聞こえるか，子供たち一人ひとりの表情を細かに観ましょう。
[2] 授業づくりの主役である教師を観る：
　（1）子供たちがわくわくして授業に参加する様子から，教師と子供の関係に信頼感が感じられるかを観ましょう。
　（2）全ての子供に，迷いのないわかりやすい言葉で適切な指示をしているかを観ましょう。
　（3）子供一人ひとりが今何を考えているか，表情や行動から読み取ろうとする教師の意識が感じられるかを観ましょう。
[3] 自分の授業に生かすための視点で観る：
　（1）参観する授業すべてから，自分に足りないことを吸収しようとする姿勢で観ましょう。
　（2）自分がやってみたいと感じたことや，すごいなと感じたことはすぐに取り入れる努力をしましょう。

第2節　子供を観る

　授業の主役は子供であることは，述べたとおりです。学校教育において，質の高い学びが実現されることで，子供たちは学習内容を深く理解し，生きていくうえで必要な資質・能力を身に付け，生涯学びに向かう力と人間性を養うことになるのです。そこで，このような子供の姿を，授業のどのような場面で観ていけばよいのか，具体的に考えましょう。教師が育てようとする子供の姿と実際に観られる子供の姿のずれを，毎時間意識しながら授業をすることが授業改善であり，ひいては子供の学びの保障になるのです。

　視点のポイントとして，まず子供の活動の大きな要素である「話し方・聞き方」，「表情」，「活動」に絞って観ていきましょう。次に「第10章　授業づくりの考え方　第2節　算数科の主体的・対話的で深い学び」で述べた内容に触れながら示していきます。

【1】 子供の話し方・聞き方

[1] 自分の考えをまとめる話し方をしているか

　話す活動をとおして考える習慣を身に付けるため，簡潔に自分の考えをまとめる話し方を意識して使おうとしているかを観ましょう。

　「私は～に賛成です（反対です，ちょっとだけ違います等）。その理由は，～だからです。」

　「～さんと同じ考えです。それは，～だからです。」

　この話型は，他の人の話を聞くときや質問するときなどにも使うことができます。また，話にメリハリをつけ，考える力を養ううえでも効果的です。

[2] 教師や友達の話を聞こうとしているか

　教師や友達の話をしっかり聞こうとしているか観ましょう。

　話が聞ける集団であるかどうかは，学びあい，考えあい，学びを高めようとする意識が子供一人ひとりに芽生えているかを現しています。互いに尊重しあえる仲間関係が成立していることの現われでもあります。

【2】 子供の表情

[1] 全員の子供の表情を観る

　まずは，全員の子供の表情を意識して見回してみましょう。

　教師の話や発問に真剣に反応していく子供，注意が散漫でおしゃべりをしている子供，学習内容についていくことが難しそうな子供など，みんな違う表情でしょう。

[2]　子供の特徴に沿って何人かを観る

次に，子供の特徴に沿って何人かを観察してみましょう。

注意散漫な子供はなぜ散漫なのか，（学習内容が難しく理解できずに飽きてしまう，まるで学習に興味がない，集中できる時間が短い等）グループ活動等でなかなか発言しない

のはなぜかについて，表情や様子から理由を考えましょう。自分が授業者であるときにはなかなか観察しにくいものです。

【3】　子供の活動の様子

[1]　授業の準備ができているか

忘れ物をする子供が少なく，授業の準備がきちんと整っているかを観ましょう。授業内容に見通しを持ち，学ぼうとする意欲があることの現われです。

[2]　なぜ挙手をしないのか

挙手をしない子供が多い場合，なぜ挙手をしないのかを観ましょう。発問が難しい，質問された内容がわからない，話をよく聞いていない等，考えられるでしょう。手を挙げる子供には目が行きますが，おとなしい子供の存在は，視線から外れがちです。

[3]　なぜ積極的に挙手をするのか

子供が積極的に挙手し，話し合い活動なども活発である場合，その要因が必ずあるはずです。子供たちが主体的に学習に取り組むような授業の理由を見つけながら，参観しましょう。

【4】　〈主体的・対話的で深い学び〉の視点から観た子供の姿

［1］主体的な学びを身に付けようとしている子供の姿は…
　　（1）自分の考えを積極的に友達に伝えようとしている。
　　（2）グループ活動や限られた時間内の学習において，どのようにしたら

課題が解決できるか，見通しをもって学習に取り組もうとしている。
(3) 課題や活動を乗り越えて，どうにか解決にたどり着こうと，粘り強く取り組んでいる。

[2] 対話的な学びを身に付けようとしている子供の姿は…
(1) 自分と違う考えをもっている友達の話を熱心に聞こうとしている。
(2) ペア学習やグループ学習の際，友達同士の会話や話し合いに進んで参加している。
(3) 自分の考えを理解してもらおうと，筋道を立ててわかりやすい言葉で友達に伝えようとしている。

[3] 深い学びを身に付けようとしている子供の姿は…
　第10章で述べたとおり，主体的な学びと対話的な学びの繰り返しが，深い学びになっていくと考えられます。
(1) 〈導入場面〉：
　既習の学習内容と関連付けながら解決の見通しを持とうとしている。
(2) 〈展開場面〉：
　課題解決に向けて自力追究やグループ等での学び合いを通して，課題と照らし合わせながら学びを深めていこうとしている。
(3) 〈振り返り〉：
　学習したことをこれまでの経験と関連付けたり，自分の生活に生かそうとしたりすることで，自分の言葉で学習内容を振り返ろうとしている。

316　第14章　授業の見方

第3節　教師を観る

　授業を創ることは，教師に課せられた最も重要な仕事であり，一番楽しくもある価値ある営みです。子供が授業の中でわくわくしながら学習に取り組んでいる姿を観ることは，教師の醍醐味です。

　そこで，教師に求められる姿は授業の中でどのように観えるのか，そのポイントについて示します。視点のポイントとして，「授業者として備えておくべき基礎・基本」「授業のねらいに迫るための工夫」「子供との人間関係」に絞って観ていきましょう。次に「第10章　授業づくりの考え方　第2節　算数科の主体的・対話的で深い学び」で述べた内容に触れながら示していきます。

【1】　授業者として備えておくべき基礎・基本

[1]　教師の口調や声の大きさ：

　教師の口調や声の大きさは，授業づくりに大きな影響を与えます。よく教室に「声のものさし」という基準となる掲示物が貼ってあるのを見かけます。声の大きさを意識して使い分けているか，子供の聞く態度を育成しようとしているかを観ましょう。

[2]　発問：

　授業で大きな役割を占めるのは，発問です。発問が的確なら子供は迷わず活動を始めます。

　子供の活動や思考が止まってしまう（回答が「できません」「わかりません」となる）発問ではなく，何をすればいいのか，主体的に動き出せる発問になっているかを観ましょう。

【2】　授業のねらいに迫るための工夫

[1]　導入

　　導入での興味付けは，1時間の授業の成否を左右する大きな要素です。算数に苦手意識を持っている子供でも，「わかるようになりたい」「できるようになりたい」と思って授業に臨むはずです。

教科書のイラストや写真，様々な教材を工夫して意欲を引き出そうとしているかを観ましょう。

[2] 展開

授業の流れの中で，常に子供の学習活動の様子に気を配り，子供の実態に応じた展開を意識していることが大切です。つまずきの状況に応じた教材の準備等が成されているかも観ましょう。

[3] 振り返り

振り返りとまとめについては，授業前にわからなかったことやできなかったことが，わかるようになったり，できるようになったりを子供自身が感じられる工夫をしているかを観ましょう。

【3】 子供との人間関係

[1] 互いを認め合う学習集団

よい授業は，よい学習集団が基本です。学習のしつけや約束事等を大切にし，みんなで知恵を出し合える学習の場を作ろうとしているかを観ましょう。教師が子供たち一人ひとりを大切にし，お互いを認め合おうとする学習集団になっているかが大切です。

[2] やる気につながる言葉がけ

子供の心に火をつける言葉や働きかけをしているでしょうか。子供は本来，意欲や好奇心に満ちあふれ，新しい事や初めての事には大いに興味を示すものです。

しかし，小さな事がきっかけで，自信を無くしたり，苦手意識を持ったりもします。教師は常に，子供のやる気につながるような言葉をたくさんもっているとよいでしょう。

【4】〈主体的・対話的で深い学び〉の視点から観た教師の姿

[1] 主体的な学びを目指した授業になっているか

　発問の仕方に指導の意図や工夫が見られ，子供の学習意欲をかき立て，主体的な活動を促しているかを観ましょう。
「わかった人」「できる人」の単調な聞き方だけではなく
「自信はないけど発表してくれる人」
「途中までなら発表できる人」
「困っている人に教えてくれる人」
「みんなに説明できる人」
等の発問の工夫をしている。

　また，子供一人ひとりの学習内容の習得状況に応じて，つまずきを意識した授業を展開しようとしているか観ましょう。（第10章　第2節で述べている「回復する機会を持つ」ことに対応して，回復ドリルや既習事項の確認場面を設定するなどの工夫をしているか。）

[2] 対話的な学びを目指した授業になっているか

　話し合いやグループ協議の場面で全員が自分の考えを持ち，他者に説明しようとする意欲をもって取り組ませようとする配慮があるか観ましょう。
　話し合い活動の工夫としては，
　　ペアでの協議 ⇒ グループでの協議 ⇒ 全体による協議

等，特定の子供の発表に偏らないための工夫や対話の活発化を図る工夫をしているか観ましょう。

[3] 深い学びを目指した授業になっているか

　第10章　第2節で述べた「指導者が学習内容の奥深さを知っている」こと

とは，1単元あるいは1時間の授業に向けての教材研究の深さです。1つひとつの活動場面における子供の姿をどれくらい具体的にイメージできるかです。ねらいに迫るために，子供の姿や発言を丁寧に観たり聞いたりして，何ができるようになったかを意識しているか観ましょう。

また，授業を山登りに例えて説明しましたが，山登りには知恵や山との対話，そして時間も必要になります。限られた時間の中で，自分の能力を発揮するためにはこれまでに身につけた知識や能力を十分に活用し，新たな課題に挑戦していくことが必要です。この繰り返しが深い学びへとつながっていくはずです。教師は常に，子供にとっての新しい学びが楽しい学びであるよう，身に付けた知識や能力を学びに生かせるような工夫をさせたいものです。

◆　　課　　題　　◆

【課題14−1】　これまで参観した授業の中で，印象に残る子供の活動場面とその理由を書いてみましょう。

【課題14−2】　これまでに出会った素晴らしい授業実践をする教師について，その良さを3つ挙げてみましょう。

【課題14−3】　よい授業で学校が楽しいと思える子供にするために，授業づくりに大切な要素はどんなことだと考えますか。あなたなりの考えをまとめてみましょう。

【課題14−4】　その学級には落ち着きのない，手のかかる子供がいます。その子に関わっているとなかなか授業が思うように進みません。そんな時，どのようにしたらいいかあなたなりの考えをまとめてみましょう。

320   第14章　授業の見方

【課題14 − 5】　授業の始まりが毎時間がやがやしていて，落ち着きのない
　　　　　　　　クラスがあります。どのようにしたらすぐに授業に集中で
　　　　　　　　きるクラスになるか，あなたなりの考えをまとめてみま
　　　　　　　　しょう。

【課題14 − 6】　授業に「主体的・対話的で深い学び」を取り入れようとす
　　　　　　　　る場合，大切にしなければならないことはどんなことで
　　　　　　　　しょう。あなたなりの考えをまとめてみましょう。

【付録】ピアジェの発達理論

　個人の発達過程において，ある心理学的機能に着目した際に，ある時期の機能の特徴が前後の時期と異なるような独自の機能をもつ一定の区分された時期の系列を発達段階といいます。発達段階についての有名な研究としては，フロイトの精神・性的発達，エリクソンの人格発達，コールバーグの道徳判断，ピアジェの発達段階などがあります。ここでは，本書でしばしば用いられるだけではなく，いろいろと問題点を指摘されながらも教育の世界で参照されることの多いピアジェ（J.Piaget）による思考発達の段階論についてまとめますが，詳しい内容は発達心理学の本に譲ります。

　ピアジェは思考の発達段階を感覚運動期，前操作期，具体的操作期，形式的操作期の4つの段階に分類しました。ここでは，それぞれの時期について説明します。

```
[1] 感覚運動期 （0歳～2歳）……………………… 日本では概ね幼稚園入園前
[2] 前操作期　 （2歳～6歳）……………………… 日本では概ね幼稚園
[3] 具体的操作期（7歳～11歳）………………… 日本では概ね小学校
[4] 形式的操作期（12歳以上）………………… 日本では概ね中学校
```

＊年齢の分け方は人や本によって少し違いがあります。

[1] 感覚運動期 （0歳～2歳）

　誕生から2歳くらいまでの感覚運動期は，感覚器（目，耳，鼻，舌，皮膚など）に入ってくる刺激と自分の運動を呼応させる時期です。この段階の特徴として，指しゃぶりや**ハンドリガード**（乳児が自分自身の手の存在に気がついて，手をじっと見たり手を動かしたりすること）などがあげられます。

　指しゃぶりについて，はじめはこぶし全体を口に入れようとしますが，そのうち2本の指，そして，親指といったように変化していきます。これは少しずつそれぞれの指が動かせるようになるからです。指しゃぶりは，独立して動く手指の運動を，この時期に敏感な口唇で確かめるという知的探索活動の1つだといえます。このような「舐める」だけではなく，「触る」，「見る」ことによって外界を知る時期を**「感覚運動的思考段階」**とよびます。

[2] 前操作期（2歳〜6歳）

2歳から6歳くらいまでの前操作期は，自己中心的な直感的思考を行い，アニミズムが特徴的な時期です。この時期は「**象徴的思考段階**」（2歳〜4歳）と「**直観的思考段階**」（4歳〜6歳）の2つにわけられます。

象徴的思考段階に達していない乳児は，母親が視界から消えると（隠れていると考えることができずに）母親がいないと思って泣き出します。それに対して，象徴的思考段階になると母親が視界から消えても，どこかにいると思って泣き出すことはありません。このように，人や物が見えなくても存在し続けることがわかることをピアジェは「**永続性の理解**」とよんでいます。これができるようになってくることから，「おままごと遊びで葉っぱをお皿に見立てる」（**表象機能**）ことや，「アニメのキャラクターの真似など，見聞きしたことを自ら模倣する」（**延滞模倣**）ことができるようになるなど，高度な思考が行えるようになります。

直観的思考段階は，思考が直観（＝見た目）によって左右され，その背後にある本質まで考えが及ばない段階です。この段階の子供は，自分の視点以外からは事実をみることができません（**自己中心性**）。このことを裏付ける実験として「ピアジェの保存課題」（第7章【例3】）や「三山問題」など，有名な実験がいくつかあります。また，この段階では「時計さんが歌っている」などのように，無生物を「命があり意識をもつ存在」として扱うような傾向があります（**アニミズム**）。

[3] 具体的操作期（7歳〜11歳）

ピアジェの保存概念は7歳から11歳くらいまでの具体的操作期になると成立するようになります。さらに具体物を使った問題解決や概念形成が可能になる段階です。一方で，抽象的な概念操作は，まだ少し難しい段階です。

この段階の知能を特徴づける保存反応としては「何も取りさっていないし，付け加えてもいない」（**同一性**）や「もとに戻せばよい」（**可逆性**），「（容器が）細くなったけど高くなった」（**相補性**）などがあげられます。例えば，可逆性が理解できれば，加法の可逆性としての減法を学ぶことができるようになります。

保存の概念は「何の保存か」によって成立する順番や時期があります。最初

に成立するのは「**物質量の保存**」（8歳くらい）で，続いて「**重さの保存**」（9歳くらい），最後に「**体積の保存**」（11歳くらい）です。小学校算数科では「重さ」は第3学年，「体積」は第5学年と第6学年で扱いますが，このことは，保存の概念の成立時期とあっていると考えられます。

[4] 形式的操作期（12歳〜）

　12歳以上の形式的操作期は，論理的思考がさらに発達して，「ここから学校までは自転車で行くと20分くらいかかるだろう」や「三角形の内角の和は180度であることを利用すれば四角形の内角の和は360度になる」といった仮説検証的な問題解決や演繹的な問題解決が可能になるなど，具体的操作期では少し難しかった抽象的な概念操作が行えるようになります。

最後に…

　これまでピアジェの発達段階についてまとめてきました。しかしながら，発達の個人差はとても大きいと考えられます。特に乳幼児期の子供については，必ずしも同じ時期に同じようにできるわけではありません。そこで，一人ひとりとどのようにかかわるかということが非常に大事になってきます。そこには，発達心理学や数学教育で得られた知見とは異なった景色が見えてくるかもしれません。

　例えば，発達心理学者のヴァスデヴィ・レディは，研究者としてではなく母親として子供とかかわる中で，これまで発達心理学で知られてきた知見よりも早期から子供は他者を理解すると述べています。レディは，「情動を伴ったかかわり」に注目し，社会的認知におけるかかわりを広義的に捉えた上で，乳児とのかかわりを「一人称的かかわり」「二人称的かかわり」「三人称的かかわり」の3つに分類しました。そのうえで，子供に対して客観的に傍観者として三人称的にかかわるのではなく，子供を親密にかかわる存在とみなし，情動を含む二人称的にかかわることが，社会的認知の発達過程を理解するためには最も重要であると主張しています。

引用文献・参考文献

本書を通して引用される文献

国立教育政策研究所（2013）. 平成 25 年度全国学力・学習状況調査報告書中学校 数学.

国立教育政策研究所（2016）. 平成 28 年度全国学力・学習状況調査報告書小学校 算数.

国立教育政策研究所（2018）. 平成 30 年度全国学力・学習状況調査報告書中学校 数学.

国立教育政策研究所（2018）. 平成 30 年度全国学力・学習状況調査報告書小学校 算数.

文部科学省（2008）. 小学校学習指導要領.

文部科学省（2017）. 小学校学習指導要領.

文部科学省（2008）. 小学校学習指導要領（平成 20 年告示）解説　算数編. 東洋館出版社.

文部科学省（2018）. 小学校学習指導要領（平成 29 年告示）解説　算数編. 日本文教出版.

文部科学省（2018）. 中学校学習指導要領（平成 29 年告示）解説　数学編. 日本文教出版.

文部科学省（2018）. 中学校学習指導要領（平成 29 年告示）解説　社会編. 東洋館出版社.

第 2 章

中央教育審議会（2016）. 教育課程部会 算数・数学ワーキンググループ（第 6 回）参考資料 4.

第 3 章

国立教育政策研究所（2008）. 平成 20 年度全国学力・学習状況調査報告書小学校算数.

国立教育政策研究所（2014）. 平成 26 年度全国学力・学習状況調査報告書小学校算数.

国立教育政策研究所（2004）. 生きるための知識と技能 2　OECD 生徒の学習到達度調査（PISA）2003 年調査国際結果報告書. ぎょうせい.

国立教育政策研究所（2016）. 生きるための知識と技能 6　OECD 生徒の学習到達度調査（PISA）2015 年調査国際結果報告書. 明石書店.

国立教育政策研究所（2017）. TIMSS 2015　算数・数学教育 / 理科教育の国際比較. 明石書店.

有識者会議（2016）.「小学校段階におけるプログラミング教育のあり方について（議論のとりまとめ）」小学校段階における論理的思考力や創造性，問題解決能力等の育成とプログラミング教育に関する有識者会議.

第 4 章

Brizuela,M.B.（2005）. Young Children's Notations for Fractions. *Educational Studies in Mathematics*, 62, 281-305.

ブルーナー, J.S.（1963）. 教育の過程. 鈴木祥蔵・佐藤三郎（訳）. 岩波書店.

Clements, H. D. & Sarama, J.（2005）. Learning and Teaching Early Math: The Learning Trajectories Approach. Routledge: NY.

藤森平司（2001）．さんすうのはじまり．学習研究社．

橋本吉彦ほか（2017）．新版 たのしい算数 1-6．大日本図書．

平林一栄（1978）．低学年の数と計算に関する諸外国の研究．伊藤一郎編，新・算数指導講座．金子書房．

三輪辰郎（1996）．文字式の指導序説．筑波数学教育研究，15，1-14．

Müller, G. N., und Wittmann, Ch. E. (2004) *Das kleine Zahlenbush Teil 1 Spielen und Zahlen [The small number book no. 1 playing and counting]*. Klett Ernst: Germany.

長崎栄三・滝井章（編）（2007）．何のための算数教育か．東洋館．

中和 渚・松尾七重・渡邊耕二（2018）．就学前算数教育プログラムにおける年長児の数や測定に関わる捉え方の変化についての分析．日本数学教育学会 第51回 秋期研究大会発表集録，353-356．

Park, J. H.& Nunes, T. The Development of The Concept of Multiplication. *Cognitive Development*, 16, 763-773.

島田 茂（編）（1977）．算数・数学科のオープンエンドアプローチ－授業改善への新しい提案－．みずうみ書房．

吉田洋一（1939）．零の発見．岩波新書．

第5章

Clements, H. D. & Sarama, J. (2005) Learning and Teaching Early Math: The Learning Trajectories Approach. Routledge: NY.

Clements, H. D.& Sarama, J. (2014). Learning and Teaching Early Math: The Learning Trajectories Approach. Routledge: N.Y.

藤森平司（2001）．さんすうのはじまり．学習研究社．

船越俊介（1990）．言語的視点から据えた数学教材の構成の原理．第23回数学教育論文発表会論文集，97-100．

船越俊介（1994）．数理認識の根幹をなす方法としての「思考実験」について．神戸大学発達科学部研究紀要，1・2，21-35．

橋本吉彦ほか（2014）．新版 たのしい算数 2．大日本図書．

橋本吉彦ほか（2014）．新版 たのしい算数 3．大日本図書．

小平邦彦（2000）．幾何への誘い．岩波書店．

大村 平（1999）．幾何のはなし．日科技連出版社．

佐藤修一（1998）．自然にひそむ数学 自然と数学の不思議な関係．講談社．

Sparks, D. S. (2013). Studies Link Early Spatial Skills to Math Achievement. *Education week*（新聞），13, May.

第6章

Clements, D. H., & Sarama, J. (2009). *Learning and Teaching Early Math: The Learning Trajectories Approach*. New York: Routledge.

Gravemeijer, K. P. E. (1999). How Emergent Models May Foster The Constitution of Formal Mathematics. *Mathematical Thinking and Learning*, 1, 155-177.

小林快次 (2018). スーパービジュアル恐竜と大昔の生きもの. 講談社.

Smith III. P. J., van den Heuvel-Panhuizen, M., and Teppo, R. A. (2011). Learning, Teaching, and Using Measurement: Introduction to The Issue. *ZDM Mathematics Education*, 43, 617-620.

杉山吉茂 (2008). 初等科数学化教育学序説. 東洋館出版社.

遠山　啓 (1972). 数学の学び方・教え方. 岩波書店.

第7章

畑山　博 (1988). 教師 宮沢賢治のしごと. 小学館.

日野圭子 (1996). 比例の問題の解決において構成されるユニット：Well-Chunked Measures を含む問題に対する日米児童の応答の分析. 筑波数学教育研究, 15, 15-24.

日野圭子 (2003). 教室における子どもの学習プロセスを視座とする比例的な推論の指導ユニットの開発. 平成 12 年度 - 平成 14 年度科学研究費補助金（基盤（C）(2)）研究成果報告書.

International Baccalaureate (2009). *Primary Years Programme Making the PYP happen: A curriculum framework for international primary education*. Peterson House: Cardiff.

Lesh, R., Post, T., & Behr, M. (1988). Proportional reasoning. In J. Hiebert, & M. Behr (eds.), *Number concepts and operations in the middle grades: Research agenda for mathematics education*, 93-118, NCTM.

小倉金之助 (1973). 数学教育の根本問題. 勁草書房.

Wittmann, Ch. E., und Müller, G. N. (2004). *Das Zahlenbuch 1*. Ernst Klett Grundschul verlag GmbH: Germany.

第8章

藤原大樹 (2018). 統計の授業づくりに向けて. お茶の水女子大学付属学校園連携研究算数・数学部会（編),『データの活用』の授業 小中高の体系的指導で育てる統計的問題解決能力. 東洋館出版社.

HodnikČadež, T & Škrbec, M. (2011). Understanding the Concepts in Probability of Pre-School and Early School Children. *Eurasia Journal of Mathematics, Science & Technology Education*, 7 (4), 263-279.

加々美勝久 (2018). 統計教育と数学的な活動. お茶の水女子大学付属学校園連携研究算数・数学部会（編),『データの活用』の授業 小中高の体系的指導で育てる統計的問題解決能力. 東洋館出版社.

佐々木隆宏・佐々木郁子 (2018). 絵本を用いた統計的探究プロセスの素地的学習についての一考察. 昭和女子大学現代教育研究所紀要, 4, 29-36.

Wild.C.J. & Pfannkuch.M. (1999). Statistical Thinking in Empirical Enquiry.

International Statistical Review, 67 (3), 223-265.

第9章

西田　泉・土屋　修（2015）. 小学校高学年における教科担任制の導入の在り方：理科と算数を中心に. 日本科学教育学会研究会研究報告, Vol.29, 9, 83-86.

第10章

中央教育審議会教育課程部会（2019）. 児童生徒の学習評価の在り方について（報告）.

飯窪真也・齊藤萌木・白水始（2017）. 知識構成型ジグソー法による数学授業. 明治図書.

国立青少年教育振興機構（2015）. 平成27年　高校生の生活と意識に関する調査報告書.

スケンプ, R. R.（1973）. 数学学習の心理学. 藤永　保・銀林　浩（訳）. 新曜社.

遠山　啓（1962）. 算数に強くなる水道方式入門. 国土社.

第11章

北海道教育大学「数学教育プロジェクト」（2016）. 算数・数学授業づくりハンドブック.

石井　洋（2017）. 数学教師のアセスメント・リテラシーに関する一考察－理論的枠組みの提案－. 数学教育学研究, 23, 1, 21-31.

第13章

波多野誼余夫・稲垣佳世子（1973）. 知的好奇心. 中央公論社.

斎藤喜博（1969）. 教育学のすすめ. 筑摩書房.

辰野千寿（1992）. 授業の心理学. 教育出版.

吉田章宏（1975）. 授業の心理学をめざして. 国土社.

【編著者】

土屋　修

　東京福祉大学保育児童学部保育児童学科教授。群馬大学大学院教育学研究科教科教育専攻数学教育専修。群馬県太田市教育委員会学校教育課指導主事，群馬県太田市公立小学校長を経て現職。

佐々木隆宏

　茨城キリスト教大学文学部児童教育学科専任講師。昭和女子大学現代教育研究所研究員。東京理科大学大学院理学研究科科学教育専攻博士後期課程。駿台予備学校数学科講師を経て現職。主な著書に『佐々木隆宏のデータの分析が面白いほどわかる本』,『理系なら知っておきたい数学の基本ノート［微分積分編］［線形代数編］』（いずれもKADOKAWA）などがある。

【推薦者】

無藤　隆　白梅学園大学特任教授

【執筆者】（五十音順）

石井　洋　北海道教育大学函館校准教授（第11章）

岡島美智子　元群馬県総合教育センター所長（第14章）

小熊良一　群馬大学専任講師（第13章第4節）

加々美勝久　元お茶の水女子大学准教授（第3章第3節）

栗原秀幸　福島大学名誉教授（第2章第3節）

近藤　裕　奈良教育大学教授（第4章第1〜3節）

佐々木郁子　郡山女子大学短期大学部専任講師（第8章　付録）

佐々木隆宏　茨城キリスト教大学准教授（第1章　第2章第1・2節　第6章　第7章　第8章）

澤田麻衣子　群馬大学准教授（第5章）

下村岳人　島根大学専任講師（第4章第4〜8節）

瀬尾祐貴　大阪教育大学教授（第5章）

瀬沼花子　玉川大学教授（第3章第1・2節）

土屋　修　東京福祉大学教授（第3章第4節　第6章　第7章　第9章　第10章　第12章　第13章）

豊田ひかり　幼保連携型認定こども園城山幼稚園副園長（第4章〜第8章 各節の「幼保との関連」）

中和　渚　関東学院大学准教授（第4章〜第8章 各節の「幼保との関連」）

渡邊耕二　宮崎国際大学教授（第6章）

本書の第4章から第8章における「幼保との関連」で示している事例は，熊本県熊本市の幼保連携型認定こども園城山幼稚園の事例です。本こども園は藤森平司氏の「見守る保育」を実践する園で，算数に繋がる実践（遊び）の実施や環境構成の工夫をしています。

【イラスト・協力】

澤田玲子　京都大学農学研究科研究員（第5章イラストの一部を提供）

群馬県太田市立鳥之郷小学校（写真提供）

群馬県太田市立木崎小学校（写真提供）

群馬県太田市立綿打小学校（写真提供）

幼保連携型認定こども園城山幼稚園（熊本県熊本市）（「幼保との関連」の資料の一部を提供）

算数教育の基礎がわかる本

| 2019 年 10 月 30 日　第 1 版　第 1 刷　発行 |
| 2024 年　3 月 10 日　第 1 版　第 3 刷　発行 |

編　著　　土屋　修

佐々木隆宏

発行者　　発田和子

発行所　　株式会社　学術図書出版社

〒 113-0033　東京都文京区本郷 5-4-6
TEL 03-3811-0889　振替00110-4-28454
印刷　三和印刷（株）

定価はカバーに表示してあります.

本書の一部または全部を無断で複写（コピー）・複製・転載することは，著作権法で認められた場合を除き，著作者および出版社の権利の侵害となります．あらかじめ，小社に許諾を求めてください.

© O. Tsuchiya, T. Sasaki　2019　Printed in Japan

ISBN978-4-7806-0784-0　C3037